商务礼仪

SHANGWU LIYI

主 编\卫 苗 段丽娜

副主编\常慧萍 刘 逸 李国彦 王绘娟

西南财经大学出版社
Southwestern University of Finance & Economics Press
中国 · 成都

图书在版编目(CIP)数据

商务礼仪/卫苗,段丽娜主编;常慧萍等副主编.—成都:西南财经大学出版社,2022.1(2025.1 重印)
ISBN 978-7-5504-4904-6

Ⅰ.①商…　Ⅱ.①卫…②段…③常…　Ⅲ.①商务—礼仪　Ⅳ.①F718

中国版本图书馆 CIP 数据核字(2021)第 098611 号

商务礼仪

主　编　卫　苗　段丽娜
副主编　常慧萍　刘　逸　李国彦　王绘娟

策划编辑:王　琳
责任编辑:雷　静
责任校对:高小田
封面设计:何东琳设计工作室
责任印制:朱曼丽

出版发行	西南财经大学出版社(四川省成都市光华村街 55 号)
网　　址	http://cbs.swufe.edu.cn
电子邮件	bookcj@swufe.edu.cn
邮政编码	610074
电　　话	028-87353785
照　　排	四川胜翔数码印务设计有限公司
印　　刷	郫县犀浦印刷厂
成品尺寸	185 mm×260 mm
印　　张	16.625
字　　数	359 千字
版　　次	2022 年 1 月第 1 版
印　　次	2025 年 1 月第 2 次印刷
印　　数	2001— 3000 册
书　　号	ISBN 978-7-5504-4904-6
定　　价	39.80 元

前言

QIANYAN

礼仪，作为在人类历史发展中逐渐形成并积淀下来的一种文化，始终以某种精神的约束力影响着每个人的行为。“不学礼，无以立。”我国作为东方文明古国和东方文化的发源地，素有“礼仪之邦”的美誉，我国人民几千年来对文明的不懈追求，形成了丰富多彩的礼仪文化。随着当今世界经济全球化进程的加快，以及我国改革开放的不断深入，国内外商务活动与日俱增，人们更加意识到礼仪的重要性。并且随着市场经济的建立和科学技术的飞速发展，商务人员在商务活动中体现的修养、知识、能力、形象和素质等需要进一步提高。

《商务礼仪》主要强调礼仪意识的培养，旨在引导学生从自身做起，从日常工作和生活中的点点滴滴做起，全面提高自身的商务礼仪修养，使学生在实际的商务交往活动中自然地体现修养、展现素质，树立良好的个人形象及组织形象，从而为其业务的顺利开展保驾护航。

本书共分为商务人员的礼仪价值千金、商务人员的形象礼仪、商务人员的交往礼仪、商务人员的接待礼仪、商务人员的公共礼仪、商务人员的涉外礼仪六个项目，介绍了作为一名商务人员在日常生活和商务交往中应当遵守的礼仪规范，使学生通过学习和实训，能够尽早养成良好的礼仪习惯，培养他们优秀的品德，实现引导学生将礼仪知识内化于心、外化于行的目标。本书采用项目导向、任务驱动的原理和模式进行编写，较以前使用的教科书有很大的改进，通过设置任务引入、案例阅读、知识链接、拓展阅读、课堂活动、技能实训、小组讨论等环节，使任务逐渐清晰明了，引导学生自主学习，让他们不仅能够学习到解决问题的方法和知识，同时还能学得更加生动有趣。

本书具体特色体现在以下三点：

1. 教学模块更加合理

长期讲授该门课程的教师们进行了认真研讨，将繁杂的理论内容进行了梳理和整合，本着“实用、够用、针对性强”的原则，将教学内容划分为六个项目，满足了学生就业从事商务活动时对礼仪知识和实践技能的需要。

2. 教材内容更加丰富

该书以清晰的条理、生动的案例、精练的语言介绍了商务礼仪的各项规范及训练方法。讲义中增加了任务引入、拓展阅读、案例阅读等内容，融知识性、趣味性、可操作性于一体，以期更有效地调动学生的学习积极性。

3. 充分体现任务驱动

本书以构建具体的工作任务作为学生学习的切入点。每个学习任务都将理论与实践有机结合，通过采取下发任务书、案例讨论、技能训练、课堂活动等多种形式，提高学生的课堂参与度，促使学生主动学习，从而达到“教中学、做中学、学中练”的目的，全面提高学生解决问题的能力和丰富其实践经验。

本书由卫苗、段丽娜担任主编，常慧萍、刘逸、李国彦、王绘娟担任副主编。项目一和项目二的任务一、任务二由段丽娜编写，项目二的任务三和项目三的任务一、任务二由卫苗编写，项目三的任务三、任务四由刘逸编写，项目四的任务一和项目六由李国彦编写，项目四的任务二、任务三由常慧萍编写，项目五由王绘娟编写。

本书在编写过程中，参考和引用了一些专家和学者的书籍和观点，包括一些网络资料，限于篇幅，没有一一注明，在此表示感谢！

编者

2020 年 8 月

目录

MULU

项目一　商务人员的礼仪价值千金

【学习目标】

1. 掌握礼仪的概念和内涵，了解礼仪的特征，理解学习礼仪的重要意义；
2. 理解商务礼仪的含义，了解商务礼仪的原则和作用；
3. 了解商务人员礼仪修养的特征，掌握商务人员需要具备的礼仪修养。

【技能目标】

要求学生树立文明礼仪观念，在各种公共场所、商务场合和人际交往中做到律己敬人，处处讲礼仪。

任务一　礼仪的概念和内涵

【任务引入】

有这样一则故事：有一个小孩不懂得见到大人要主动问好，对同伴也没有做到团结友好，缺乏礼貌意识。聪明的妈妈为了改正他的这个缺点，把他领到一个山谷中，对着周围的群山喊："你好，你好。"山谷回应："你好，你好。"妈妈又领着小孩喊："我爱你，我爱你。"不用说，山谷也回应道："我爱你，我爱你。"小孩惊奇地问妈妈这是为什么，妈妈告诉他："朝天空吐唾沫的人，唾沫会落在他的脸上；尊敬别人的人，别人也会尊敬他。因此，不管是时常见面，还是远隔千里，都要处处尊敬别人。"小孩终于朦朦胧胧地明白了这个道理。

问题：从这则故事，你可以看出什么是礼仪吗？

【知识链接】

中国是一个礼仪之邦，素来以温文尔雅、落落大方、谦恭礼让的处事之道而著称于世，在历史上，我们曾经无数次因宽仁自律、诚信自尊的礼仪规范令西方诸国叹服。在现代生活中，随着信息网络技术的进步，世界联系越来越紧密，国际性的礼仪规范通行全球，“成败取决于素质，而素质体现在细节”也成了现代竞争的金科玉律。只是，作为“文明礼仪之邦”的中国，在今日却面临着始料未及的尴尬窘境：一部分国人丢失了自己的礼仪。在一些场合，大家都意识到需要礼仪，但因为没有相应的规范，也只能草率应付。因此，规范行为，使礼仪标准化刻不容缓。

一、礼仪的含义

在中国古代，“礼”主要有三层意思：一是政治制度；二是礼貌礼节；三是礼物。“仪”也有三层意思：一是指容貌和外表；二是指仪式和礼节；三是指准则和法度。

拓展阅读

礼者爱人

子路问孔子：“老师，请问什么叫礼啊？”孔子回答说：“简单地说，礼就是爱人，礼是出于爱人之心的。”

子路想了想，说：“老师，我还是不明白，您能不能说得详细一点？”孔子说：“礼，就是要天子爱天下人，诸侯爱自己管辖境内的人，士大夫爱自己的职责，读书人与老百姓爱自己的家人，难道这还有什么不清楚的吗？”

子路想了想，又问：“说礼就是爱，那不就与老师所说的‘仁者爱人’一样了吗？”孔子抚掌大笑道：“本来嘛，两者就是一回事！‘仁者爱人’说的是人的内在素质，‘礼者爱人’说的是人的外在表现，两者就是一致的啊！”子路这才点点头，说：“我懂了。”

在西方国家，“礼仪”一词源于法语 etiguette，它的原义是“法庭上的通行证”。古代法国的法庭为保证秩序，把各种规则写在进入法庭的通行证上，让人们遵守。后来，“礼仪”一词进入英国，演变成“人们交往的通行证”。它同样具有三层含义：一是指谦恭有礼的言谈举止；二是指教养和规矩，也就是礼节；三是指仪式、典礼、习俗等。

纵观中外对礼仪的理解，我们可以看出，它有以下几个方面的基本意思：

第一，礼仪是一种行为准则或规范。礼仪表现为一定的章法。所谓“入乡随俗，入境问禁”，就是说你要进入某一领域，就要对那里的习俗和行为规范有所了解，并按照这样的习俗和规范去行动，这才是有礼的。礼仪与胡作非为是水火不相容的。

第二，礼仪准则和规范是一定社会的人们约定俗成、共同认可的。在社会实践中，礼仪往往首先表现为一些不成文的规矩、习惯，然后才逐渐上升为大家认可的，是可以用语言、文字、动作等来做准确描述和规定的行为准则，并成为人们有章可循、可以自觉学习和遵守的行为规范。

第三，讲究礼仪的目的是为了实现社会交往各方的互相尊重，从而达到人与人之间关系的和谐。在现代社会，礼仪可以有效地展现施礼者和受礼者的教养、风度和魅力，它体现着一个人对他人和社会的认知水平、尊重程度，是一个人的学识、修养和价值的外在体现。一个人只有在尊重他人的前提下，自己才会被他人尊重，人与人之间的和谐关系，也只有在这种互相尊重的过程中，才会逐步建立起来。所以，从某种意义上来说，遵守礼仪是人获得自由的重要途径之一。

第四，礼仪是内在修养的外在表现。从礼仪的内在结构理解，礼仪是内在修养的外在表现。从自身的结构来说，礼仪由两部分构成，即质（礼的内在修养）和文（礼的外在表现）。前者是礼仪的实质（礼仪），而后者则是礼仪的形式（礼节礼貌）。“质胜文则野（粗俗），文胜质则史（浮夸），文质彬彬，然后君子”。也就是说，只有当内在修养与外在表现达到和谐一致时，才达到了礼仪的理想状态。礼仪的最高境界是真、善、美的统一。一个在礼仪上达到最高境界的人，其内心肯定是善的——有仁义之心、行忠恕之道，与人交往时能时时处处为他人着想；其外表肯定是美的——举止优美潇洒、穿着得体大方、谈吐自然流畅、神情坦然稳重；而内心善、外表美的人必然是表里合一、为人诚实、待人真诚的，因为他没有丝毫的必要去虚伪做作。孔子、诸葛亮、周恩来都堪称礼仪的楷模。

综上所述，礼仪的概念可以概括为：礼仪是指人们在社会交往中由于受历史传统、风俗习惯、宗教信仰、时代潮流等因素的影响而形成，既为人们所认同，又为人们所遵守，以建立和谐关系为目的的各种符合礼的精神及要求的行为准则或规范的总和。

由于礼仪是社会、道德、习俗、宗教等方面人们行为的规范，所以它是人们文明程度和道德修养的一种外在表现形式。

礼仪对个人而言，是一个人思想水平、文化修养、交际能力的外在表现。

礼仪也是人类文明的结晶，是现代文明的重要组成部分。它体现的宗旨是尊重，既是对人也是对己的尊重，这种尊重总是同人们的生活方式有机地、自然地、和谐地和毫不勉强地融合在一起，成为人们日常生活、工作中的行为规范。这种行为规范包含着个人的文明素养，也体现出人们的品行修养。

拓展阅读

诗礼传家

旧时书香人家的大门上，往往写有“诗礼传家”四个大字，以标榜门风。诗礼传家，源于《论语·季氏》，陈亢问孔子的儿子孔鲤：“你是老师的儿子，一定得到过特殊的传授吧？”孔鲤回答说：“父亲对我的教育，其实同大家都一样。如果一定要说有单独的传授，那只有两次。有一天，他老人家独自站在庭中，我从他面前走过。他问我：‘学诗了吗？’我回答说：‘没有。’他说：‘不学习诗，就不会说出有文采的话。’于是我开始学习诗。不久，他又站在庭中，我又从他面前走过，他问我：‘学礼了吗？’我说：‘没有。’他说：‘不学礼，就不能在社会上立足。’于是，我又开始学礼。我独自听到父亲的教导，就这两次。”陈亢听后高兴地说：“我问了一件事，却得到了三件事，我知道了诗、礼的用处：‘不学诗，无以言，不学礼，无以立。’知道了君子要求孩子继承的家风是诗和礼。”

孔子所说的诗，是指我国最早的诗歌集《诗经》，里面收录的三百多首诗歌，思想纯正，情感真挚，富于文学色彩，古代有学问的人说话，每每引用其中的诗句来表达自己的思想。人们要想立足于社会，光是说话有文采还不够，还必须懂得什么事可以做、什么事不可以做，怎样约束自己的言行，怎样尊重他人，这种符合道德要求的行为规范就是礼。

由于孔子的提倡，历代文人学士都将诗和礼作为立身、传家之宝，一般民众也把“知书达礼”作为有知识、有教养的标准而希望子女不断努力学习礼仪。

二、礼仪的相关概念

从礼仪的含义我们可以看出，还有一些相关概念与礼仪有着密切的关系，这些概念在现实生活中非常容易混淆，因此有必要在此进行分辨。

礼貌，一般是指人与人在交往中，通过言语、动作向交往对象表示谦虚和恭敬。它可以表现出人的品质和素养。它分为礼貌行为和礼貌语言。

礼节，通常是指人们在交际场合，相互表示尊重、友好的惯用形式。它实际上是礼貌的具体表现方式。它与礼貌之间的相互关系是：没有礼节，就无所谓礼貌；有了礼貌，就必然伴随着具体的礼节。

仪式，通常是指在一定的场合，为了表示郑重、敬意、友好而举行的具有专门的、程序化的行为规范的活动，如开幕典礼、结婚仪式、签字仪式等。

礼仪是礼节和仪式的统称。显而易见，礼貌是礼仪的基础，礼节和仪式是礼仪的基本组成部分。换言之，礼仪，在层次上要高于礼貌、礼节和仪式，其含义更深、更广。礼仪实际上是由一系列的、具体的、表现礼貌的礼节和仪式构成的。它不像礼节和仪式那样只有具体的做法，而是一个表示礼貌的系统、完整的过程。不过从本质上看，这四个概念表现的都是待人尊敬和友好的状态。

三、礼仪的特征

特征是某一事物区别于其他事物的显著标志。正确地掌握礼仪的特征，对提高礼仪这门学科的针对性和有效性，吸取和发扬世界优秀的礼仪规范和礼仪内涵有着十分重要的意义。纵观古今中外各式各样的礼仪，我们可以概括出礼仪的以下特征：

（一）规范性

所谓规范性，主要是指礼仪对具体的交际行为具有规范和制约的作用。这种规范性本身所反映的实质是一种被广泛认同的社会价值取向和对他人的态度。无论是具体言行还是具体的姿态，均可反映行为主体的思想、道德等内在品质和外在的行为标准。礼仪的规范性虽然不像法律那样具有强制性，但它是人们在一切交际场合所需的语言和行为方面的准则，是衡量一个人道德水平和文化修养的重要标准。因此，任何人要想在交际场合表现得彬彬有礼，从而建立良好的人际关系，都必须无条件地遵守礼仪这种规范。

案例阅读

小男孩修马桶

中国世界贸易组织（WTO）首席谈判代表龙永图曾讲了一个耐人寻味的故事：

有一次在瑞士，他和几个朋友去公园散步，上厕所时，听到隔壁卫生间里“砰砰”地响，他有点纳闷。出来后，附近一个女士很着急地问他有没有看到她的孩子，她说孩子进厕所十多分钟了，还没有出来，她又不能进去找。于是龙永图想起了隔壁卫生间的响声。出于友善，他便折回洗手间，打开那个厕所的门。他看到一个七八岁的小孩正在修抽水马桶，马桶却怎么弄都冲不出水来，他急得满头大汗。原来，那个小孩觉得他上完厕所不冲水是不遵守规则。

礼仪是人们在社会生活中必须遵守的行为规范，上完厕所冲水是每一个人应当遵守的礼仪规范。这个小孩觉得他上厕所不冲水是违背礼仪规范的，因此他很努力、很认真地修理抽水马桶，以致急得满头大汗。小男孩自觉遵守礼仪规范的精神是值得我们学习的。

（二）普遍认同性

所谓认同性，是全社会的约定俗成，是全社会共同认可、普遍遵守的准则。

一般来说，礼仪代表一个国家、一个民族、一个地区的文化习俗特征。但我们也看到不少礼仪是全世界通用的，具有全人类的共同性。例如，礼貌用语、各种庆典仪式等，大体是世界通用的。

礼仪的普遍认同性，主要源于共同的经济生活和文化生活。经济的发展必然导致礼仪的变化。比如现代经济的快节奏、高效率，使现代礼仪向简洁、务实方向发展。共同的文化孕育了共同的礼仪。礼仪的普遍认同性表明，社会中的规范和准则必须得到全社会的认同，才能在全社会中通用。

（三）地域性

虽然礼仪具有一定的普遍性，但是在不同的国家、不同的民族和不同的地区，它们的宗教信仰、风俗习惯、地理位置、文化背景不同，使得不同国家、不同民族、不同地区的礼仪有着明显的差异，正所谓“十里不同风，百里不同俗”。

案例阅读

“OK”手势

一位美国的工程师被公司派到他们在德国的分公司工作。他和一位德国工程师在一部机器上并肩作战。当这位美国工程师提出建议改进新机器时，那位德国工程师表示同意，并问美国工程师自己这样做是否正确。这个美国工程师用美国的“OK”手势给以回答。那位德国工程师放下工具就走开了，并拒绝和这位美国工程师进一步交流。后来，这位美国工程师从他的一位主管那里了解到，这个手势对德国人来说代表不尊重人。

（四）等级性

礼仪的等级性在封建社会表现得尤为突出。中国封建社会等级森严，从称谓到穿戴，从住房到各种仪式，无一不体现出等级的作用。社会主义社会，我们提倡人人平等，但是，礼仪仍然存在等级性。因为下级要尊重上级、晚辈要尊重长辈、男性要尊重女性，所以这些礼仪、礼节仍然具有等级之分。

（五）继承性

所谓礼仪的继承性，是指礼仪的形成过程是个动态发展的过程，是在风俗和传统变化中形成的行为规范。礼仪在这种发展变化中，表现出继承和发展的特性。我们今天的礼仪形式就是从昨天的历史中继承下来的，有不少优秀的礼仪还要继续传承下去，而那些封建糟粕，则会逐渐被抛弃。所以交际礼仪的沿袭和继承是个不断扬弃的社会进步的过程。

世界上任何事物都是发展变化的，礼仪虽然有较强的相对独立性和稳定性，但它也毫不例外地随着时代的发展而发展变化。随着社会交往范围的扩大，各地的礼仪文化都会互相渗透，尤其是西方礼仪文化引入中国，使中华礼仪在保持传统民族特色的基础上，吸收其更简洁、更实用的优点。

四、礼仪内容的划分

礼仪作为一种文化形态，广泛渗透于各种社会关系之中，只要人与人之间的关系存在，就必然会有礼仪的存在。人们的社会关系纷繁复杂，导致礼仪内容的丰富，而且，随着时间的推移，礼仪的外延与边界还将继续拓展。

现代礼仪的划分是很具体的，不同的领域、不同的对象，都有不同的讲究。一般而论，现代礼仪可以分为五大版块。

一是政务礼仪，也成国家公务员礼仪，是指国家机关工作人员或国家公务员在执行国家公务、为人民服务时所应遵守的礼仪规范。

二是商务礼仪，主要指公司、企业的从业人员及其他一切从事经济活动的人士，在经济往来中所应遵守的礼仪规范。

三是服务礼仪，是指各类服务行业的从业人员，在各自的工作岗位上所应遵守的礼仪。

四是社交礼仪，也称交际礼仪，是指社会各界人士，在一般性的交际应酬之中所应遵守的礼仪。

五是国际礼仪，是指人们在国际交往中，在同外国人打交道时所应遵守的礼仪。

在上述礼仪的五个主要分支中，政务礼仪、商务礼仪、服务礼仪的划分，主要是按照行业划分的，并且是人们在工作岗位上所应遵守的，故称作行业礼仪或职业礼仪。社交礼仪、国际礼仪则主要以交往范围为划分依据，所以两者均可称为交往礼仪。

五、学习礼仪的重要意义

现在的部分大学生，对应有的礼仪不重视，礼仪观念淡薄，导致思想品德水平不高。一些人在学校里，不会尊重他人，不会礼让，不讲礼貌；在社会上不懂怎样称呼他人，甚至随心所欲，满口粗言滥语；在家里不懂得孝敬长辈，唯我独尊，为所欲为，这些现象不得不引起我们的深思。可见，深入开展礼仪教育，巩固中华民族“文明礼仪”的形象，培养文明有礼的新一代，是十分必要和非常重要的。

首先，要以学会尊重他人为起点。礼仪本身就是尊重人的外在表现形式，“礼仪”从话里来，话从心中来，只有从内心尊重他人，才会有得体的礼仪言行。尊重他人是人与人交往的必要和首要态度。“刘备三顾茅庐”的故事说明只有尊重别人，才能受到别人的尊重和信赖，在事业上才能获得成功。周恩来同志一生鞠躬尽瘁，为了党和人民的事业贡献了毕生精力，但每次外出视察工作，离开当地时总是亲自和服务员、厨师、警卫员和医护人员等一一握手道谢。周总理是尊重他人的典范，是大学生学习的榜样。

其次，要以增强本人自尊心为基础。自尊，即自我尊重，是希望被别人尊重、不向别人卑躬屈膝，也不容别人侮辱、歧视的一种心理状态，是人的自我意识的表现，并以特定的方式指导人的行为，是一种积极的行为动机。正确的自尊心应具有待人谦逊、不骄不躁的特征。我们在学会尊重他人时，自己也得到他人的尊重，自尊心在增强的同时，其内心的道德要求也在提高。所以，培养学生高尚的人格，养成自尊、自爱、自律的良好品德尤为重要。礼仪教育可以作为动力和导向，在大学生的个体发展上发挥重要作用。

最后，学习礼仪要重在实践。一个人的礼仪可以从言行中反映出来，每个人都要在理解礼仪要求的基础上，敢于在日常的言行中、平时的待人接物中展现自己文明有礼的形象。一些学生平时也知道要讲文明、懂礼貌，但在公共场合或遭遇到不很熟悉的人时，其礼仪规范就无法展示出来，这是他们缺乏自信的表现。学习礼仪，可以让我们树立信心，懂得在应用得体的礼仪言行的同时，塑造良好的自我形象，敢于展示一个有礼、自信、文明的自我，并且充分利用各种场合、抓住机会去表现这一点。

【案例分析】

周恩来的风范

周恩来保持一生的礼者之风，1964 年周恩来在苏联的谈判僵化，当时中苏关系非常紧张，但离开时周恩来还是向宾馆服务员一一道别，并送些小礼品，给男服务员送支钢笔、领带，给女服务员送块披肩、桌布、被面之类，还特意到厨房去对炊事员表示感谢。

此外，周恩来会注意最细微的事情，例如，当一个距离很远的招待员泡茶时发出声音时，他会让翻译停一下，并亲自把麦克风挪到旁边翻译座席上，然后从座椅上向前探探身子伸手把地板上的麦克风线拉直，似乎这些东西没有彻底放好，会令他感到不自在。

（资料来源：凤凰网卫视 http://phtv.ifeng.com/a/20160104/41533831_0.shtml）

【专题讨论】

讨论：在社会上有哪些不文明的现象，反思自己在文明礼仪方面有哪些应该改进的地方。

任务二　商务礼仪的原则和作用

【任务引入】

国内某旅行社，在接待一批来华的意大利游客时，打算送每人一件小礼品。为此，该旅行社专门定制了一批纯丝手帕，每方手帕包装精致，绣制的花草图案栩栩如生，并且全部出自名厂名家之手。中国丝织品自古闻名于世，旅行社接待人员料定礼品会受到客人的喜欢。

到机场接客时，接待人员的欢迎词热情洋溢，意大利客人个个兴趣盎然。可当接待人员把精心准备的礼品赠送给游客后，车上却一片哗然，游客们面露不悦，特别是一位夫人看到自己拿到的手帕上绣着菊花图案时，面色凝重，还流露出伤感之态。接待人员心里迷惑不解，中国人总以为送礼人不怪，难道我们哪里做错了？

问题：旅行社做错了什么？

案例分析：在西方，亲朋好友分别之时才赠送手帕，意为“擦掉惜别的眼泪”。游客刚刚踏上期盼已久的中国大地，准备开始愉快的旅行，这时要他们“擦掉惜别的眼泪”，游客当然不高兴，难怪会议论纷纷。那位夫人得到的手帕上绣着的菊花图案，在意大利则是祭奠亡灵的，所以她很伤感。

由于忽视了商务礼仪的地域性特征，该旅行社一番美好的心意却未达到应有的效果，得到的教训应该说是非常深刻的。

【知识链接】

随着市场经济的发展，商务行业内部及相近行业间关于产品、服务、品牌、文化、管理等多个方面的竞争日趋激烈，这使得商务礼仪成为影响客户选择企业的产品和服务的非常关键的因素。因为商务礼仪体现了企业文化的形态、企业管理的水平及企业员工的素质、素养，这些都是维护和塑造企业形象的重要组成部分。所以，我们必须重视学习商务礼仪知识。

一、商务礼仪的含义

商务礼仪是在商务活动过程中，对合作者表示尊重和友好的一系列行为规范，作为指导、协调商务活动中人际关系的行为方式和活动形式，用来约束我们日常商务活动的方方面面。商务礼仪是礼仪在商务活动中的具体运用。

商务礼仪包括仪容仪表、言谈举止、书信来往、电话沟通、礼品馈赠等技巧。根据商务活动的场合商务礼仪可以分为办公礼仪、宴请礼仪、接待礼仪、涉外礼仪。商务礼仪涉及社会经济生活的各个方面，是社会中全体成员调节相互关系的行为规范，被各国家、各民族、各阶层、各社会团体等共同遵守。

商务礼仪的核心作用是体现人与人之间的相互尊重，因而我们学习商务礼仪就更为重要。我们可以用一种简单的方式来概括商务礼仪，它是商务活动中对人的仪容仪表和言谈举止的普遍要求。

礼出于俗，俗化为礼。商务礼仪的操作性，就是应该怎么做，不应该怎么做。我们在商务交往中要做到“约束自己，尊重他人”才能使人们更轻松愉快地交往。“为他人着想”不仅是商务交往，也是人与人之间正常交往的基本原则。所以说学习并正确地运用商务礼仪既是一个人内在修养和素质的外在表现，又是人际交往中普遍适用的一种艺术、一种交际方式或交际方法，是人际交往中约定俗成的、示人以尊重、友好的习惯做法。人际交往时的相互沟通一定要掌握商务礼仪的技巧。从个人的角度来看，掌握一定的商务礼仪有助于提高人们的自身修养、美化自身、美化生活，并能很有效地促进社会交往，改善人际关系，还有助于净化社会风气。

二、商务礼仪的原则

在日常生活和工作中，商务礼仪具体的礼仪规范比较庞杂和琐碎，一般人很难对各种各样的礼仪规范都了如指掌，这就要求我们掌握商务礼仪的一般原则，具体问题具体分析，灵活运用。这些原则是对礼仪实践的具体规范的高度概括，所以学习掌握了商务礼仪的原则就可以做到触类旁通，以不变应万变。

（一）遵守公德的原则

公德，是指一个社会的公民为了维护整个社会生活的正常秩序而共同遵循的最起码、最简单的公共生活准则。公德是日常生活中的道德，是人们普遍应该做到，又不难做到的最低限度的行为，在道德体系中处于最低、最基础的层次。公德的内容包括：尊重妇女、关心体贴老人、遵守公共秩序、救死扶伤等。这些内容也体现在各种商务礼仪之中，是商务礼仪所包含的基本要求。

（二）真诚尊重的原则

苏格拉底曾经说，不要靠馈赠来获得一个朋友，你需要贡献你诚挚的爱，学习怎样用正当的方法来赢得一个人的心。由此可见，在与人交往时，真诚尊重是礼仪的首要原则。只有真诚待人才是尊重他人，只有真诚尊重，方能创造和谐愉快的人际关系。

第一，真诚和尊重表现为不说谎、不虚伪、不侮辱人，所谓“骗人一次，终身无友”；

第二，表现为对他人的正确认识，相信他人、尊重他人，所谓“心底无私天地宽”，只有真诚地奉献才能有丰硕的收获，只有真诚尊重方能使双方心心相印，友谊地久天长。

在商务礼仪中，要表现出真诚和尊重，你就要努力做到三点：给他人充分表现的机会；对他人表现出你最大的热情；给对方留有余地。

（三）平等适度的原则

在商务交往场合，礼仪行为总是表现为双方的，你给对方施礼，自然对方也会相应地还礼，这种礼仪施行必须讲究平等的原则。平等是人与人交往时建立情感的基础，是保持良好人际关系的诀窍。在交往中，平等表现为不骄狂，不我行我素，不自以为是，不厚此薄彼，不傲视一切、目空无人，更不能以貌取人，或以职业、地位、权势压人，而是应该处处事事平等谦虚待人，唯有此，才能结交更多的朋友。

适度原则即交往应把握礼仪分寸，根据具体情况、具体情境而施行相应的礼仪。如在商务交往中，我们要彬彬有礼但不能低三下四；要热情但不能轻浮；要自尊但不能自负；要坦诚但不能粗鲁；要谦虚但不能拘谨；要老练持重但不能圆滑世故。

（四）自律宽容的原则

学习、应用礼仪最重要的是自我约束、自我对照、自我反省，严格按照礼仪规范要求自己，明确知道哪些是自己该做和不该做的，然后经过长期不懈的努力，逐渐将礼仪规范变成一种行为的自觉和内心情感的自觉。礼仪对人行为的规范作用从人的外在表现开始，逐渐深入人的内心，最终在人的精神层面达到自律的目的。这也是我们常说的“内化于心，外化于行”。

我们在运用礼仪时，既要做到严于律己，又要做到宽以待人。宽容，往往折射出待人处事的经验和艺术。宽容不是软弱，而是良好涵养的无言表达。真正的宽容来自一个人内心的力量，表达宽容的同时，内心也得到了更进一步的完善。在人际交往中，我们要做到豁达大度，有气量。只有具备了宽容的胸襟，具备了容纳意识和自控能力，才能更好地把握礼仪的精髓。

（五）入乡随俗的原则

礼仪要因地制宜、因时制宜、因人制宜，它不是万古不易、千篇一律的，所以，才有“入境而问禁，入国而问俗，入门而问讳”的共识。这一原则表现为交往双方都应尊重彼此的风俗、习惯，了解并尊重各自的禁忌，否则，就会检交往带来障碍和麻烦。由于国情、民族、文化背景的不同，我们必须坚持入乡随俗，以表现对所在国家民族文化的尊重，切勿目中无人，失礼于对方。

拓展阅读

商务人员人际交往的白金法则

1987 年，美国学者亚历山大·德拉博士和奥康纳博士发表论文，阐述的白金法则是这样一句话：在人际交往中要取得成功，就一定要做到交往对象需要什么，我们就要在合法的条件下满足对方什么。白金法则有三个要点：

第一，行为合法，不能要什么给什么，做人做事都需要底线；

第二，交往应以对方为中心，对方需要什么我们就要尽量满足对方什么；

第三，对方的需要是基本的标准，而不是说你想干什么就干什么。

白金法则的内容“别人希望让你如何对待他，你就如何对待他”，其本质是以交往对方为中心，满足对方需求，为对方创造价值，使对方价值最大化、成本最小化。

观念决定思路，思路决定出路。一个人和别人打交道，理念正确、观念正确是非常重要的。所以，在商务人员的人际交往中，白金法则尤为重要。

三、商务礼仪的作用

（一）具有塑造形象的作用

当前，企业产品和服务的竞争趋同化，使得形象竞争和品牌竞争成为组织制胜的重要方式。员工的礼仪素质和沟通能力非常重要，特别是服务行业，礼仪是否令人满意成为评价服务水平和顾客满意度的重要指标。

1. 塑造良好的个人形象

商务礼仪与个人形象密切相关，用商务礼仪规范个人的仪容仪表、言行举止是展示良好形象的一条有效途径。

（1）留下良好的第一印象。第一印象主要是由人的相貌、仪表和言谈举止等综合因素组成的，它在人们的商务交往中起着重要作用。第一印象良好，彼此继续交往；第一印象不好，彼此可能交往中断。而且第一印象的好坏还直接影响到商务活动中人们对彼此的品质和特征的评价。商务人员只有充分认识到这一点，才能更好地运用商务礼仪辅助事业。

（2）展示良好的素养和风度。美丽的容颜、矫健的身姿或华丽的服饰，都是表面的东西，是一个人的外在美，而只有将外在美与内在美结合起来，才更有教养与风度。商务礼仪正是衡量商务人员教养与风度的一把标尺，它要求所有商务人员讲究礼貌、仪表整洁、敬老敬贤、助人为乐等，以赢得他人的好评。

案例阅读

"第一印象"的微妙作用

一个新闻系的毕业生正急于寻找工作。一天，他到某报社对总编说："你们需要一个编辑吗?""不需要!""那么记者呢?""不需要!""那么排字工人、校对呢?""不，我们现在什么空缺也没有了。""那么，你们一定需要这个东西。"说着他从公文包中拿出一块精致的小牌子，上面写着"额满，暂不雇用"。总编看了看牌子，微笑着点了点头，说："如果你愿意，可以到我们广告部工作。"

这个大学生通过自己制作的牌子表达了自己的机智和乐观，给总编留下了良好的"第一印象"，引起其极大的兴趣，从而为自己赢得了一份满意的工作。

这个大学生的做法对你有什么启示？怎样才能给人留下良好的第一印象？

2. 塑造良好的企业形象

塑造企业形象就是指在激烈的商务竞争环境中，企业通过得体且诚挚的商务接待、拜访、谈判、宴请、通信、交往和馈赠等活动，为自己树立高效、讲信誉、易于交往、善待商业伙伴的形象。

礼仪是企业文化、企业精神的重要内容，是塑造企业形象的重要工具。企业最终要通过员工的言谈举止来传达企业文化的信息。商务礼仪更多的是通过形式规范的礼仪来反映该企业员工的素质，从而体现该企业的整体素质和形象。无论是领导者还是员工，都应有强烈的形象意识，良好的形象可以给组织带来巨大的经济效益。

案例阅读

合作伙伴？不

因为业务原因，A公司张总应邀去B公司，张总刚进办公室，看见一个中年男人坐在办公桌后打电话。他穿着灰棕色的、人造纤维的格子西服，一条花亮的领带露在他V形口的毛衣外面，鼻子里的黑毛像茂盛的亚热带草丛，毫无顾忌地伸出鼻孔，他张口讲话时，一口黑黄的牙齿暴露无遗。电话中，他大声地训斥着对方，然后，毫不客气地猛然摔下电话。"这就是公司的赵总?"张总心中不免非常失望。赵总与张总象征性地握了握手。"冷酷的、拒人千里之外的死鱼式的握手。"张总心中的失望又增加了一分。

随后，赵总邀请张总共进午餐，在座的还有张总的那位身材略胖的同事以及赵总的两位副手。就餐时话题无意间进入饮食与肥胖的关系，赵总旁若无人地指责胖人没有节制的饮食。张总的胖同事低头不语，敏感的张总举杯转移话题："让我们一起举杯庆祝吧。"赵总喝完了酒，再度拾起肥胖的话题，猛烈地攻击胖人之所以胖是由于懒惰。

最终，他们之间没有结成商业同盟。张总谈到这段经历时说："他留给我一个永不可磨灭的可怕的恶劣印象。从我一进门的瞬间，他那张冷酷不带微笑的脸和那双死鱼般的手，无不在告诉我这是一个冷酷的、没有修养的人。在餐桌上的表现，更进一步证明了我对他的第一印象。他不但没有修养，简直是没有教养，不懂得一点点为人的基本礼貌。我无法想象与这种人合作经营会有什么样的后果！我更无法理解他为什么可以坐在公司老总的位置上？他早就应该在大浪淘沙中被时代淘汰。"

（二）具有较强的沟通作用

商务活动是一种双向交往活动，交往的成功与否，首先取决于沟通的效果如何，或者说，是否能够获得对方的理解。商务人员在推销产品和服务的过程中，实际上就是在交流和传播商业信息。但是交往对象的文化背景、观点不同，使得交往双方的沟通有时变得不那么容易，甚至会产生误解。若交往双方实现不了有效沟通，不仅不能达到商务交往的目的，还会给交往双方所代表的组织造成严重的负面影响。

学习和掌握商务礼仪，可以消除差异，使交往双方相互接近，促成感情沟通，使商业事务得以顺利进行。

（三）具有协调关系的作用

在商务活动中，我们有时会遇到购销不畅、谈判不顺利等问题，有时也会遇到对自己有敌意的同事或客户的刁难等棘手问题。这些问题如果处理不当，就会激化矛盾或导致小事变成大事，影响企业的形象。而巧妙应用一定的商务礼仪，则可以化解矛盾，消除分歧，相互理解，达成共识，缓和人与人之间的紧张关系，从而妥善地解决纠纷，广交朋友。在这里，商务礼仪起到的就是润滑剂的作用。

（四）具有赢得机会的作用

一个人的言谈举止影响着别人对他的看法，而这些看法可能会影响到一个人的人际关系，甚至会影响他的发展和提升。对一个管理者而言，良好的言谈举止可以使管理工作更有效，使他的人际关系更和谐，更容易得到上级和下级的理解和支持；对一个员工来说，良好的言谈举止则可以让他赢得更多学习和工作的机会，更容易与一个集体融洽相处，使领导赏识自己，使个人生活更幸福，也更容易得到升迁的机会；对一个集体来说，有着良好的礼仪规范就意味着这个集体有着更强的凝聚力和更多的生存及发展机会。

四、商务人员礼仪修养的特征

礼仪、风度不是天生的，也不是完全自发形成的，主要是后天在人际交往中自觉修养而成的；不是一蹴而就的，而是在实践中逐渐学习、积累而成的。

（一）以学识为基础

要达到较高的商务礼仪修养水平，必须以学识为基础。第一，对商务礼仪重要性的认识，对各种礼仪规范的理解，就不是那些没有知识和修养的人能够轻易做到的。商务礼仪的运用要达到运用自如、出神入化、以礼促商的境界，是需要一定的学识、悟性和理念的。第二，从学科性上讲，礼仪与多门学科关系密切，属于综合性学科，其中与民俗学、传播学、美学、伦理学、心理学、社会学、公共关系学的相互关系尤其密切。所以，在礼仪方面，要真正有所“修炼”、成就，必须以一定的社会人文科学知识为基础。

（二）以自觉为桥梁

商务礼仪修养要有一定的理论学识作基础，也需要接受一定的理论和实践的专门训练，但整个礼仪修养形成的过程都离不开商务人员的自觉性。只有当商务人员对“互利、长远、美誉、形象、风度、修养、尊重”等观念高度自觉认同和深刻理解之后，只有商务人员充分认识到商务礼仪与自己的企业利益关系密切相关之后，他们才有可能去用心学习、钻研、感悟，以及实践各种礼仪规范和程序，通过不懈的努力，持之以恒朝着提高自身礼仪修养的目标而努力。

（三）以美誉为目标

礼仪主要是为树立良好的企业形象、获得公众美誉服务的。商务人员的一言一行、一举一动都影响着其所在企业的声誉和形象，因此，商务人员在商务活动中必须洁身自好，严格按照商务礼仪的基本要求去规范自己的言行举止，让公众对自己所代表的企业产生良好的印象，使企业获得更多的合作伙伴。

（四）以灵活为原则

《孙子·虚实篇》中讲：“水因地而制流，兵因敌而制胜。故兵无常势，水无常形，能因敌变化而取胜者，谓之神。”商务礼仪的具体规范既是具体的、严肃的，又是可变的、灵活的。任何商务礼仪都不是僵化的教条，需要根据时间、地点、场合、对象的不同而灵活运用。礼仪好比是一种规则形式，但又是一种灵活性很强的形式。商务人员要根据具体情况不断调整自己的角色，实现角色转换。否则，在一切场合都保持一副僵化的形象，就有可能在某种场合出现“阳春白雪、曲高和寡”的局面。灵活不仅表现在“该不该演礼”，还表现在“该演什么礼”这一方面。礼仪有地域差别、民族差异、群体差异等，商务人员应灵活运用，不可生搬硬套。

（五）以长远为方针

商务人员的商务礼仪修养可以为组织带来物质利益和经济利益，但它不能直接带来物质利益，不能立竿见影地带来经济利益，因此人们很容易忘记商务礼仪的作用。但是，有远见的组织领导人都能清楚地预见商务礼仪的具体效益。

在市场经济条件下，人与人之间、组织与组织之间各种关系的缔结与发展，常常是“转瞬之间”的事，常常因为一个微不足道的契机而发生变化。在高级别社交活动中，尤其是在国际交往中，历史上因礼仪不周怠慢国君或使臣而损害国家利益，甚至引发战争的事屡见不鲜。现代社会随着交通、通信等的不断发展，地球“越来越小”，人际交往的范围逐渐扩大，社会结构在不断改变，“低头不见抬头见”成为越来越普遍的现象。讲究商务礼仪，注重礼仪的长期效应应当成为现代社会商务人员的共识。

案例阅读

一把椅子的问候

一个阴云密布的午后，由于瞬间的倾盆大雨，行人们纷纷进入就近的店铺躲雨。一位老妇也蹒跚地走进费城百货商店避雨。面对她略显狼狈的姿容和简朴的装束，所有的售货员都对她漫不经心，视而不见。这时，一个年轻人诚恳地走过来对她说：“夫人，我能为您做点什么吗?”老妇人微微一笑：“不用了，我在这儿躲会儿雨，马上就走。”老妇人又觉得，不买人家的东西，却借用人家的屋檐躲雨，似乎不近情理，于是，她开始在百货店里转起来，哪怕买个头发上的小饰物呢，也算给自己的躲雨找个心安理得的理由。正当她犹豫徘徊时，那个小伙子又走过来说：“夫人，您不必为难，我给您搬了一把椅子，放在门口，您坐着休息就是了。”两个小时后，雨过天晴，老妇人向那个年轻人道谢，并向他要了张名片，就颤巍巍地走出了商店。

几个月后，费城百货公司的总经理詹姆斯收到一封信，信中要求将这位年轻人派往苏格兰收取一份装潢整个城堡的订单，并让他承包自己家族所属的几个大公司下一季度办公用品的采购。詹姆斯惊喜不已，匆匆一算，这一封信所带来的利益，相当于他们公司两年的利润总和!

他在迅速与写信人取得联系后才知道，这封信出自一位老妇人之手，而这位老妇人正是美国亿万富翁“钢铁大王”卡内基的母亲。

詹姆斯马上把这位叫菲利的年轻人推荐到公司董事会上。毫无疑问，当菲利收拾行装飞往苏格兰时，他已经成为这家百货公司的合伙人了。那年，菲利22岁。

随后的几年中，菲利以他一贯的忠实和诚恳，成为“钢铁大王”卡内基的左膀右臂，事业扶摇直上，成为美国钢铁行业中仅次于卡内基的富可敌国的重量级人物。

菲利只用了一把椅子，就轻易地与“钢铁大王”结缘，从此走上了让人梦寐以求的成功之路。这看似“偶然”实则蕴藏着“必然”。礼仪是一个人修养的外显，最根本的还是修养。一名有着极高修养的商务人员能够随时随地、自然而然、润物细无声般地表达对交往对象的尊重，而其交往对象可以是任何人，也正因为如此，才能够于“不经意”间得到回报。

【案例分析】

我不是为了钱才卖地

木村事务所这几年发展顺利，就是有一桩事不顺当——近郊的一块地皮对于建造齿科材料厂太合适了，可是，前后半年内木村董事长不知见过地主多少次，费尽口舌，但那倔强的老妇人丝毫不为所动。

一个下雪天，老妇人上街时顺路来到木村事务所。她本意是想见到木村后并告诉他："死了买地这条心！"推开门，老妇人自觉穿着脏的木屐进去不合适，就在那儿站了一会儿。"欢迎光临！"这时一位年轻女职员出现在妇人面前。她一时没有拖鞋可给老妇人换，就把自己穿的拖鞋脱下来，整齐地摆在老妇人脚前，笑着说："很抱歉，请穿这个好吗？"女职员不在乎脚底的湿冷，对踌躇不前的老妇人说："别生气，我没什么关系。"并为老妇人穿好拖鞋，女职员再问道："老太太，您要找谁呢？"

"谢谢，我要见木村先生。"

"他在楼上，我带您去见他。"女职员像女儿扶母亲上楼梯那样扶老妇人上楼。

老妇人穿在脚底的拖鞋是温暖的，而更使她感到温暖的，是这素不相识的女孩子温暖的心。

突然间，老妇人恍然大悟："是啊，人不能只求自己的利益，也该为别人着想呢。"于是她改变主意，决定把土地卖给木村。

分析：

1. 文中有一处很细微的描写："推开门，老妇人自觉穿着脏的木屐进去不合适，就在那儿呆呆地伫立着。"别忘了，她可是带着怒气去木村事务所的，此时的老妇人仍如此注意卫生，说明了什么？

2. 老妇人拥有的那块地对木村董事长来说意义重大，可想而知他在老妇人面前一定说尽好话，为什么却不如一位女职员简单的几个举动奏效呢？二者之间到底差的是什么？

【专题讨论】

"入乡随俗"是礼仪的重要原则，但做起来又有很多实际问题，请分别针对遇到的下列情况，谈谈你该如何处理？

1. 西方人把宠物当成家庭成员，十分爱护。如果有人驱赶或用脚踢宠物，他们会很反感，你如果到有宠物的西方人家里做客却又怕宠物，该怎么办？

2. 有人请客，用自己的筷子给客人夹菜，以表示热情，当给你夹菜时，你该怎么办？

3. 有的地方，主人为了表示待客热情，宴请时非让客人喝醉才认为你够朋友，而你既不能喝酒，也不愿喝醉失态，该怎么办？

4. 希腊人用摇头表示同意，用点头表示不同意，当你与希腊人交谈时该怎么办？

5. 你是无神论者，来到信奉宗教的地区，进入寺庙或教堂，信徒们焚香叩头，虔诚膜拜，你该怎么办？

【技能训练】

你周围的人各自具备什么样的修养？其修养的好与坏是如何体现的？面对修养不同的人，大家有怎样不同的反应？将其观察并记录下来，对照自身，找出自身修养的薄弱之处，有意识地提高相关方面的修养。

项目二　商务人员的形象礼仪

【学习目标】

1. 掌握商务人员规范的仪容仪表礼仪和服饰礼仪；
2. 了解正式场合商务人员的仪容仪表礼仪和服饰礼仪的评判标准；
3. 熟悉商务人员应用仪容仪表礼仪和服饰礼仪的技巧和方法。

【技能目标】

1. 学会在正式场合打造商务人员得体的仪容仪表和服饰；
2. 学会打领带、化淡妆，以及服装色彩、样式搭配的技巧和方法。

任务一　仪容礼仪

【任务引入】

业绩之谜

刘先生是一名保险销售人员。他工作勤奋努力，但是业绩一直都不好。他认真为客户讲解保险知识，诚恳地帮助他们推荐合适的保险，每次还不忘记给客户递上一杯温温的茶水，但是客户好像一副不信任他的样子，听完他的介绍后又转向其他保险销售人员咨询，有的客户甚至在其他人那里买刘先生推荐的保险。这让一向勤奋的刘先生很受打击，他在苦苦思考而不得原因的情况下，只好承认自己不是做保险的料。一次，当他向一位带着孩子的母亲推销保险时，孩子天真的话解开了刘先生心中的谜："叔叔肩膀上好多雪花呀！"原来，刘先生的肩膀上有好多头皮屑，白花花的一片，好像雪花一样。

问题：请从礼仪角度分析刘先生业绩上不去的原因。

【知识链接】

仪表指一个人的外表。它是一个人总体形象的统称，除容貌、发型之外，还包括人的服饰、身体、姿态等。仪表礼仪也叫形象礼仪。

仪容是指一个人的外貌，它由发型、面容及所有未被服饰遮掩的、裸露在外的肌肤构成，在个人整体形象中居于显著地位。“云想衣裳花想容”，追求容貌的美本是人们的天性。各行各业的人们都力求以美好的容貌出现在公众面前，这既维护了个人的自尊，又体现了对他人的尊重。所以，仪容已成为现代社会的一种重要礼仪。

一、仪容修饰的总体要求

虽然容貌与遗传息息相关，但一定的妆饰可以修饰容貌，突出容貌优点，淡化容貌缺陷，打造一种和谐的整体美。青年人应该张扬青春风采，以淡妆体现自然美、个性美；中年人应该展现成熟风韵，以高雅的气质体现沉稳俊逸之美；老年人应突出深沉理性，以平和体现睿智淡定之美。

（一）自然

自然是仪容修饰的最高境界，它能使人看起来真实而生动。最高明的化妆术，是明明进行了非常考究的化妆，但别人看起来好像没有化过妆一样，并且妆容与身份相匹配，能够自然表现其独特的个性和气质。

（二）协调

协调是指妆面协调，化妆的色彩搭配、浓淡等整体协调；全身协调即脸部妆容、发型与服饰相协调，力求整体效果实现完美和谐；身份协调即妆容、发型、服饰搭配考虑职业特点和角色身份；场合协调即与场合气氛要求一致。

（三）美观

美观是从修饰效果上来讲的。美丽、端庄、大方是最佳的仪容效果。了解脸形和五官特点，扬长避短，恰当化妆，可以变拙陋为俏丽。

二、头发的修饰

头发是人身上明显的特征，是别人第一眼关注的地方。所以，在社交场合，个人形象的塑造，一定要“从头做起”。

（一）保持头发的清洁

首先，保持头发清洁是头发修饰的基本要求。一个人如果长时间不洗头发，就会产生异味，还会有头皮屑，这不仅破坏自身的形象，同时也容易引起他人的反感。洗头发是保持头发干净的基本方法。洗头的次数可以因人而异，如发质较油腻的人或运动多常出汗的人，最好每天洗；而发质较干燥或运动量小的人可以两三天洗一次头。其次，护发也很有必要，护发可以修复受损的发质，保持头发柔顺、光滑。最后，要勤梳勤理，让发型保持美观。

头发衰老的一个现象就是头发变得斑白。事实上，随着年龄的增长，黑色素细胞的活跃程度会自然降低，白发也因此产生。不过美国医学会指出，一个人在面对沉重压力的时候，体内维生素 B 的消耗会加快，使头发变白，所以一夜白头也是有可能的。一般来说，刺激之物若食用过量，将有损头发，尤其是烟酒。保养头发，要多吸收维生素 B，多吃核桃、芝麻这些富含维生素 B 的食物，或者在洗头之前先用橄榄油护理一下再洗掉。

温馨提示：

梳理头发作为私人事务，不宜当众进行，应当避开外人。梳理头发不宜直接用手、以手指代替发梳。随手乱扔断发、脱发是缺乏教养的表现。

（二）注意头发的长度

作为庄重专业的商业人士，头发要求长短有度。对于女士，其长发不过肩，不要有过多的装饰和怪异的造型，如果留了一头飘逸的长发，工作中，也不能随意散落下来，应该把头发束起来或根据服饰、脸形、场合把头发盘起来，展现出一个干练有气质的职场女性形象。男士的头发长度也是有要求的，正式场合，男士讲究前发不覆额，侧发不掩耳，后发不及领。所以，男士修剪头发需要定期进行，最好每半个月左右修剪一次，至少也要确保每个月修剪一次。

（三）注意发型要得体

发型是构成仪容美的重要内容。美观的发型能给人一种整洁、庄重、洒脱、文雅、活泼的感觉。不同人根据其发质、服装、身材、脸形等选择合适的发型，可以扬长避短、和谐统一，增加整体美。比如体型瘦高的人，适合留长发；体型矮胖者，适宜选择有层次的短发。再比如穿着礼服或制服时，女士可选择盘发或短发，以显得端庄、秀丽、文雅；穿着轻便服装时，可选择各种适合自己脸形的轻盈发式。

拓展阅读

脸形与发型

一般来说，脸形有瓜子脸、四方脸、圆脸和梨形脸这几种。

第一，瓜子脸。这是东方女性的标准脸形，有人也称其为美人脸。这种脸形选择发型的余地大，比较容易装扮。但一般来说，这种脸形显得瘦削，将头发散下来人会显得丰润些。

第二，四方脸。这种脸形显得比较刚毅、果断，但较缺乏柔美感。其特征是面部下方较宽。这种脸形的人可将头发散下，使脸部看起来柔和些。

第三，圆脸。这是一种可爱的脸形，面部轮廓较圆，下巴丰腴。这种脸形的人看起来要比实际年龄年轻些，但缺乏立体感，因此可以选择线条简洁的发型，将头顶部的头发梳高，并设法遮住双颊。

第四，梨形脸。这种脸形显得随和，特征是额头偏窄，下颌较宽。这种脸形的人适宜留短发，并增加额头两侧头发的厚度。

发型是构成仪容的重要部分。恰当得体的发型会使人容光焕发、充满活力，显现出与众不同的特质来。发型可以表现人的个性、欲望、心理与时尚品位。心理学家的研究表明，抢先接受流行发型的人，表示其对环境变化的适应力强；经常变换发型的人，具有不稳定的性格，易受他人煽动；男性剃平头，是性格坚毅、具有攻击欲的一种表现；将长发剪短，剃成平头或光头，是受到某种刺激或下定决心要做某一件事情，头发剃得越短，决心越大；女性发型的中性化反映出女性经济地位与社会地位的提高。

三、面部的护理

面部护理是体现仪容礼仪直接且重要的一个方面。

（一）面部的清洁

清洁面部可以去除新陈代谢产生的老化物质、空气污染及卸妆残留在脸上的物质，同时也可以清洁肌肤。商务人员经常出差在外，面部的清洁对展现个人及企业形象是非常重要的，这些小小的细节有时候会决定商务活动的成败。

1. 嘴巴和牙齿

案例阅读

王立华是某上市公司老总，在与新员工聚餐后，他发现部分员工在聚餐过程中与人聊天时，有食物残渣附在牙齿上，还有的在饭后毫无遮拦地剔牙。他对这些员工的举止感到很不满意，如果你是其中的一名新员工，你应当怎么办?

分析：牙齿是口腔的门面，牙齿的清洁是仪表仪容美的重要部分，而不洁的牙齿被认为是交际中的障碍。当你在谈笑风生时露出发黑或发黄的牙齿，这是多么地不雅。如果牙缝上留有牙垢，就会让人退避三舍。

牙齿洁白、口腔无味是护理的基本要求。

要做到这一点，首先要饭后漱口（没有条件饭后刷牙的话），去除口腔异味或异物。正确的刷牙方法是，将刷毛尖端放在牙龈和牙冠交界处，顺着牙齿的方向稍微加压，刷上牙时向下刷，刷下牙时向上刷，牙的内外面和咬合面都要刷到，在同一部位要反复刷数次，保持牙齿洁白。

其次要经常用牙线、洗牙来保护牙齿。牙齿美的标准包含三个方面：颜色美观，无发黄、发黑；形态自然，不呆板；边缘精密，牙齿邻接关系好。

最后，如果从事服务或接待工作，或者到社交场合去跳舞、赴宴，或出席比较重要的场合，不要吃葱姜蒜、腐乳、韭菜、洋葱这些有强烈气味的食物。比如葱，吃了之后，五六个小时之内你浑身都是葱味；蒜的气味没葱厉害，但是它的后劲比较足；后劲最足的是韭菜，如果今晚你吃过韭菜馅水饺，明天下午打嗝还能把别人“放倒”。一个有良好教养的人，如果到公众场合去，就不要让别人因此而受折磨了。就餐完毕应清洁口腔，可以使用漱口水或口香糖，但是在他人面前嚼口香糖是不礼貌的，尤其是和他人交谈的时候，更不应嚼口香糖。

拓展阅读

身体的异响

人体之内发出的所有声音，如咳嗽、哈欠、喷嚏、吐痰、清嗓、吸鼻、打嗝、放屁的声响，都是不雅之声，统称为异响，在商务和社交场合应当禁止出现。

需要指出的是，禁止异响，重在自律，而不必强求于人。在大庭广众之下，若他人不慎制造了异响，最明智的做法是视若不见、置若罔闻。若本人不慎弄出了异响，则最好及时承认，并向身边之人道歉，不要装作若无其事。

拓展阅读

刷牙的方法

（一）竖刷法：这种刷牙方法是使牙刷毛束与牙面成45°角，转动刷头，上牙从上往下刷，下牙从下往上刷，上下牙列面来回刷。

（二）刷牙顺序是先刷外面，再刷咬合面，最后刷里面。

（三）先左后右，先上后下，先外后里，按顺序里里外外刷干净。

（四）每个部位要重复刷8~10次，全口牙刷干净需3分钟。

2. 眼睛和眉毛

眼睛是人际交往中被他人注视最多的地方，修饰面容首先要注意眼睛。洗脸的时候一定要注意将眼睛分泌物及时清除，这一点要铭记于心，随时注意。另外，眼睛要是有传染病，应自觉回避，以免让他人近之担心，避之不恭。

近视的人在保证舒服的情况下，应佩戴与自己脸形适合的眼镜，并保证眼镜的清洁。在商务社交场合，不能戴墨镜或有色眼镜，免得让人“不识庐山真面目”，或是给人以拒人千里之外的感觉。你如果不是盲人，不是保镖，进入房间前，建议在室外将墨镜摘下。

你如果感到自己的眉形刻板或不美观，可以进行必要的修饰，但是不提倡一成不变地文眉，更不允许剃去所有的眉毛。此外，还需注意，文面文身一般也是禁止的。

3. 面部

选用洗面奶或洁面乳，取少量置于掌心，搓揉起泡，然后从面部皮脂分泌较多的“T”区开始清洁，让指腹充分接触脸颊的皮肤，轻轻地由内朝外画圆圈滑动清洗。鼻翼两侧、下巴底部、脖子部位要仔细清洗，最大限度地去除污垢。冲洗时，用流动水冲去脸上的泡沫，并用干毛巾轻贴脸颊，自然吸干水分。

4. 胡须

对于男性，胡子应该刮干净或修整齐，一般不允许留八字胡或其他奇形怪状的胡子。在商务社交场合，即使是胡子茬被他人看到，也是非常失礼的，所以男士应养成每天修面剃须的好习惯。对有些女性而言，如果嘴上汗毛过浓，也应注意修饰。

（二）化妆修饰

“三庭五眼”（见图 1-1）是形容人的脸部构成的比例。“三庭”包括发际线到眉庭的上庭，眉际至鼻的下端的中庭，鼻的下端至下颌的下庭，这三庭的距离基本相等。“五眼”则是脸的宽度等于五个眼睛的宽度，即两眼之间的宽度等于一个眼睛的宽度，两眼左右各有一个眼睛的宽度。从这一标准来说，人的面部大多并不完全符合这一比例，我们可以通过化妆来弥补缺陷，使面部趋于完美。

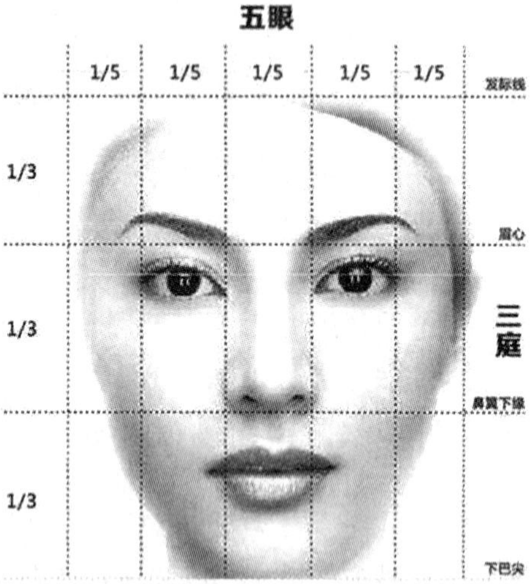

图 2-1 “三庭五眼”示意

在商务活动中，适当化妆，不仅是职业工作的需要，同时也是对他人尊重的一种表现。面部化妆的内容，包括眉、眼、鼻、颊、唇等部位的化妆。要想化好脸部的妆，必须掌握面部化妆的基本原则。

1. 扬长避短

化妆一方面要突出脸部最美的部分，使其显得更加美丽动人；另一方面要掩盖或矫正缺陷或不足的部分。

2. 自然真实

化妆要自然协调，不留痕迹。生活淡妆给人以大方、悦目、清新的感觉，最适合在家或平时上班时化；浓妆给人以庄重、高贵的印象，常在晚宴、婚宴、演出等特殊的社交场合化。无论淡妆、浓妆，其效果都要自然真实且适合。化妆师可以运用化妆技巧，通过熟练的化妆手段，使用各种合适的化妆品来取得自然且美丽的化妆效果。

3. 认真负责

化妆时不可片面追求速度，敷衍了事，而是要一丝不苟，有层次、有步骤地进行。化妆时，动作要轻要稳，注意选择合适的色彩和光线。

4. 整体配合

化妆要因人、因时、因地制宜，切忌千篇一律，应表现出个性美，避免“千人一妆”。在化妆前，化妆师要对化妆对象进行专门的妆面设计，要强调个性特点，不要单纯模仿。第一，要根据脸部（包括眉、眼、鼻、颊、唇）特征，进行具有个性美的整体设计；第二，要根据不同场合、不同年龄、不同身份制定不同的设计方案。例如，夜间，特别是有彩色灯光照射的情况下，应该使用发亮的化妆品，如亮光眼影、珠光唇膏等，但涂的范围不应太大。切忌在原来的妆面基础上再涂新的化妆品，这样做不仅会破坏原有的妆面，而且会损害皮肤。

5. 注意场合

化妆或补妆时，应到化妆间或洗手间进行，不可随意在众人面前化妆，否则为失礼的行为。

此外，脸部妆容还必须注意与发型、服装和饰物相搭配，力求取得和谐完整的整体效果。

拓展阅读

化妆的基本步骤

（1）清洁面部。对面部的清洁，我们可选用清洁类化妆品清除面部油污，然后再用清水清洗。在化妆前，应在清洁的面部上，涂上护肤品。

（2）打粉底。其目的是调整肤色，使皮肤平滑。化妆者可根据自己的皮肤特质选择合适的粉底，并根据面部的不同区域，分别使用颜色深浅不同的粉底，以增强脸部的立体轮廓。

（3）眉毛修饰。整饰眉毛时，我们应根据个人的脸形特点来确定眉毛的眉形；一般是先用眉笔勾出轮廓，再顺着眉毛的方向一根根地画出眉型，最后把杂乱的眉毛拔掉。

(4) 涂眼影，画眼线。眼影有膏状与粉状之分，颜色有亮色和暗色之别。亮色的眼影在视觉上可以起到提亮、加宽的效果；暗色的眼影在视觉上可以起到收窄、凹陷的效果。眼影色的亮、暗搭配，在于强调眼睛的立体感。我们涂眼影时，应在贴近睫毛的部位涂重些，两个眼角的部位也应涂重些；鼻梁宽者涂在内眼角上的眼影应向鼻梁处多延伸一些，鼻梁窄者则少延伸一些。

(5) 涂腮红。涂腮红时以颧骨为中心，并且根据每个人的脸形来确定腮红的面积和位置。长脸形要横着涂，圆脸形要竖着涂，但都要求腮红与脸部原有肤色的过渡要自然。颜色的选用，要根据肤色、年龄、着装和场合而定。

(6) 涂口红。涂口红时，先要选择口红的颜色，再根据嘴唇的大小、形状、薄厚等用唇线笔勾画出理想的唇线，然后再涂上口红。唇线要略深于口红色，口红不得涂于唇线外，唇线要干净、清晰，轮廓要明显。

(7) 涂睫毛膏。先用睫毛夹将睫毛夹卷曲，再涂上睫毛膏，可使睫毛上翘，变得更浓，从而增加眼睛的美感。

(8) 喷香水。喷香水最初的目的是为了掩饰不雅的体味，而不是为了使自己香气袭人，这一点很重要。喷香水要注意的问题有：一是不应使之影响本职工作，或有碍于人；二是宜选气味淡雅清新的香水，并应使之与自己使用的其他化妆品的香型在大体上一致，而不是彼此“窜味”；三是切勿使用过量，造成适得其反的结果；四是应当将其喷在或涂抹于适当之处，如腕部、耳后、颌下、膝后等，千万不要将它直接喷在衣物上、头发上或身上其他易于出汗之处。

(9) 检查妆面。化妆后要全面检查，看看是否均匀、和谐、自然，并与服装、发型协调，以达到化妆的最高境界——“天然去雕饰”。

四、其他部位

(一) 手部

手是肢体中使用最多、动作最多的部位，因此，难免得到众多目光的关注。“手是人的第二张脸”，如果手的形象不佳，整体形象也将大打折扣。因此，适时适度地保养和美化手部是非常重要的。在修饰手部时要注意以下几个细节：

1. 保持清洁

养成勤洗手的良好习惯，通常在吃饭前、打扫卫生或上完洗手间后、手上有污垢等情况下，都要及时清洁自己的双手。

2. 不留长指甲

养成勤剪指甲的良好习惯，手指甲的长度以不超过手指指尖为宜，一定要保证指甲的清洁，同时要注意指甲的适度美化。

3. 清除手臂上的汗毛

手臂上汗毛过浓或过长的人，在出席较正式的商务社交场合时，应采用适当的方式进行脱毛。在他人尤其是异性面前，不应使自己的汗毛太过明显。

（二）腿部

看人的一般习惯用一句俗语概括：远看头，近看脚，不远不近看中腰。腿部在近距离社交时常为他人注视，在修饰仪容时自然不能忽视。

在正式场合，男士的着装不能暴露腿部，即不允许穿短裤；女士可以穿长裤、裙子，但不得穿短裤或者超短裙。越是正式的社交场合，女士的裙子越长。在庄严、肃穆的场合，女士的裙长应在膝部以下。

女士在正式场合穿裙子时，最好搭配长筒袜，而且袜长必须高于裙子底边，不能将袜口露在裙边外边。在非正式场合，特别是在休闲活动中，则无此规定。

（三）脚部

严格地说，在正式场合是不允许光着脚穿鞋子的，因为它既不美观，又可能引起误会。在一些欧美国家，光脚穿鞋是轻浮的表现；而且一些鞋子如拖鞋、凉鞋、镂空鞋等也不适合在正式的社交场合穿。

注意脚部卫生。鞋子、袜子要勤洗勤换，脚每天都要洗，袜子要每日一换。不要穿残破、有异味的袜子，如有可能，应在办公室或随身带的包里装上备用的袜子，以备不时之需。

勤剪脚趾甲，使其不长于脚趾趾尖，保持脚指甲清洁，并且在正式社交场合脚趾部通常不应露在鞋外。

拓展阅读

香水的使用

一、香水的使用方法

七点法：将香水分别喷于左右手腕静脉处，双手中指及无名指轻触对应手腕静脉处，随后轻触双耳后侧、后颈部；轻拢头发，并于发尾处稍做停留；双手手腕轻触相对应的手肘内侧；使用喷雾器将香水喷于腰部左右两侧，左右手指分别轻触腰部喷香处，然后用沾有香水的手指轻触大腿内侧、左右腿膝盖内侧、脚踝内侧。注意擦香过程中所有动作都要轻，否则香料中的有机成分发生化学反应，可能会破坏香水的原味。

喷雾法：在穿衣服前，让香水喷雾器距身体10~20厘米，喷出雾状香水，喷洒范围越广越好，随后立于香雾中5分钟；或者向空中大范围喷洒香水，然后慢慢走过香雾。这样可以让香水均匀落在身体上，留下淡淡的清香。

二、香水的使用禁忌

(1) 香水不要洒在易被太阳晒到的部位。因为香水中的香料有些是从天然植物中提取的挥发油，会发生光的化学反应，从而导致脸部皮肤出现炎症和点状黑斑。

(2) 香水不宜直接擦在脸上及易过敏皮肤上面，因为易造成过敏；香水不宜用得过多，不然会适得其反，还易导致嗅觉障碍，另外也易给人一种孤傲浮华、孤芳自赏的感觉。

(3) 香水不宜涂在额上、腋下和鞋内等易出汗的部位。因为这些部位汗液多，易将香味冲淡，而且汗味和香味混合会产生怪异的气味。

(4) 香水不宜喷洒在皮革、黄金和珍珠等服饰品上，因为香水会使它们失去天然光泽。

(5) 两种不同的香水不宜混在一起使用，混合后的香味会使原来单独的香水失去纯味，而且很可能闻起来极不舒服。

三、商务人士使用香水的注意事项

避免使用劣质香水，使用劣质香水还不如不用香水；如果同时使用其他芳香型化妆品，应当注意香型的调和与统一。一般来说，在商务场合中应使用淡雅的香水，别人在距你一米之内能够闻到，一米之外几乎闻不到，这样的香味浓度才不致失礼。商务人士在社交场合当中，要尽量避免在他人面前涂抹或喷洒香水。

【案例分析】

生活中的艺术

王芳是某高校文秘专业高材生，毕业后就职于一家公司做文员。为适应工作需要，上班时，她毅然放弃了“清纯少女妆”，化起了整洁、漂亮、端庄的“白领丽人妆”：不脱色粉底液，修饰得自然、稍带棱角的眉毛，与服装色系搭配的灰度高且偏浅色的眼影，紧贴上睫毛根部描画的灰棕色眼线，黑色自然型睫毛，再加上自然的唇型和略浓的唇色……她虽化了妆，却好似没有化妆，整个妆容清爽自然，尽显自信、成熟、干练的气质。但在公休日，她又给自己来了一个大变脸，化起了久违的“青春少女妆”：粉蓝或粉绿、粉红、粉黄、粉白等颜色的眼影，彩色系列的睫毛膏和眼线，粉红或粉橘的腮红，自然系的唇彩或唇油，使嘴唇看上去娇嫩欲滴、鲜亮淡雅。王芳在不同的场合化与之相适的妆，不但获得同事的赞赏，还取悦了自己，自然工作效率就高了。一年来，王芳以自己得体的外在形象、勤奋的工作态度和骄人的业绩，赢得了公司同仁的好评。

分析：如何评价王芳的两种妆容？对“化妆不只是技术，还是一门艺术、一种生活”这句话，你是如何理解的？

【课堂活动】

女生能够熟练操作基本的化妆步骤，学会化淡妆的技巧。

【专题讨论】

分组讨论我们日常生活中在仪容方面有哪些是不符合礼仪的。

任务二　服饰礼仪

【任务引入】

郑伟是一家大型国有企业的总经理。有一次，他获悉有一家国内知名的同行企业的董事长正在本市进行访问，并有寻求合作伙伴的意向。于是他想尽办法，请有关部门为双方牵线搭桥。让郑总经理欣喜若狂的是，对方也有兴趣同他的企业进行合作，而且希望尽快与他见面。

到了双方见面的那一天，郑总经理对自己的形象刻意进行了一番修饰，他根据自己对时尚的理解进行了搭配：上穿夹克衫，下穿牛仔裤，头戴棒球帽，足蹬旅游鞋。无疑，他希望自己能给对方留下精明干练、时尚新潮的印象。

然而事与愿违，郑总经理自我感觉良好的这一身时髦的“行头”，却偏偏坏了他的大事。

问题：郑总经理的错误在哪里？董事长会做何评价？

【知识链接】

“一个人的穿着打扮是他自身修养最形象的说明。”孔子曾经说过：“君子不可以无学，见人不可以无饰。不饰无貌，无貌不敬，不敬无礼，无礼不立。”他所谓的“饰”指的就是服饰。古今中外，服饰体现着一种社会文化，体现着一个人的文化修养和审美情趣，是一个人身份、气质、内在素质的无言名片。从某种意义上说，服饰是一门艺术，它所能传达的情感与意蕴甚至难以用语言所表达。在各种正式场合，商界人士得体的服饰礼仪通常体现着自身的仪表美，有助于增加交际魅力，给人留下良好的印象，使人愿意与其深入交往。同时，注重服饰礼仪也是每个事业成功者的基本素养。

案例阅读

美国行为学家迈克尔·阿盖尔曾做过一个实验：他以不同的衣着打扮出现在某城市的同一个地点，得到的反馈截然不同。当他西装革履、风度翩翩地出现时，无论是向他问路还是向他打听事情的陌生人都彬彬有礼，显得颇有教养；而当他破衣烂衫、蓬头垢面地出现时，接近他的多半是流浪汉、无业游民。

一、商务人员的着装原则

商务职场中得体的着装应该符合“TPO”原则。“TPO”是时间（time）、地点（place）、场合（occasion）三个英语词的首字母组合，是指人们在进行着装的搭配时，应当注重时间、地点、场合这三个客观因素。

（一）时间原则

时间涵盖了每一天的早、中、晚三个时间段，也包含春夏秋冬四个季节，以及不同时期的变化。因此，人们在着装时必然会考虑时间，做到“随时更衣”。

通常情况下，早间人们在家中和户外的活动居多，无论外出跑步做操，还是在家里梳洗用餐，着装都应以方便、随意为宜。早间可以选择运动服、便装、休闲装等，这样会透出几分轻松温馨之感。

日间是工作时间，着装要根据自己的工作性质和特点，总体上以端庄大方为原则。如果安排有社交活动或商务活动，则应以典雅端庄为基本着装格调。

晚间的宴请、舞会、音乐会等正式社交活动居多。此时，人们的交往距离相对会更近，服饰给予人们视觉与心理上的感受会增强。因此，晚间着装要更讲究一些，礼仪要求也要更严格一些。晚间着装以晚礼服为宜，以塑造高雅大方的礼仪形象。

一年四季的变化是大自然的规律，人们在着装时应遵循这一规律，做到冬暖夏凉、春秋适宜。夏季以轻柔、凉爽、简洁为着装原则，服饰色彩与款式的选择要充分考虑带给他人的感受，同时也使自己轻快凉爽。夏季着装切忌烦琐、色彩浓重，以免给自己与他人造成视觉与心理上的负担，女士更要注意这个问题，否则，繁复的服饰会使人燥热难耐，而且一旦出汗还会影响面部化妆的效果。冬季应以保暖、轻便为着装原则，避免着装过厚而显得臃肿不堪、形体欠佳，但也要避免为了形体美而着装太薄，这样不利于身体健康，影响气色。

春秋两季着装的自由度相对高一些，总体上以轻巧灵便、薄厚适宜为着装原则。

（二）地点原则

特定的地点应配以与之相适应、相协调的服饰，以达到人与环境在视觉与心理上的和谐。西装革履地步入金碧辉煌的高级酒店会产生一种人境两相宜的效果。

在静谧肃穆的办公室里穿一套随意性极强的休闲装，穿着拖鞋，或者在绿草茵茵的运动场上着一身挺括的西服，穿一双皮鞋，都会因环境的特点与服饰的特性不协调而显得人境不相宜。

在严肃的写字楼里，女士穿着拖地晚装送文件，男士穿着沙滩花短裤与客户交谈，将是一种什么样的情景？

没有统一制服的单位，职员们的服装一般应尽可能与工作环境相协调，不过分追求时髦。特别是商务人员，因为经常出入社交场所，他的服装通常要求高雅、整齐、端庄、大方，以中性色彩为主，不突出形体的线条。职业女性在衣着穿戴上不宜太华丽，比如穿着肉色蕾丝上衣，丝绒高开衩长裙，会使别人认为此人太招摇、太敏感、易情绪化，甚至会被人在背后称为“花瓶”。太美艳的装扮难免会遭到同行的妒忌和异性的骚扰。

刚离开校园参加工作的年轻商务人员不要让自己显得太清纯，学生味不能太重，比如穿着印有向日葵图案的T恤、草编凉鞋，戴着恋人送的玻璃手镯去参加商务会议，就显得其幼稚、脆弱，甚至让人认为你肩上担不起责任。同样，办公室着装也不能过于前卫，如漂染黄发，穿漆皮鞋，穿喇叭裤，会使人觉得你自由散漫、缺乏合作精神。当客户走进高雅洁净的办公场所时，白领女性的穿戴会影响他（她）对这家公司的印象。

（三）场合原则

人们的服饰也要与特定的场合及气氛相协调，所以有必要选择与之相适宜的服饰造型与色彩搭配，实现人场相融的最佳效果。

场合原则是人们约定俗成需要遵守的，具有深厚的社会基础和深刻的人文意义。服饰所蕴含的信息内容必须与特定场合的气氛相吻合，否则，往往会引起人们的疑惑、猜忌、厌恶和反感，导致交往空间距离与心理距离的拉大和疏远。

案例阅读

1983年6月，美国前总统里根出访欧洲四国时，他在庄重严肃的正式外交场合没有穿黑色礼服，而穿了一套花格西服，引起西方舆论一片哗然。有的新闻媒体批评里根不严肃，缺乏责任感；有的新闻媒体评论里根作为大国首脑，狂妄傲慢，没有给予欧洲伙伴应有的尊重和重视。

如果一个人的服饰不符合一定的场合要求，是会引起误会的。在商务工作中要避免浓妆艳抹、衣饰华丽，也不可蓬头垢面、衣饰庸俗，要恰如其分地打扮自己，表现出商务工作人员的优雅气质，体现个人内在的涵养。

研究表明，客户更青睐那些穿着得体的商务人员，身着商务制服和佩戴领带的业务员所创造的业绩要比身着便装、不拘小节的业务员高出约60%。或许添置衣服要花一些钱，但它就像一项高明的投资一样，迟早会为你带来丰厚的回报。

案例阅读

比我重要的是外套!

有一次，巴基斯坦诗人贾利伯被邀请去与其他人共进晚餐。贾利伯是一个穷诗人，朋友们建议他说："贾利伯，你可以向别人借衣服、鞋子和一把好的伞……因为你的伞已经快烂掉了，你的外套已经褪色了，穿着这些有很多破洞的衣服和鞋子不太好看!"

贾利伯说："如果我向别人借东西，会觉得内心不舒服，因为我从来不曾向别人借过东西，我一向靠自己生活，只为了一顿晚餐就破坏了整个生活习惯，这样不好。"于是，他穿自己的旧衣服来到宫廷，拿出邀请卡给守卫看。守卫笑着对他说："你这张邀请卡是从哪里偷来的？快走，否则你将会被抓起来!"贾利伯简直无法相信，他说："我真的是被邀请来的，你可以去问国王!"

守卫说："每一个乞丐都认为他被邀请，你并不是第一个，在你之前已经有很多人来敲门，快走，不要站在这里，因为不久就会有很多贵宾到达。"

贾利伯只好回去了。他的朋友们知道一定会有这样的事发生，所以为他准备了一件外套、一双鞋子和一把雨伞。然后，他穿上那些借来的东西再回去，守卫向他鞠躬说："请进。"

国王非常喜欢他的诗，所以他被允许坐在国王的旁边用餐。当宴会开始，贾利伯做了一件非常奇怪的事——他开始喂自己的外套，说："外套，吃下去！因为事实上是你进来了，而不是我。"

国王问："你在干什么，贾利伯？你疯了?"贾利伯说："不，在这之前我要进来，他们拒绝我，现在这件外套来了——我只是跟着它来的，因为外套没有办法自己来——如果没有它，我就进不来!"

这种事可能发生在任何人身上：别人所认出来的并不是你，而是你的外套!

二、男士西装礼仪

西装，又称西服、洋服。西装的线条简洁流畅、立体感强，拥有开放适度的领部、宽阔舒展的肩部和略加收缩的腰部，穿在男士的身上，会使其显得英武矫健、风度翩翩，魅力十足。西装目前是全世界最流行的一种服装，也是商界男士在正式场合着装的优先选择。不过，有道是："西装七分在做，三分在穿。"商界男士要想使自己所穿着的西装真正称心如意，就不能不在西装的选择、穿法、搭配等方面严守相关的礼仪规范。

表 2-1 介绍了穿着西装的三色原则、三一定律、三大禁忌。

表 2-1　西装的“三个三”

三色原则	浑身上下不超过三种颜色或三个色系
三一定律	皮鞋、皮带、皮包为一个颜色
三大禁忌	忌西装袖口的商标不摘；忌西装与皮鞋不相配；非常重要的涉外商务交往中忌穿夹克时打领带

（一）西装的选择

西装的选择和搭配是很有讲究的。商界男士要注意西装的精心选择，一般而言，要挑选一身有型有款，适合商务交往中穿着的西装，大致需要关注其面料、色彩、图案、款式、造型、尺寸、做工七个方面的主要细节。

1. 面料

就面料而言，鉴于西装在商务活动中往往作为正装穿着，因此面料的选择应力求高档。在一般情况下，纯羊毛、纯羊绒应为西装首选的面料，高比例含毛的混纺面料也可以，而不透气、不散热、发光发亮的各类化纤面料则尽量不选。

目前，以高档毛料制作的西装，大都具有轻、薄、软、挺四个特点。“轻”指的是西装不重、不笨，穿在身上轻飘犹如丝绸；“薄”指的是西装的面料单薄，不过分地厚实；“软”指的是西装穿起来柔软舒适，既合身，又不会给人以束缚挤压之感；“挺”则指的是西装外表挺括雅观，不发皱，不松垮。

2. 色彩

商务活动中西装的色彩必须要显得庄重、正统，不能过于轻浮和随便。适合男士在商务交往中所穿的西装的颜色，首推藏蓝色，此外，还可以选灰色或棕色的西装。黑色是礼服西装的颜色，更适合于庄重且肃穆的礼仪性活动上穿着，平时上班穿太郑重其事，有小题大做之嫌。

按照惯例，商界男士在正式场合不宜穿色彩过于鲜艳或发光发亮的西装，朦胧色、过渡色的西装，通常也不宜选择。越是正式的场合，越讲究穿单色的西装，因而两种以上色彩的“杂色”西装，在大多数情况下是与商界男士无缘的。在非正式场合，穿着休闲西装则另当别论。

3. 图案

商界男士所推崇的风格是成熟、稳重，所以其西装一般以无图案为好。通常，好的西装的特征之一，便是没有任何图案。不要选择绘有花、鸟、虫、鱼、人物等图案的西装，更不要自行在西装上绘制或刺绣图案。有竖条纹的西装，以条纹细密者为佳。在有些着装异常考究的国家，商界男士最得体的西装，往往就是深灰色的、条纹细密的竖条纹西装。

4. 款式

西装的款式可以按照西装的件数和西装上衣的纽扣数量来划分。

（1）按照件数来划分，西装有单件与套装之分。

依照惯例，单件西装，即一件没有配套裤子的西装上衣，仅适用于非正式场合穿着。

商界男士在正式的商务交往中所穿的西装，必须是西服套装。在商务交往中所穿的西服套装，被人们称为商务套装。所谓西服套装，指的是上衣与裤子成套，其面料、色彩、款式一致，风格上相互呼应的多件西装。

通常，西装套装又有两件套与三件套之分。两件套包括一衣一裤。三件套则包括一衣、一裤和一背心（马甲）。按照人们的传统看法，三件套西装与两件套西装相比，更加正式些。最正宗、最经典的商务套装，自然也非它莫属。

（2）按照西装上衣的纽扣数量来划分，西装上衣有单排扣与双排扣之别。

单排扣的西装上衣，最常见的有一粒纽扣、两粒纽扣、三粒纽扣三种。一粒纽扣和三粒纽扣的西装穿起来比较时髦，而两粒纽扣的更为传统一些。双排扣的西装上衣，最常见的有两粒纽扣、四粒纽扣、六粒纽扣三种。两粒纽扣和六粒纽扣的西装属于流行的款式，而四粒纽扣的则更传统。

5. 造型

西装的造型，又称为西装的版型，指的是西装的外观形状。目前，世界上的西装主要有欧式、英式、美式、日式四种主要造型。

欧式西装的主要特征：上衣呈倒梯形，多为双排两粒扣式或六粒扣式，而且纽扣的位置较低。它的衣领较宽，强调肩部与后摆，不重视腰部，垫肩与袖笼较高，腰身中等，后摆无开叉。

英式西装的主要特征：不刻意强调肩宽，而讲究穿在身上自然、贴身。它多为单排扣式，衣领是“V”形，并且较窄。它腰部略收，垫肩较薄，后摆两侧开叉。

美式西装的主要特征：外观板正，宽松舒适，较欧式西装稍短一些。肩部不加肩垫，因而被称为“肩部自然”式西装。其领型为宽度适中的“V”形，腰部宽大，后摆中间开叉，多为单排扣式。

日式西装的主要特征：上衣整体呈现为“H”形，即不过分强调肩部与腰部。垫肩不高，领子较短、较窄，不过分地收腰，后摆也不开叉，多为单排扣式。

上述四种造型的西装，各有各的特点：欧式西装洒脱大气，英式西装剪裁得体，美式西装宽大飘逸，日式西装则贴身隆重。比较而言，英式西装与日式西装似乎更适合中国人穿着。

6. 尺寸

穿着西装，务必要合身，宽松适度。商务人士所穿的西装不管是过大还是过小，是过肥还是过瘦，都肯定会损害其个人形象。

尺寸合适的西装，西装领子应紧贴衬衫领口，上衣长度在垂下手臂时与虎口相平，袖长至手腕，胸围以穿一件V字领羊绒衫后松紧度仍适宜为好。西裤要求与上装相协调，以构成和谐的整体。裤长以身体站直盖住三分之二的脚背最为适合。

7. 做工

穿西装之所以使人显得干练、潇洒，是因为西装的裁剪合体、制作精良。一套名牌西装与一套普通西装的显著区别，往往在于前者的做工更加精细。在选择西装时，做工万万不可以忽略。

在挑选西装时，检查其做工的好坏，需要一看其衬里是否外露，二看其衣袋是否对称，三看其纽扣是否缝牢，四看其表面是否起皱，五看其针脚是否均匀，六看其外观是否平整。假如它在这六个方面有任一一处不符合要求，则都应放弃。

（二）西装的穿法

1. 熨烫平整

欲使一套穿在自己身上的西装看上去美观且大方，首先就要使其平整且挺括，线条笔直。要做到这一点，除了要定期对西装进行干洗外，还要在每次正式穿着之前，对其进行认真的熨烫，要烫出裤线，千万不要疏忽这点，否则西装就会皱巴巴、脏兮兮的，穿起来美感全失，惨不忍睹。

2. 不卷不挽

穿西装时，一定要悉心呵护其原状。在公共场所，千万不要当众随心所欲地脱下西装上衣，更不能把它当作披风披在肩上。需要特别强调的是，无论如何，都不可以将西装上衣的衣袖挽上去。在一般情况下，随意卷起西裤的裤管，也是一种不符合礼仪的表现。

3. 扣好纽扣

穿西装时，上衣、背心与裤子的纽扣，都有一定的扣法。在三者之中，又以上衣纽扣的扣法讲究最多。

一般而言，站立之时，西装上衣的纽扣应当扣上，以示郑重其事；就座之后，纽扣则大多要解开，以防其“扭曲”走样。

一般情况下，西装背心（马甲）只能与单排扣西装上衣配套，它的纽扣大体上可分为单排扣式与双排扣式两种。根据惯例，单排扣式背心的最下面的那粒纽扣应当不扣，而双排扣式背心的全部纽扣则必须都扣上。

在西裤的裤门上“把关”的，有的是纽扣，有的则是拉锁，前者较为正统，后者则更加方便。不管何种方式“把关”，都要时刻提醒自己将纽扣全部扣上，或是将拉锁认真拉好。参加重要的活动时，更是要随时悄悄地对其进行检查。

4. 穿好衬衫

有一句行话：“西装的韵味不是单靠西装本身穿出来的，而是用西装与其他衣饰一道精心组合搭配出来的。”这句话表明西装与其他衣饰的搭配是非常重要的！

穿西装，衬衫是重点，一般来说，应当搭配正装衬衫。

从面料上讲，正装衬衫主要以高档精纺的纯棉、纯毛制品为主。

从色彩图案上讲，正装衬衫必须为单一色彩，以无任何图案为佳。在正规的商务应酬中白色衬衫可谓唯一选择。除此之外，颜色为蓝、灰、棕、黑的衬衫有时也可加以考虑。

从衣领上讲，正装衬衫的领型多为方领、短领和长领。具体选择时，商务人士须兼顾脸形、脖长，以及打的领带结的大小，千万不要使它们相互之间反差过大。

从衣袖上讲，正装衬衫必须为长袖衬衫，短袖衬衫具有休闲性质。

穿着正装衬衫与西装相配套时要注意：

一是扣子要扣上，不管是衣扣、领扣还是袖扣，都不例外。穿西装不打领带时，必须解开衬衫的第一个领扣。

二是袖长要适度。最美观的是衬衫的袖口恰好露出来1cm左右。

三是下摆要放好。无论是否穿外衣，其下摆均须均匀且认真地掖进裤腰之内。

四是大小要合身。除休闲衬衫之外，正装衬衫务必要大小合身，衣领或胸围要松紧适度，下摆不宜过短。

商务人士在自己的办公室里，可以暂时脱下西服上衣，直接穿着长袖衬衫、打着领带。而去参加正式活动时不穿西装上衣，直接穿着长袖衬衫、打着领带，则不合乎礼仪。

5. 系好领带

领带被誉为西装的“灵魂”，在西装的穿着中起画龙点睛的作用。一般在正式场合，商界男士都应系领带。

一条好的领带的主要特征：外形美观、平整，无跳丝、无线头，衬里为毛料，不变形，悬垂挺括，较为厚重。

领带的质地是有讲究的，最好的领带应该是真丝或者羊毛的。涤丝的领带有时也可选用，而棉、麻、绒、皮、革等材质的领带在商务活动中均不宜佩戴。

从色彩方面来看，领带有单色与多色之分。在商务活动中，蓝色、灰色、棕色、黑色、紫红色等单色领带都可选用，可以根据西装的色彩进行搭配。

适用于商务活动的领带主要是单色无图案的，或有圆点、条纹、方格等规则的几何图形的领带为宜，尽量不要系带有人物、动物、植物、景观、徽记、文字等图案的领带。

一条打得漂亮的领带可以起到画龙点睛的作用，要打好领带，就务必要注意以下几个方面。

一要注意场合。在上班、办公、开会或走访客户等公务场合应打领带；在参加宴会、舞会、音乐会时，也可打领带；在休闲场合，通常是不必打领带的。

二要注意服装。一般而言，穿西装套装时必须打领带；穿单件西装时，领带则可打可不打；在非正式活动中穿西装背心时，可以打领带；不穿西装通常不宜打领带。

三要注意位置。穿西装上衣与衬衫时，应将其置于二者之间，并令其自然下垂。在西装上衣与衬衫之间加穿西装背心或羊毛衫或羊绒衫时，应将领带置于西装背心、羊毛衫、羊绒衫与衬衫之间。不要在穿两件羊毛衫或羊绒衫时将领带掖在两者中间。

四要注意结法。领带打得漂亮与否，关键在于领带结打得如何。打领带结的基本要求是饱满、挺括、端正，并且在外观上呈倒三角形，与衬衫领口贴合紧凑。领带结的大小，最好与衬衫衣领的大小呈正比。在正式场合，务必要提前收紧领带结。领带系好后，两端都应自然下垂，面上宽的一片必须略长于底下窄的一片。

五要注意长度。领带最标准的长度，是领带打好之后，下端的大箭头正好位于腰带扣的上端。

6. 配好皮鞋

对商界人士来说，鞋袜在正式场合也被视作“足部的正装”，因此不遵守相关的礼仪规范，必定会令自己“足下无光”。与西装配套的鞋子，只能选择皮鞋。

一般来说，牛皮鞋与西装最为般配。羊皮鞋、猪皮鞋则不甚合适，至于以鳄鱼皮、蟒蛇皮制作的皮鞋，穿出去多有炫耀之嫌，一般也不宜选择。而磨砂皮鞋、翻皮皮鞋大都属于休闲皮鞋，也不太适合与西装相配套。

与西装配套的皮鞋，应为深色、单色，浅色、艳色与多色皮鞋不宜选择。通常，最适合与西装套装配套的皮鞋，只有黑色一种。

商界男士在正式场合所穿的皮鞋，应当没有任何图案、装饰。打孔皮鞋、绣花皮鞋、拼图皮鞋、带有文字或金属扣的皮鞋等，均不应予以考虑。

男士们在商务活动中穿皮鞋时，必须记住：一要保持卫生。要勤换、勤晾，免得其味道熏人。要天天擦拭，上油抛光，就算鞋子是名牌，假如它“蒙尘”良久，肯定也不会给人以好感。擦皮鞋时，记得同时清理一下鞋底。雨天、雪天拜访他人时，还要在进门前再次检查鞋底是否“拖泥带水”。二要尺码恰当，鞋垫相宜。尺码小了，肯定会夹脚、磨起泡；大了，则会不跟脚，走起路来极不自然。而鞋垫大小也要与鞋相配，否则行走之际露出来了则实在有伤大雅。

7. 选好袜子

与西装、皮鞋相配套的袜子，最好是纯棉、纯毛袜制品。以棉、毛为主要成分的混纺袜子，也可以选用。色彩上以深色、单色为宜，最好是黑色。千万别穿与西装、皮鞋的色彩对比鲜明的白色袜子，除非你穿白色皮鞋。袜子上允许出现以几何图案为主的庄重风格的图案，没有图案的则更为合适。

商界男士在穿袜子时，必须遵守下列规则。

一要卫生干净，一天一换、洗涤干净，防止产生异味。二要完好，穿袜前一定要检查一下有无破洞、跳丝。三要成双，注意不要将原非一双的两只袜子穿在一起。四要合脚，袜子太小易破，太大易下滑，太短脚踝会露出来。一般而言，长度不宜低于自己的踝骨。最好穿中长筒袜，这样坐下时不会露出腿毛。

还需强调的是，赤脚穿皮鞋是失仪之举，商界男士绝对不可以那样做。

8. 慎穿毛衫

商界人士要想将一套西装穿得有型有味，那么除了衬衫之外，西装上衣之内最好就不要再穿其他任何衣物了。在冬季寒冷难忍时，只宜暂做变通，穿上一件薄型V字领的单色羊毛衫或羊绒衫。色彩、图案不能繁杂，也不能带扣。千万不要穿多件毛衫、背心，甚至再加上厚毛衣，那样一眼望去在领口之处会看到层层分明的“梯田”，而且还会使西装鼓胀，变形走样。

9. 用好口袋

为保证西装外观上不走样，口袋里应少装东西或者不装东西，上衣、背心和裤子均应如此。西装上衣胸部的衣袋可以装折叠好的花式的真丝手帕，其他东西皆不可装入，尤其不应当别钢笔、挂眼镜。有些物品如名片夹、钱夹、笔、手机等可以装在西装上衣内侧衣袋里，过大过厚的东西或无用之物最好放于别处。上衣外侧下方的两只口袋，原则上不放任何东西。西裤口袋也不可装物，以求臀围合适，裤形美观。裤子后兜可以装零用钱。

西装背心口袋除放置怀表外，不宜放别的东西。

10. 整体协调

男士在正式场合，穿西装套装时，先要注意色彩搭配问题，这是着装最基本的问题。一般来说，全身的颜色加起来不得多于三种，包括上衣、衬衫、领带、鞋子、袜子在内，当然这三种颜色是在三大色系之内的。

一般来说，单色西服应配单色衬衫；杂色西装，配以色调相同或近似的衬衫，效果也不错。但带条纹的西装不可搭配带方格的衬衫，反之亦然。衬衫、领带和西装在色调上要有对比，西装颜色越深，衬衫、领带的颜色越要明快；西装的色调朴实淡雅，领带则应华丽、明亮。

（三）穿西装的程序

穿西装的程序如图2-2所示。

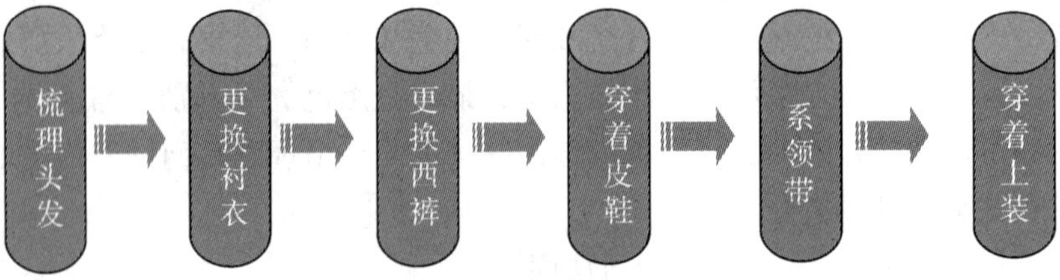

图2-2　穿西装的程序

拓展阅读

几种常用的领带打法

(1) 平结（见图 2-3）为男士选用最多的领结打法之一，几乎适用于各种材质的领带。

图 2-3　平结的打法

(2) 双交叉结（见图 2-4）：这样的领结很容易给人以高雅、隆重的感觉，适合正式的活动场合。该领结的打法多运用在素色丝质领带上。若这种领结搭配大翻领的衬衫，不但适合且给人以尊贵的感觉。

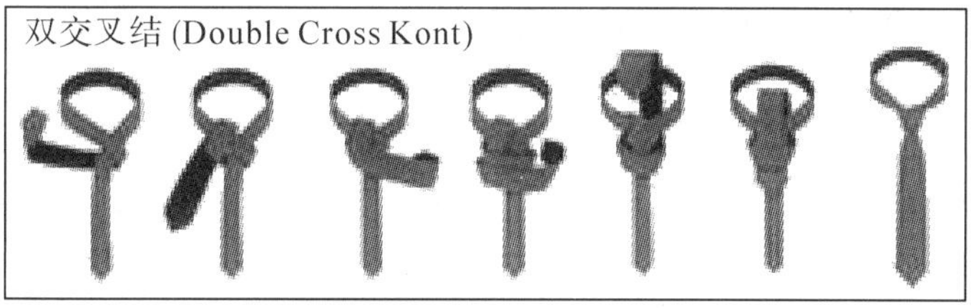

图 2-4　双交叉结的打法

(3) 双环结（见图 2-5）：一条质地细腻的领带再搭配上双环结颇能营造时尚感，适合年轻的上班族选用。该领结的特色是第一圈会稍露于第二圈之外，可别刻意给盖住了。

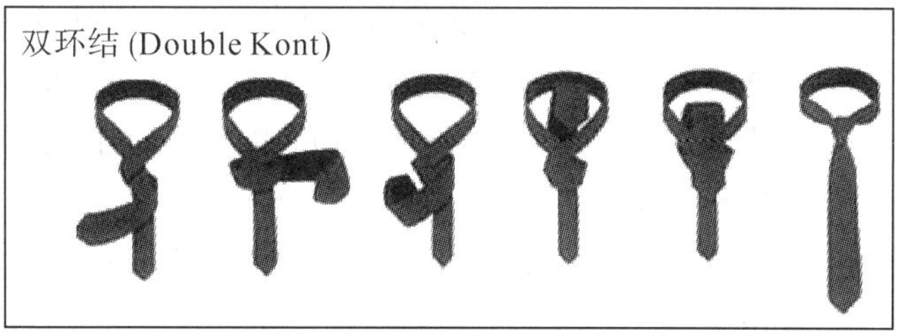

图 2-5　双环结的打法

(4) 温莎结（见图2-6）：适合搭配宽领型的衬衫。该领结的走向重点在横向，应避免将这种打法用在材质过厚的领带上，领结也勿打得过大。

图2-6　温莎结的打法

四、女士套裙礼仪

案例阅读

美丽的安娜·卡列尼娜

列夫·托尔斯泰的《安娜·卡列尼娜》中有这样一段情节：在安娜和渥伦斯基相识的舞会上，安娜穿着全黑的天鹅绒长裙，长裙上镶着威尼斯花边，闪亮的边饰把黑色长裙点缀得既美丽安详，又神秘幽深，这同安娜那张富有个性的脸十分相称。安娜出现在舞会现场时，吸引了在场所有人的视线。吉蒂看到安娜的装束后，也强烈地感受到安娜比自己美。安娜的黑色长裙在人群中显得高贵典雅、与众不同，也与安娜藐视世俗的个性相吻合。

假设有另一位性格活泼的姑娘，身穿裘皮大衣在路边与他人手舞足地高声谈笑，这样的场景会让人觉得很不合时宜，尽管裘皮大衣高雅华贵，但与姑娘的性格极不相称，给人一种张扬、毛躁的感觉。

随着社会的发展，如何得体适度地穿着已成为一门学问。就商务女士而言，服饰穿着首先讲求端庄稳重。如果你一身珠光宝气，人们会认为你富有、热衷消费，不会专心于工作；如果你浓妆艳抹，打扮得花枝招展，人们会认为你喜欢打扮、虚荣心强、想引人关注，在工作上容易分心，难有建树，不值得信赖。通过服饰，人们对你的工作能力、工作作风、敬业精神等，都会做出一定的判断，所以不可不慎。

西装套裙是公认的最恰当的商务女士的职业装。套裙既不失女性本色，又能切合庄重与大方的原则。除了特殊情况外，商务女士在商务场合穿套裙都非常合适。

当前套裙早已在商界普及，而且还在许多服装设计师的手中翻新花样，但从本质上来看，它们依旧万变不离其宗。根据礼仪规范，一套经典的、可供商界女士在正式场合穿着的套裙，通常必须具备一些基本的规范。下面先介绍一下商界女士在选择套裙时需要注意的基本问题。

（一）套裙的面料

面料要选用质地上乘、纯天然的材质。上衣、裙子和背心等必须是同种面料。要注意面料的匀称、平整、光滑、柔软、挺括，其弹性一定要好，并且不起皱、不起毛，手感较好。

（二）套裙的类别

套裙，是西装套裙的简称，有两件套和三件套之分。两件套由女士西装、半截式裙子组成；三件式的套裙比两件套多了外搭背心。

套裙的上装以西服式样居多，包括圆领、V 字领、披肩领等式样。款式有单排扣、双排扣两种。单排扣上衣可以不系扣，双排扣的则应全部系着。松紧上有宽松的、束腰的区别。

按套裙样式分类，套裙可分成“H”“X”“Y”“A”四种款式。

（1）“H”形：上衣比较宽松，裙子多为筒式，给人直上直下、浑然一体的感觉，表现着装者的优雅、含蓄，适合身材比较丰满的人。

（2）“X”形：上衣多为收腰式，裙子大都是喇叭形。此款式套裙的轮廓生动清晰，可以凸显出着装者腰部的纤细，身材的婀娜多姿。

（3）“Y”形：上衣比较宽松，裙子多为紧身式，能帮助着装者修饰上半身的短处并体现下半身的长处，体现着装者端庄大方、亭亭玉立的气质。

（4）“A”形：上身较紧，裙子为宽松摆裙，能帮助着装者修饰下半身的身材劣势并体现上半身的身材优势，使整体松紧有致，富于动感。

按套裙材质分，套裙分两种：一种是上衣与裙子同色同料，另一种是上衣与裙子存在差异。职业套裙是女性的标准职业着装，可塑造出职场女性强有力的形象。套裙通常以黑色、藏青色、灰褐色、灰色或暗红色为首选颜色，可以带有精美的方格、印花和条纹。套裙的面料，可选择半毛制品或亚麻制品，后者最好混有人造纤维，否则很容易出现褶子。与套裙相配的衬衫的可选性很多，颜色可选白色、黄白色或者米色。面料方面丝绸是上乘的面料，缺点是比较昂贵，而且易起皱；纯棉的衬衫也可以，但必须经过浆洗并且熨烫平整。

（三）套裙的颜色

套裙的颜色选择应注意两个方面：一是力求色调淡雅、庄重，不宜选择过于鲜亮、刺眼的颜色；二是西装套裙的颜色，应与穿着者所处的环境相协调。一般而言，西装套裙的颜色应以冷色、素色为主，如藏蓝、炭黑、烟灰、雪青、黄褐、茶褐、蓝灰、紫红等。

此外，女士在选择套裙时还要考虑个人肤色。

现实生活中，我们发现，有的颜色会使人的皮肤显得更黄、更黑，会使人气色不好，像生病了一样；有的颜色则使人的皮肤显得红润、白皙、有光泽，显得健康，朝气蓬勃。人的着装合适与否，在很大程度上取决于服装的色彩。

皮肤黄里偏黑的人，宜穿暖色调的弱饱和色套裙。这种类型的女士可选择棕色作为主色，三种颜色作为调和色：白、灰和黑色。穿上黄棕色或黄灰色的套裙，脸色就会显得明亮一些；或穿上绿灰色的套裙，脸色就会显得红润一些。忌用黑色、黑紫色、深褐色等套裙的面料做上衣。

脸色较白的人，不宜穿冷色调的套裙，这样会衬得脸色更加苍白。这种肤色的女士最好穿蓝、黄、浅橙色、淡玫瑰色、浅绿色等浅色调的衣服。忌穿黑色与纯白色上衣。

肤色红润的人，可穿着非常淡的丁香色和黄色的套裙，不必考虑何为主色；也可穿淡咖啡色配蓝色，黄棕色配蓝紫色，红棕色配蓝绿色及淡橙黄色、灰色和黑色等颜色的套裙。忌穿红色、橘红色等暖色调上衣。

肤色偏黄的人忌穿绿色或紫色上衣。

（四）套裙的图案

可选用带有或宽或窄的格子与条纹图案，以及有规则圆点图案的面料，其中格子图案的效果最好。

（五）套裙的长度

套裙上衣不宜过长，最短可以齐腰。无论什么季节，正式的商务套装都必须是长袖的，袖长以恰恰盖住着装者手腕为宜。上衣或裙子均不可过于肥大或贴身。女士正装裙子以窄裙为主，年轻女性可选择下摆到膝盖以上 3~6 厘米处的裙子，但不可太短；中老年女性则应选择下摆在膝盖以下 3 厘米左右的裙子。裙子里应穿衬裙。真皮或仿皮的西装套裙不宜在正式场合穿着。

（六）套裙的合身

不得体的裙装，不管款式多么新颖时髦也不会给人以美感。设想一下，一位身材高大丰满的女士，上穿一件淡红色紧身衣，下穿一条一步裙，会多么得不合身和行动不便；而身材矮小的女士，如果上穿一件深色蝙蝠衫，下穿一条长长的黑色呢裙，那么宽松肥大的衣裙会衬得她越发瘦弱憔悴。

要穿着得体，就要宽松适当，长短适中，套裙造型与体型特征相适应。比如，高大丰满的女士穿一套上衣长度过腰、裙子长度及膝的西装套裙，是比较合体的；矮个女士最适合穿上下色调统一的套裙，因为单色套裙使人显得高挑、纤细。

商务女士在选择套裙时，应当充分发挥裙子修饰美化的作用，“扬美遮丑”，使自己体型的优势得到充分展示，不足之处得到修饰。比如，有的女士上身较长，下身较短，看起来体态重心偏下，不够匀称，这样的体型可以选择上装仅及腰部、裙子长及小腿的套裙，利用套裙的上短下长，掩盖下身的缺点。肩窄臀宽的人，应注意使用垫肩，使肩部看上去宽些，也可以在肩部打褶以增加宽度，还可以选择束腰的服装以衬托肩宽。腰粗的人应选肩部较宽的衣服，以产生肩宽腰细的效果，不宜穿腰间打褶的衣服，不要把衬衫扎进裙子中。

（七）套裙的搭配

1. 衬衫

衬衫的颜色只要与套裙相匹配就可以了，白色、黄白色和米色与大多数套裙都能搭配。丝绸是最好的衬衫面料。

2. 内衣

确保内衣要合身，使身体曲线流畅；内衣既穿得舒适，又要注意颜色不外透。

3. 鞋袜

女士穿裙子应当配长筒丝袜或连裤袜，颜色以肉色、黑色最为常用。肉色长筒丝袜配长裙、旗袍最为得体。女士袜子一定要大小相宜，太大会往下掉，太小会影响腿部线条，并且穿着不舒适。尤其要注意，女士不能在公众场合整理自己的长筒袜，而且袜口不能露在裙摆外边。不要穿带图案的袜子。

在选择鞋子时，建议鞋跟高度为 3~4 厘米。正式场合不要穿凉鞋、后跟用带系住的鞋或露脚趾的鞋。鞋的颜色应与衣服下摆一致或再深一些。选择统一的颜色，可以使人显得高一些。如果鞋是另一种颜色，人们的目光就会被吸引到脚上。

4. 搭配方式

（1）随意型：女士西装上衣与任何一条裙子进行自由搭配体现的是随意型的穿着。

（2）成套型：女士西装上衣和裙子是成套设计、制作而成的，也称“标准型”。

（八）套裙穿着的禁忌

1. 忌着装暴露

女士在正式场合穿着过露、过紧、过短和过透的衣服，如短裤、背心、超短裙、紧身裤等，这样容易分散顾客的注意力，同时也显得你不够专业；还要注意切勿将内衣、衬裙、袜口等露在外面。

2. 忌裙、鞋、袜子不搭配

鞋子应为高跟或半高跟的牛皮鞋，颜色以黑色为主，也可选择与套裙颜色一致的其他皮鞋。袜子一般为尼龙袜或连裤袜。切勿将健美裤、九分裤等裤装当成长袜来穿。袜子应当完好无损，女士可以在皮包内放一双备用丝袜，以便当丝袜被弄脏或破损时可以及时更换。

3. 忌光脚或三截腿

在商务交往中，穿着裙装却不穿袜子，而穿半截裙子的时候，再穿半截袜子，会使袜子和裙子中间露出一段腿肚子，结果导致裙子一截，袜子一截，腿肚子一截，看起来很不美观。

拓展阅读

女士职场仪表装扮风格

商务场合中的女性常见的着装风格有如下几种类型，大家可以根据自身形象、气质、职业选择合适的类型。

一、庄重大方型

衬衫选用简单款式，白色、淡粉色等颜色，格子、线条等图案。套裙整体色彩上可以考虑灰色、蓝色、黑色、米色等比较沉稳的色系，给人干练之感。这种类型适合从事教育、文化、咨询、信息和医疗卫生等行业的商务女性。

二、成熟优雅型

西服和西裤的搭配显得这一类型的女性成熟稳重，帅气潇洒。优雅利落的套装，带给人井然有序的印象，颜色最好选择白、黑、褐、海蓝、灰，如果觉得色彩过于单调，可以适当添加亮色配饰加以点缀。这种类型适合从事保险、证券、律师、公共事业和政府机关等工作的职业女性。

三、简约休闲型

许多商务女性的着装在简单中透着个性，舒适中体现休闲。该类型的服装具有一定功能性，让人行动方便、舒展自如，多采用棉麻材质，给人时尚、自然之感。这种类型适合从事新闻、广告、平面设计、动画制作和形象造型等工作的商务女性。

案例阅读

鞋子找不到了

某家五星级宾馆的公关部经理钱红，平时衣着得体大方，语言热情适宜，对上对下对里对外都应对有度，颇得总经理的好评。有一天，钱红正在宾馆的餐厅包房里宴请几位经常有业务往来的旅行社老总，几番倒酒夹菜过后，钱红终于坐了下来。突然，总经理秘书过来说有急事，请她暂时离席去送外宾。可钱红迟迟不能起身，原来，她因双脚不堪忍受高跟鞋的束缚，坐下后借桌布挡住别人的视线，已经脱下高跟鞋，让双脚“解放”一会儿。突然总经理有请，她一慌张，一时就找不到鞋子了，这令她非常难堪！

钱红错了吗？错在哪里？

四、配饰礼仪

在商务场合中，为了使个人的形象更加完美，配饰是个不错的选择。配饰佩戴得当，会对服装起到辅助、美化的作用，能体现佩戴者的品位、爱好与修养，但如果配饰佩戴不当，也会对自己的形象产生不良影响。

以下我们就几种商务人士常见的配饰，如腰带、手提包、手表及一些首饰等做一些礼仪方面的介绍。

（一）腰带

腰带是男士正装必备的配件，其品质是由腰带的材质、带扣和工艺决定的。

腰带的材质有猪皮、牛皮、羊皮、鳄鱼皮好、仿皮及休闲的帆布等。通常的男士正装腰带，以坚固耐用的牛皮为佳，鳄鱼皮的当然更好。男士正装腰带不要用仿皮，因为其在强度和耐久度上无法和真皮相比。帆布等材质是不能作为正装腰带使用的。

腰带的颜色应该和西装、皮鞋颜色相谐调，最适宜的办法是和皮鞋颜色一致。通常男士正装的腰带都是黑色的，而且必须封边。

腰带的带扣是体现腰带档次和品牌的地方。材质方面，纯金显示高贵、优雅，铜的则体现阳刚和力量；带扣的造型、大小也可表现男人的不同气质，宽大的“回”形显露刚毅，椭圆形展示成熟，方形代表着品位。商务男士腰带扣的图案尽量选择庄重雅致一些的，从而体现其儒雅、成熟、有修养的特点。较大并有动物图案的腰带扣，不宜用在隆重的场合。

系腰带时应注意：一是腰带的装饰性是第一位的，所以不能在上面携挂过多的物品，简洁、干练才是男人的特征。二是腰带不要过紧地勒在腰上。人们一般在选择裤子的时候就已经考虑了腰部的尺寸，所以，腰围一般不会太大或太小，因而腰带的作用并不是勒紧裤子，所以不管什么款式的腰带，恰当地围系于腰部，发挥其装饰性的作用也就够了。

女士腰带的装饰作用同样如此。女士腰带种类很丰富，有皮革的、编织的、其他纺织品的。女士使用腰带要注意和服装搭配的谐调，也要和体型搭配，并符合社交场合的环境。

（二）手提包

商界男士的包一般都是公文包。公文包，被称为商界男士的“移动式办公桌”。

商界男士所选择的公文包，面料以真皮为宜，其中以牛皮、猪皮、羊皮为最佳。在常规情况下，黑色、棕色的公文包，是最正统的选择。浅色、多色甚至艳色的公文包，均不适用于商界男士。若是从色彩搭配的角度来说，公文包的色彩与皮鞋的色彩一致最好。除名牌商标之外，公文包的外表上不宜再带有任何图案、文字。

商界女士一般也可选择适宜女士使用的公文包，但女士一般更愿意用不同的手提包来搭配衣服。商界女士使用的公文包一般有三种：一是大而结实的包，上下班和工作时间都可以用，除了女士日常所用物品外，还可以放文件，非常实用；二是中等大小的包；三是小巧的手包，里面只放少量的化妆品、钥匙、钱等东西，可以搭配晚礼服，在出席正式场合时用。选择的包的颜色，要和平时穿着的大部分衣服的色彩相配。

总的来说，使用公文包时，有以下几点要求。

一是用包不宜多。外出办事，公文包应以一只为限，不要连提带背，一下子携带数只。二是用包不乱装。外出之前，随身携带之物应尽量装在公文包里的既定之处，有条不紊地摆放整齐。尤其是女士，随身携带的生活用品一定要和办公物品分开放置。无用之物千万别放在包里，以免使包鼓胀变形。三是用包不乱放。进入别人的办公室等场所后，应将公文包自觉地放在座位附近，或主人指定之处，切勿将其乱放在桌、椅上，在公共场所也须注意这点。四是穿着正装时，公文包应该拎在手上，而不是挎在肩上，挎在肩上会破坏西服的造型。

（三）胸针

胸针，即别在胸前的饰物，是西装套裙上的主要饰品。穿西装套裙时，别上一枚精致的胸针，能使人视线上移，让身材显得高挑一些。因其图案以花卉为主，故又称胸花。

胸针男女都可以佩戴。当穿西装的时候，胸针应别在左侧领上；穿无领上衣时，应别在左侧胸前；发型偏左时，胸针应当居右；发型偏右时，胸针应当偏左。具体位置应在从上往下数的第一粒、第二粒纽扣间。在工作中如果要求佩戴身份牌或本单位证章、徽章上岗，就不适合再同时佩戴胸针。

胸针式样要注意与脸形谐调，长脸形宜配近于圆形的胸针；圆脸形应配以长方形胸针；如果是方脸形，则适宜佩戴圆形胸针。

（四）领带夹

依照惯例，打领带时不用搭配任何配饰。领带的固定搭配包括领带棒、领带夹、领带针等，有各种型号，主要功能是固定领带，不应突出其装饰功能。

领带夹除作为企业标志使用外，其他情况下最好不用。如果要夹领带夹，部位也是有讲究的，如果是 7 粒扣衬衣，就应该夹在从上到下数的第 4 和第 5 粒扣之间的位置，这种情况较多；如果是 6 粒扣衬衣，那就是第 3 和第 4 粒扣之间的位置。西装上衣系好扣子后，领带夹是不应被看见的。

（五）手表

现在人们都习惯了使用手机来看时间，事实上一身正装的商务男士的经典搭配应当是一块手表。在商务场合，佩戴手表通常意味着时间观念强、作风严谨。在正规的社交场合，手表往往被当作首饰。它也是一个人地位、身份、财富的体现。所以男士的手表往往引人注目。

男士正装所搭配的手表，应当在材质上金属质感十足，造型上庄重、保守，要避免怪异、新潮，切忌搭配塑料材质的手表，尤其是尊者、年长者更要注意。漂亮的时装表只能和女士的时装搭配，不能搭配男士正装。

同样是金属质感的手表，机械表好过石英表，手动上弦的机械表好过自动上弦的机械表。

在商务场合，特别是和别人交谈时，不要有意无意地看表，否则对方会认为你心不在焉、不耐烦，想结束谈话。

（六）戒指

戒指，又称指环，其种类繁多，常见的有银戒、金戒、钻戒等。在戴戒指前我们有必要了解一些戒指语言。戒指一般戴在左手，拇指通常不戴戒指，其余四指戴戒指的寓意是：食指表示求爱或求婚，中指表示正在热恋中，无名指表示已婚，小拇指表示是单身或独身主义者。

在正式场合，一个手指不要戴多枚戒指，一只手不要戴两枚以上的戒指。如果想在两只手指上戴戒指，最好选择相邻的两只手指，如分别戴在无名指和中指上。另外，戒指切忌久戴不摘，长年累月、不分昼夜地戴着戒指，手指可能会变得麻木、酸肿、疼痛，手指的皮肤、肌肉、骨头甚至会凹陷成环状畸形，此外还有可能影响手指的血液循环。

在和别人谈话的时候，不要抚弄自己的戒指。否则，别人会认为你心不在焉，或者有意展示自己的戒指。

戒指要与手搭配。

（1）手指细长者，适合任何一款戒指，特别是镶贵重珠宝的戒指。

（2）手指较短者，不适合戴椭圆形戒指，可以选择带小圆底座的镶圆形宝石的戒指，以起到在视觉上拉长手指的效果。

（3）手指比较粗糙者，可以选择浅色纯金或 K 金素戒，不适合戴引人注目的宝石戒指。

（七）项链

项链既可装饰人的颈部、胸部，使女性更具魅力，又能使佩戴者的服饰更加华丽。一般来说，金项链给人一种华贵富丽的感觉；珍珠项链给人以高雅的美感。它们可以与各色服装相配，给人以华美的总体印象。但假如项链的颜色与衣服颜色过于接近则会混于一色，不易分辨，它就会失去了装饰的功能。

从项链的造型看，细小的金项链只有与无领的连衣裙相配才会显得清秀；矮胖圆脸的人可以戴垂到胸部的项链，这样从视觉上使人感到似乎增加了身高，拉长了脸形；脖子细长的人，以贴颈的短项链，尤其是大珍珠项链最为合宜。另外，衣着的质料、颜色、样式及出席的场合也对佩戴什么样质地、造型的项链有影响。

（八）手镯和手链

手镯和手链都是佩戴于手腕上的饰物。二者佩戴方法有所不同，在一般情况下，手镯可以戴一支，也可同时戴两支，戴一支时，通常佩戴在左手腕上，戴两支时，可以一支手腕戴一只，也可同时戴在左手腕上。男士一般不戴手镯。手链男女均可佩戴，但仅限戴一条，且需戴在左手腕上。

（九）耳环

每个人应根据自己的脸形选择合适的耳环。脸较大的女性尽量不要选择圆形耳环，但可戴较大一些的几何形耳环，佩戴时要紧贴耳朵；脸形小的女士宜用中等大小的耳环，长度不超过两肩；圆脸形的人，宜戴长且下垂的方形、三角形、水滴形耳环；方脸形的人宜佩戴有耳坠的耳环，以使脸形显得长些；长脸形的人最好不要戴紧贴双耳的圆形耳环，以免从视觉上增加脸的宽度。

（十）手帕

西装手帕是以烫平整的各种单色丝质手帕折叠而成的，可以折叠成三角形、三尖峰形、V 形等，插于西装上衣左上侧的口袋，达到锦上添花的效果。

在佩戴首饰时要遵循四个原则。第一，符合身份，“影响工作、炫富、炫耀性别优势”的首饰不能戴。第二，以少为佳，类型不多于两种（如耳环、手镯），总数量不超过三件。第三，同质同色，当佩戴了两种及以上的首饰时，应选择同质同色的首饰，或不同质至少同色的首饰。第四，符合习俗，如十字架形的佩饰在国际交往中不宜佩戴。

【案例分析】

穿出你的底气

晓雨是一个专业技术过硬的女工程师，在一家规模较小的公司担任技术负责人。为了事业的拓展，她准备前往一家知名的大企业应聘。晓雨虽然能力很强，却常常缺乏自信，面对众考官挑剔的目光，在面试中她表现得很紧张。结果，她失去了一个渴望已久的工作机会。

过了很久，又经过一番努力，她终于又收到另一家大公司的面试通知。为了汲取上一次失败的教训，她请了几位朋友帮她分析失败的原因。

经过几番演练，最终大家一致确认问题出在晓雨的服装上。她上次面试时所穿的服装，是一套黑色的西服套装。穿西装套服并没有什么不对，关键在于她的西服套装的面料太差，有些发皱，且样式也早已经过时。穿着这套衣服，无形中给她的内心造成了很大的压力。她的朋友们都说：“穿着这样的衣服去面试，会让你下意识地表现得魂不守舍，缺乏底气。你的技术再好，可你缺乏自信的表现，不能不让人怀疑，你是一个真正优秀的技术人才，还是只是幸运地答对了所有的问题?”

朋友帮晓雨精心挑选了一套适合她肤色和身材的深蓝西服套裙，样式简单线条流畅，剪裁得体，质地优良，做工精细。穿上这套衣服，晓雨看着镜中的自己，也觉得眼前一亮，她感到从未有过的自信。

最终，她顺利地得到了这份工作。面试她的经理在雇用她后说：“从你一进门，你的外表和自信的神态就让我感到你的能力很强!”

分析：一套得体、有品位的套裙给晓雨带来事业腾飞的机会！作为一个商务人士，你觉得这是夸大其词吗？仔细思考一下，商务人士的着装到底能为他们带来什么？

【课堂活动】

请男同学演示西服的正确着装规范。

请男同学演示领带的不同结系方法。

请女同学演示西装套裙的着装规范，观察穿高跟鞋和不穿高跟鞋的不同视觉效果。

【技能训练】

训练项目：面试服装的搭配

假设你即将参加某公司的面试，你如何进行着装准备？

实训要求：

1. 学生根据所要面试的单位类型，自行准备面试的服装；
2. 学生进行服装展示，同时对所准备的服装进行说明；
3. 全体同学评选出最佳的面试服装。

实训提示：服装的准备需符合面试场合的要求。

【专题讨论】

商务人士在商务交往场合必须穿职业装吗？为什么？

任务三　仪态礼仪

【任务引入】

小李的疑惑

小李是某公司帅气的员工，和他的同事小王一样是个业绩优秀的员工，他们的能力和外表形象几乎在伯仲之间。但是奇怪的是，公司每次有什么重大的活动都要小王主持，小李百思不得其解，向朋友抱怨：“领导为什么只重用小王，对我的多才多艺就视而不见呢？”朋友说：“如果是我，我也会用小王的，你俩能力和外形差不多，但是他往那一站很高大、很标致，就没有见他对谁说话的时候是弯着腰的，他的站姿笔直，让人看了就会认为他是个很自信的人，充满活力。老板放心把工作交给他。而你总爱低着头，和人交谈的时候靠在墙或者柱子上，我们会以为你对一切都不敢兴趣、缺乏活力。这不是一个成功的、富有活力的年轻人应有的样子。”

问题：你明白为什么老板重用小王而对小李的多才多艺视而不见了吗？

【知识链接】

“行为举止是心灵的外衣。”调查表明：在人际交往中，语言所传达的信息不超过20%，80%以上的信息是借助无声的身体语言来传达的。由此可见，行为举止是何等重要。

仪态，是人们在外观上可以明显地察觉到的活动、动作，以及在动作、活动之中身体各部分呈现出的姿态。仪态是“无声的语言”。人们说话的同时，面部表情、身体的姿态、手势和动作也无声地传递着信息。你的站姿、行姿、坐姿、神态、表情、目光等，已经用无声的、丰富的语言告诉了人们你是谁，你是积极的还是被动的。在商务活动中，不要以为打扮得体就万事大吉了，还有很多方式会彰显你的内涵和修养，仪态就是其中很重要的部分。

案例阅读

周恩来在南开中学读书时，在大立镜旁糊了面“纸镜”，上书“面必净、发必理、衣必整、纽必结；头容正、肩容平、胸容宽、背容直；气象勿傲、勿暴、勿怠；颜色宜和、宜静、宜庄。”这段话每天都提醒着南开学子要时刻保持端庄得体的仪表、仪容、仪态，处处注意自己的言行举止。

周恩来一生就是这样严格要求自己的。他一直保持着端庄整洁、朴素大方的仪表，充分体现了他那朴实、伟大的人格，为后人所敬仰，连美国前国务卿基辛格也被周恩来总理的风采所折服，对周总理赞不绝口。他在《白宫岁月》中写道：“周恩来神采飞扬，双目炯炯，既有勃勃英气，亦有安详举止。”

衣冠整洁，仪表大方，是对人有礼貌的表现，也是中华民族的优良传统。

仪态礼仪具体可以分为体态语、手势语和表情语。

一、体态语

体态语主要包括挺拔的站姿、优雅的坐姿、洒脱的走姿和斯文的蹲姿。

1. 站姿

美国著名作家威廉姆·丹福思曾经说过：“我相信一个站立很直的人的思想也同样是正直的。”因此，站姿是商务人员工作和日常生活中第一个引人注视的姿势，良好的站姿能衬托出美好的气质和风度。它是仪态美的起点。

（1）标准站姿。

俗话说“站如松”，就是说人的站立姿势要像青松一般端直挺拔才会美丽。

①昂头挺胸，头要正，颈要挺直，双肩展开向下沉。

②要把腹部收起，把腰杆立直，臀部提起。

③两腿要向中间并拢，膝盖放直，重心靠近前脚掌。

④站立时要保持微笑，笑容可以感染身边的人。

⑤站姿的手位有前腹式、两侧式和后背式。

⑥站姿的脚位有正步站姿、分腿站姿、丁字步站姿和扇形站姿。

正步站姿：两脚并拢，两膝并严，两手可自然下垂。通常在正式的场合示礼前及各种训练前的预备姿态时采用此种站姿，男女均适用。

分腿站姿：两脚左右分开，与肩同宽，脚尖朝前且两脚平行，手可交叉于前腹，也可交叉于背后，通常男士采用此种站姿，女士不宜采用。

丁字步站姿：两脚尖略分开，一脚向前将脚跟靠于另一脚内侧中间位置。男士可一手前抬、一手侧放；也可一手侧放，一手后放。女士可两手交叉于腹前，身体重心可在两脚上，也可在一只脚上，通过两脚的重心转移来减轻疲劳。

扇形站姿：两脚跟靠拢，两脚尖分开呈 45°～60°，身体重心在两脚上，男女均适用此站姿。

图 2-7 的①～③展示了适用于男士的站姿，图 2-8 的①～③展示了适用于女士的站姿。

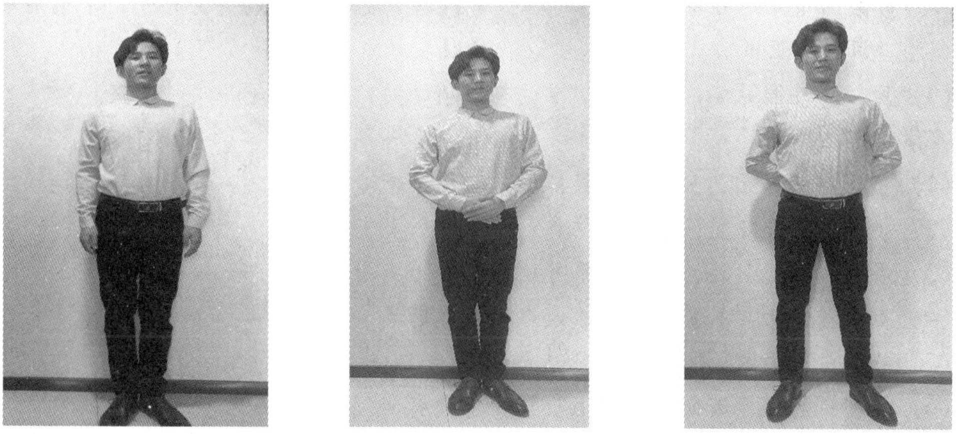

①手位：两侧式；脚位：扇形　②手位：前腹式；脚位：扇形　③手位：后背式；脚位：分腿站姿

图 2-7　适用于男士的站姿

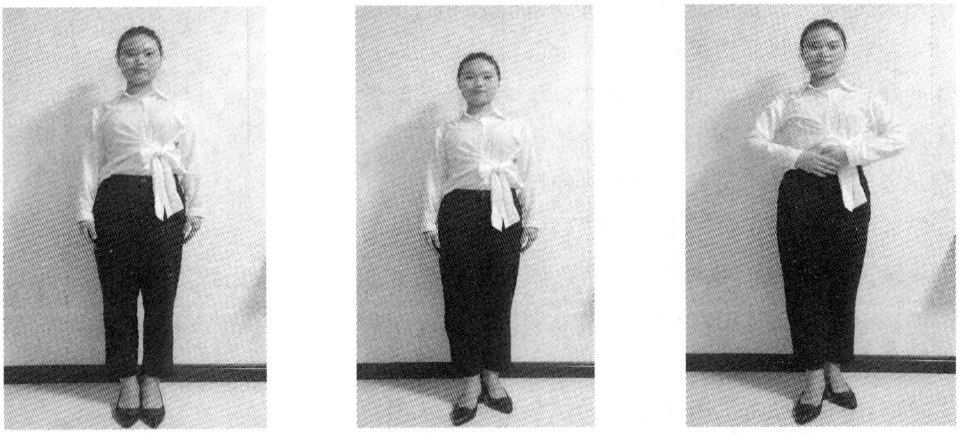

①手位：两侧式；脚位：正步　②手位：两侧式；脚位：丁字步　③手位：前腹式；脚位：丁子步

图 2-8　适用于女士的站姿

拓展阅读

正确站姿的练习方法

（1）靠墙：脚后跟、小腿肚、臀部、双肩、头部的后下部位和掌心靠墙。

（2）顶物：可以把书本放在头顶中心练习站姿，头、躯体自然保持平衡。让书的一边和墙接触，当你走动离开墙，为了不让书掉落，你会本能地挺直脖子，下巴后收，挺起胸脯。可以纠正低头、仰脸、头歪、头晃及左顾右盼等不良姿态。

（3）照镜：按照站姿的要领及标准站在镜前练习，发现问题并及时调整。

具体站姿要领如下

（1）头正：头部正，头顶平，身体的中心要平衡。

（2）梗颈：脖颈挺直，下巴微收。

（3）展肩：双肩舒展，保持水平并稍微向后下方下沉。

（4）挺胸：躯干要尽量舒展，给人以挺拔之感。

（5）收腹：微微收紧腹部，但要呼吸自然。

（6）提臀：臀部肌肉向内、向上收紧、重心有向上提的感觉。

（7）腿直：两腿直立贴紧，内侧肌肉夹紧，身体重心尽量提高，双膝和双脚靠紧。

（8）平视：目视前方。

（9）微笑：保持微笑，心情愉快，精神饱满，充满活力，给人以感染力。

（2）不良站姿。

① 弯腰驼背。

在站立时，一个人如果弯腰驼背，除去其腰部弯曲、背部弓起之外，通常还会同时伴有颈部弯缩、胸部凹陷、腹部凸出、臀部撅起等一些其他的不良体态。这样体态显得人缺乏锻炼、无精打采，甚至不健康。

②手位不当。

在站立时，必须注意以正确的手位去配合站姿。若手位不当，则会破坏站姿的整体效果。站立时手位不当主要表现在：一是双手抱在脑后；二是用手托着下巴；三是双手抱在胸前；四是把肘部支在某处；五是双手叉腰；六是将手插在衣服或裤子口袋里。

③脚位不当。

在正常情况下，V字步、丁字步或平行步均可采用，但要避免人字步和蹬踩式。人字步也就是内八字步；蹬踩式指的是在一只脚站在地上的同时，另一只脚踩在鞋帮上，或是踏在其他物体上。

④半坐半立。

在正式场合，必须注意坐立有别，该站的时候就要站，该坐的时候就要坐，绝不可以为了贪图舒服而采用半坐半立之姿。当一个人半坐半立时，不但样子不好看，而且还会显得过分随便。

⑤身体歪斜。

站立时身体不能歪歪斜斜。若身躯明显地歪斜，如头偏、肩斜、腿曲、身歪，或是膝部不直，不但直接破坏了人体的曲线美，而且还会使自己显得颓废消沉、萎靡不振或自由放荡。

案例阅读

午休时间，商贸旅游集团的几个秘书，肩并肩有说有笑地走着，迎面走来一位西装革履带着公文包的男士，她们不认识。当这位男士走到这几位秘书身边时，其他人都还在说笑，只有一位T小姐，恭敬地鞠了一躬，说了声“您好”。男士当然也很高兴地回应了一句“您好”，其他几个秘书都没吭声。等男士过去了之后，秘书K小姐说那个T小姐有病，不认识的人还给鞠躬，秘书C说T根本是装样子给别人看的。秘书T没有反驳她们，只是说了一句“礼貌是做人的最基本要求”。

下午上班时，秘书K得知中午见到的那位男士竟然是总部新进的总经理助理。

2. 坐姿

坐姿是就座后人的身体所呈现出的姿势，是一种静态姿势。在人际交往活动中，坐姿是人们采用最多的一种姿势。“坐如钟”就是坐下时要如钟一般稳定、端正，体现对他人的恭敬和尊重，给人以文雅、稳重、自然大方的美感。

（1）入座要领。

入座时应保持动作轻缓。入座时，首先走到座位前面，然后转身并且轻稳地坐下，切忌动作幅度大地落座。女士坐下前，还应轻拢裙摆，以保持裙边平整、不起皱。

（2）坐姿的基本要领。

入座后，应保持身体直立、平稳，在舒适中呈现出高雅的气度。坐姿的基本要领如下：

上身平直：头部端正，双目平视，嘴唇微闭，双肩放平，腰部挺直。

四肢摆好：两臂自然弯曲，双手放在腿上，双膝并拢，双腿正放或侧放。

椅面不满：就座时，宜坐椅子的1/2~2/3，而不宜坐满椅面。

侧坐交谈：与邻座交谈时，可以侧坐，此时上身与腿应同时转向一侧。

案例阅读

孟子休妻

战国时期的思想家、政治家和教育家孟子，是继孔子之后儒家学派的主要代表人物，被后世尊奉为仅次于孔子的“亚圣”。

孟子一生的成就，与他的母亲从小对他的教育是分不开的。孟母是一位集慈爱、严格、智慧于一身的伟大的母亲，为后人留下了“孟母三迁”“孟母断织”等富有深刻教育意义的故事。孟子成年娶妻后，孟母仍不断利用处理家庭生活的琐事等去启发、教育他，帮助他从各方面进一步完善人格。

有一次，孟子的妻子在房间里休息，因为是独自一个人，便无所顾忌地将两腿叉开坐着。这时，孟子推门进来，一看见妻子这样坐着，非常生气。原来，古人称这种双腿向前叉开坐为箕踞，箕踞向人是非常不礼貌的。孟子一声不吭就走出去，看到孟母，便说：“我要把妻子休回娘家去。”孟母问他：“这是为什么？”孟子说：“她既不懂礼又没有仪态。”孟母又问：“因为什么而认为她没礼呢？”“她双腿叉开坐着，箕踞向人，”孟子回道，“所以要休她。”“那你又是如何知道的呢？”孟母问。孟子便把刚才的一幕说给孟母听，孟母听完后说：“其实没礼的人应该是你，而不是你妻子。难道你忘了《礼记》上是怎么教人的？进屋前，要先问一下里面是谁；上厅堂时，要高声说话；为避免看见别人的隐私，进房后，眼睛应向下看。你想想，卧室是休息的地方，你不出声、不低头就闯了进去，已经先失了礼，怎么能责备别人没礼貌呢？没礼的人是你自己呀！”

孟母的一席话说得孟子心服口服，再也没提什么休妻子回娘家的话了。

（3）女士常见坐姿（见图2-9）。

① 基本坐姿（正位式坐姿）：上身与大腿、大腿与小腿、小腿与地面均成直角，双腿并拢，双膝紧贴，双手虎口相交放于腿上。

② 侧点式坐姿：在基本坐姿的基础上，两腿并拢，将两脚同时放于左侧或右侧。双

手虎口相交放于腿上。

③ 前交叉式坐姿：上身直立，将两脚踝盘住交叉垂直于地面，或者在侧点式坐姿的基础上进行脚踝交叉。注意膝盖并拢，两脚尖外展。双手虎口相交放于腿上。

④ 重叠式坐姿：上身直立，左（右）腿垂直于地面，右（左）腿叠放于另一腿上，注意脚腕绷直，脚尖外展。双手虎口相交放于腿上。

⑤ 侧挂式坐姿：上身直立，左（右）小腿与上身平行并放于一侧，右（左）腿叠放于另一腿上，注意脚腕绷直，脚尖外展。双手虎口相交放于腿上。

①基本坐姿

②侧点坐姿

③侧挂式坐姿

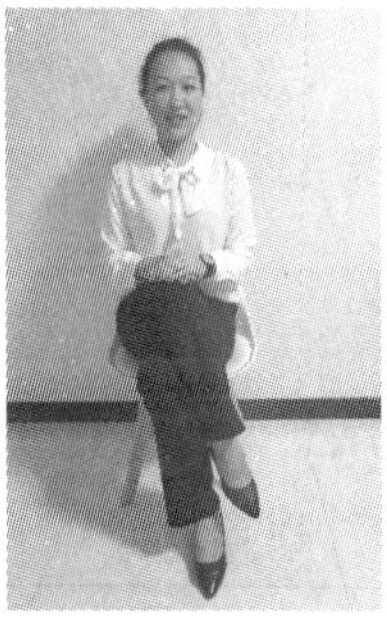

④重叠式坐姿

⑤侧挂式坐姿

图 2-9　女士常见坐姿

（4）男士常见坐姿（见图 2-10）。

① 基本坐姿（正位式坐姿）：上身与大腿、大腿与小腿、小腿与地面均成直角，双膝、双脚自然分开（不超过肩宽），双手分别放在两腿上。

② 前伸式坐姿（曲直式坐姿）：在基本坐姿的基础上，两小腿前伸一脚的长度，左（右）脚向前半脚，脚尖不要翘起。

③ 重叠式坐姿：在基本坐姿的基础上，左（右）腿垂直于地面，右（左）叠放于上面。

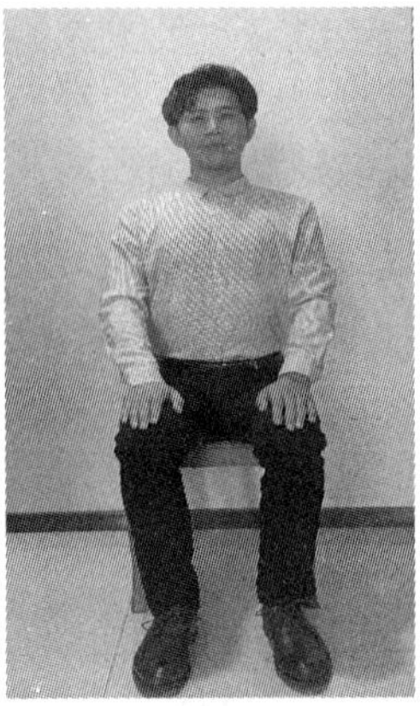
①标准坐姿

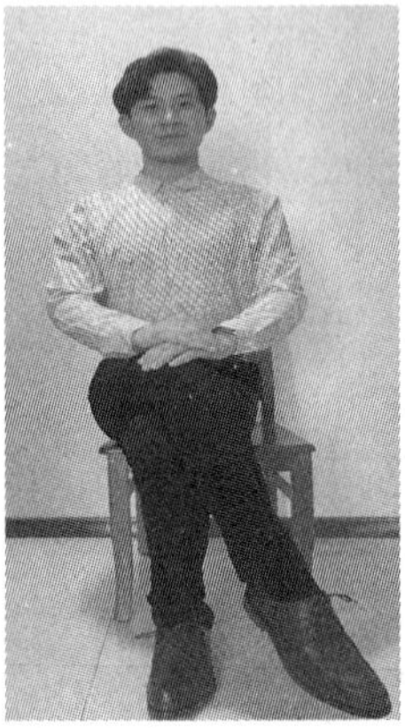
②重叠式坐姿

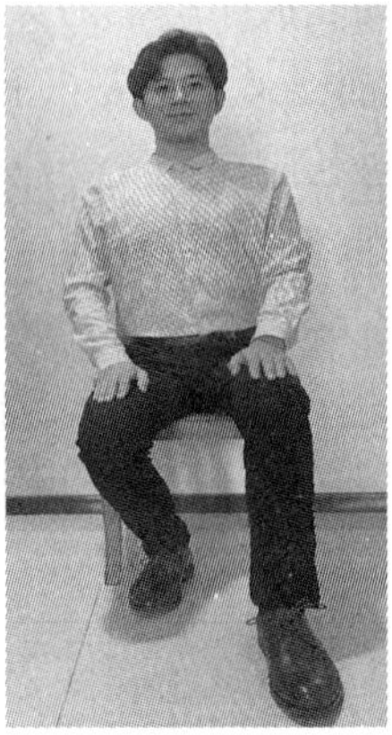
③前伸式坐姿

图 2-10　男士常见坐姿

(5) 不良坐姿及忌讳。

① 切忌在座椅上前俯后仰，东倒西歪。

② 不可摇腿，跷脚或将双腿分开，社交场合不跷二郎腿。

③ 不可大腿并拢小腿分开，或双手放于臀下，腿脚不停抖动。

④ 不可过于放松、瘫座椅内。

⑤ 与客人交谈时，要坐正。不可摆弄手指，或将手里的东西不停地晃动，把手中的茶杯或物品转来转去，一会拉拉衣服，一会整整头发等都会破坏坐姿。

⑥ 不要把脚搭在椅子或沙发扶手上，架在茶几上，也不要两腿笔直地向前伸，两膝不能分得太开。

3. 行姿

行姿，是一个人在行走时的姿势。它以端正的站姿为基础，是站姿的延续动作，它自始至终都处于动态之中，体现的是人的运动之美和精神风貌。从一个人的行姿就可以了解其精神状态、基本素质和生活节奏。

(1) 行姿的基本要求。

在行走时，上身基本保持站立的标准姿势，挺胸收腹，腰背笔直；两臂以身体为中心，前后自然摆。前摆约 35 度，后摆约 15 度，手掌向内；起步时，身子稍向前倾，重心落在前脚掌，膝盖伸直；脚尖向正前方伸出，双目平视，收颚，表情自然平和。

女士行姿：

①女士要步履轻捷优雅，步伐适中，不快不慢，展现出温柔的阴柔之美。

②女士的步幅一般在 30 厘米左右，每分钟 118～120 步，可根据所穿鞋的鞋跟高度来适当调整。

③女士常见的走姿是一字步。其要领是：行走时两脚内侧在一条直线上，两膝内侧相

碰，收腰提臀，肩外展，头正颈直，微收下颚。

男士行姿：

①男士要步履雄健有力，不慌不忙，展现雄姿英发的阳刚之美。

②男士的步幅一般在 50 厘米左右，每分钟 108~110 步。

③男士常见的走姿是平行步。其要领是：双脚各踏出一条直线，使之平行，步伐快而不乱，与女士通行时，男士步子应与女士保持一致。

（2）行走礼仪。

① 如果是两个人一起行走，行走的规则是以右为尊，以前为尊。比方说和客户或上司一同行走的时候，就应该站在他们的左侧，以示尊重。如果是一位男士和一位女士同行，那么就应该遵照男左女右的原则。

②如果三人同行，都是男性或都是女性，那么以中间的位置为尊，右边次之，然后是左边。

③如果是一位男士和两位女士同行，那么男士应该在最左边的位置；如果是一位女士和两位男士同行，则女士在中间。很多人一起行走时，以前为尊，按照此原则向后排序。

④如果在室外行走，应该请受尊重的人走在马路的里侧。如果道路比较拥挤狭窄，应该注意观察周围情形，照顾好同行的人。同时要保持良好的仪态，不能因为在户外就左顾右盼、四处张望或是推推搡搡、拉拉扯扯，不论多么熟悉的同事和客户，在大庭广众之下也应该保持职业人士的端庄仪态。如果人群拥挤不小心碰到他人、踩到他人或绊倒其他人的时候，要及时道歉，并给予必要的帮助。如果别人无意识地碰到自己或妨碍到自己，应小心提醒并予以体谅。

⑤在道路上行走，不能三人以上并排，这样会妨碍其他的行人和车辆通行，同时也是不安全的做法。到达电梯口、车门口或房门口时，男性也应该快走两步为女士服务；在不太平坦的道路或是上下比较高的台阶时，男性也应该适当帮助女士。女士优先是国际通行的礼仪规则，同时也是绅士的体现。

⑥当一个人行走时，要靠右侧行走，将左侧留给急行的人，乘坐自动扶梯时也是这样。其实如果留心，可以看到很多大型超市的自动扶梯都用黄线做出了明显的标志，示意行人乘梯靠右侧站立，左侧留给急行的人，这也作为突发意外时的一个应急通道，可以让救援人员快速通过。

（3）不良行姿。

①要注意手臂的摆动，千万不能夹着手臂走动。用小臂带动大臂自然摆动，幅度大概是前摆向里约 35 度，后摆向后约 15 度，摆动手臂的时候，肩膀不要摇晃。不能把手抱在胸前或是倒背着双手走路。

②走路的时候不要不抬脚，把脚步拖拉在地上，这是一种很消极的身体语言。如果在工作场合，这种消沉的姿态很容易传达给同事或客户不好的感觉，使大家不愿意与你接

近。同时也不能低着头或是耷拉着眼皮走路，这同样不是一种积极的感觉。身在职场要始终表现出自信、练达和对工作的热情。

③走路时要因场地而及时调整脚步的轻重缓急，不能把地板踩得“咚咚”作响。无论遇到多么紧急的事情，也不能体现在脚步的重量上，可以用加快步伐频率的方法提速。

④女性不要岔开双腿走路，那样显得很粗鲁，走路尽量走直线。可以在家练习时，以地板的接缝作为参照线，双脚落在线的两边，并不是完全踩在线上，用脚的内侧贴近直线即可，速度要均匀，不能走得过快。所谓仪态万方一定是速度、幅度都控制得当。

拓展阅读

行走的训练方法

（1）要练习腰部力量。行走属于动态美，是全身协调性运动，在这其中腰部的控制力又是至关重要的。练习时，双手固定于腰部，脚背绷直，踮脚正步行走，不需要额外找场地、找时间，在家中随时都可以练习。

（2）良好身姿还体现在背部。要保持脊背和脖颈的优雅，可以这样练习：头顶上放一本书走路，保持脊背伸展和头正、颈直、目平，起步行走时，身体略前倾，身体的重心始终落于前边的脚掌上，前边的脚落地、后边的脚离地的瞬间，膝盖要伸直，脚落下时再放松。

（3）要练习脚步，内八字和外八字绝对是不可取的。在地上画一条直线或利用地板的缝隙练习，两脚内缘的着力点力求落在直线两侧，通过不断练习，保持好行走的轨迹和稳定性。

（4）要进行全身的协调性训练，使行走中身体的每一个部分都能呈现出律动之美。步伐要矫健、轻盈，富有稳定的节奏感。

4. 蹲姿

在日常生活中，当人们拿取、捡拾低处物品时，往往需要采取蹲姿。但是很多人却因不雅的蹲姿而破坏了个人形象，同时也令旁观者尴尬。

（1）正确蹲姿的要领。

首先以正确的站姿站好，上体保持直立，目视前方，弯下膝盖，膝盖并拢，臀部向下，身体重心放在后腿上，双手放在双膝之上或自然垂于体侧。女士蹲姿应展现优雅之美；男性则可适度地将双腿分开（见图 2-11）。

图 2-11 男士蹲姿

（2）捡拾物品的蹲姿。

①站在所取物品的旁边，蹲下屈膝去拿，抬头挺胸，再慢慢地将腰部放下。

②两腿合力支撑身体，掌握好身体的重心，臀部向下。

③蹲下的时候要保持上身挺拔，表情自然。

（3）常见的蹲姿。

①高低式蹲姿（见图 2-12）。

这种蹲姿的要求是：下蹲时，双腿不并排在一起，而是左脚在前，右脚在后。左脚应完全着地，小腿基本上垂直于地面；右脚则应脚掌着地，脚跟提起。此刻右膝低于左膝，右膝内侧可靠于左小腿的内侧，形成左膝高右膝低的姿态。臀部向下，基本上用右腿支撑身体。

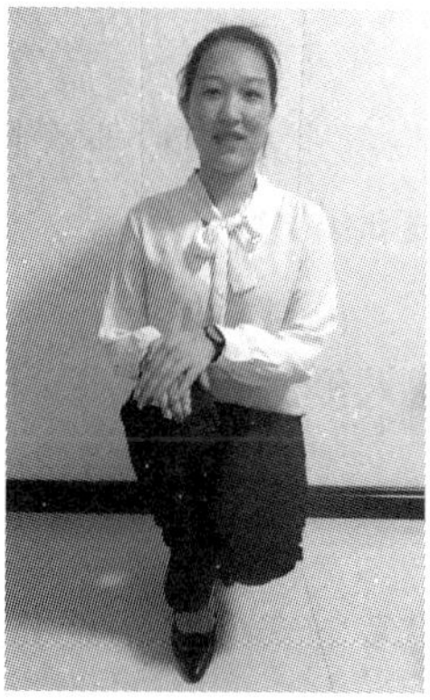

图 2-12 高低式蹲姿

②交叉式蹲姿（见图 2-13）。

交叉式蹲姿通常适用于女性，尤其是穿短裙的人员，它的特点是造型优美典雅。其基本特征是蹲下后以腿交叉在一起。

这种蹲姿的要求是：下蹲时，右脚在前，左脚在后，右小腿垂直于地面，全脚着地右腿在上，左腿在下，二者交叉重叠；左膝由后下方伸向右侧，左脚跟抬起，并且脚掌着地；两脚前后靠近，合力支撑身体；上身略向前倾，臀部朝下。

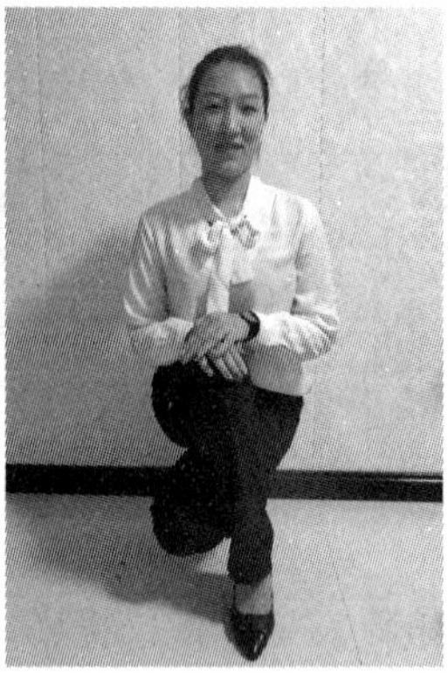

图 2-13　交叉式蹲姿

③半跪式蹲姿。

这种蹲姿适合下蹲时间较长的女性，蹲姿容易引起腿部发麻，所以尽量少蹲。动作为：双腿一蹲一跪，在下蹲后，一条腿单膝着地，臀部顺势坐在脚后跟上，脚尖着地，另外一条腿全脚着地，小腿与地面保持垂直；双膝同时向外用力，而双腿则尽量靠拢。

（4）蹲姿礼仪的禁忌。

①不要突然下蹲。

蹲下来的时候，不要速度过快。当自己在行进中需要下蹲时，要特别注意这一点。

②不要离人太近。

在下蹲时，应和身边的人保持一定距离。和他人同时下蹲时，更不能忽略双方的距离，以防彼此“迎头相撞”或发生其他误会。

③不要方位失当。

在他人身边下蹲时，最好是和他人侧身相向。正面他人，或者背对他人下蹲，通常都是不礼貌的。

④不要毫无遮掩。

在大庭广众面前，尤其是身着裙装的女士，一定要避免不遮掩下身的情况出现，特别是不能大腿叉开。

⑤不要蹲在凳子或椅子上。

有些人有蹲在凳子或椅子上的生活习惯，但是在公共场合这么做的话，是不能被接受的。

总之，下蹲时一定不要有弯腰、臀部向后撅起的动作；切忌两腿叉开，两腿展开平行下蹲，以及下蹲时，出现露出内衣裤等不雅的动作，以免影响你的姿态美。因此，当要捡起落在地上的东西或拿取低处物品的时候，不能只弯上身、翘臀部，而是首先走到要捡或拿的东西旁边，再使用正确的蹲姿，将东西拿起。

二、手势语

手势是通过手和手指活动传递信息。人们在日常生活中常常借助于各种手势表达自己的思想和愿望，久而久之，一些手势便形成了有一定的思想含义，表情达意的最有力的手段，在体态语言中处于重要的地位。

1. 基本的手势

学习手势，最重要的是要正确掌握和运用下述基本手势。

①垂放，是最基本的手姿。其做法有二：一是双手自然下垂，掌心向内，叠放或相握于腹前；二是双手伸直下垂，掌心向内，分别贴放于大腿两侧。这种姿势多用于站立的时候。

②背手，多见于站立、行走时，既可显示权威，又显得镇定自若。其做法是双臂伸到身后，双手相握，同时昂首挺胸。

③持物，即用手拿东西。其做法多样，既可用一只手，又可用双手，但最关键的是，拿东西时应动作自然，五指并拢，用力均匀。不应翘起无名指和小指。

④鼓掌，是用以表示欢迎、祝贺、支持的一种手势，多用于会议、演出、比赛或迎候嘉宾。其做法是右手掌心向下，有节奏的拍击掌心向上的左掌。必要时，应起身站立。但是，不应以此表示反对、拒绝、讽刺、驱赶之意，即不允许“鼓倒掌”。

⑤夸奖，主要用以表扬他人。其做法是伸出右手，跷起拇指，指尖向上，指腹面向被称道者。在交谈时，不应将右手拇指竖起来倒过来指向其他人，因为这意味着自大或藐视；以之自指鼻尖，也有自大、不可一世之意。

⑥指示，是用以引导来宾，指示方向的手势。其做法是以右手或左手抬至一定的高度，五指并拢，掌心向上，以其肘部为轴，朝一定方向伸出手臂。

拓展阅读

常用的引导手势

（1）小请，即横摆式（见图 2-14）：在表示“请进”“请”时常用横摆式。做法是：五指并拢，手掌自然伸直，手心向上，肘微弯曲，腕低于肘。开始作手势应从腹部之前抬起，以肘为轴地向一旁摆出，高度在胸、腹之间并与身体正面呈 180 度时停止。

头部和上身微向伸出手的一侧倾斜。另一手下垂或背在背后，目视宾客，面带微笑，表现出对宾客的尊重和欢迎。

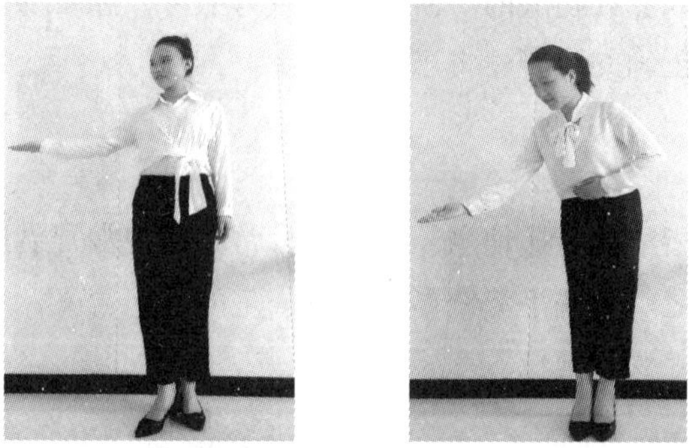

图 2-14　小请手势

（2）中请即斜摆式（见图 2-15）：请对方落座的手势。请客人落座时，手势应摆向座位的地方。做法是：手要先从身体的一侧抬起，到高于腰部后，再向下摆去，使大小臂成一斜线。

图 2-15　中请手势

（3）大请即直臂式（见图 2-16）：请往前走手势。做法是：手指并拢，掌伸直，屈肘从身前抬起，向指引的方向摆去，摆到肩的高度时停止，肘关节基本伸直。注意指引方向，不可用一个手指指示，这样显得不礼貌。

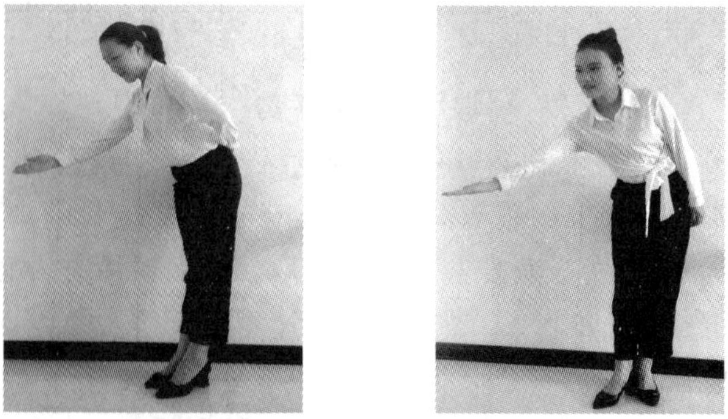

图 2-16　大请手势

(4) 多请即双臂式：适用于给众人做请的手势。

(5) 曲臂式：表示里边请，与“横摆式”手势使用场合相似。不同点在于“曲臂式”手势在左手拿着物品，或需要推扶房门、电梯门，而又同时需引领来宾时适用。以右手五指并拢伸直，从身体一侧由下向上向侧前方摆动，手臂摆到距离身体20厘米处成曲臂状。

2. 手势的类型及含义

①情绪手势，是伴随着说话人的情绪起伏发出的，常常用来表达或强调说话人的某种思想感情、情绪、意向或态度。比如，高兴时拍手称快，悲痛时捶打胸脯，愤怒时挥舞拳头，悔恨时敲打前额，犹豫时抚摸鼻子，着急时两手相搓；用手摸后脑勺则表示尴尬、为难或不好意思，双手叉腰表示挑战、示威、自豪，双手摊开表示真诚、坦然或无可奈何，扬起巴掌猛力向下砍或往外推，常常表示坚决果断的态度、决心或强调某一说词。情绪手势是说话人内在情感和态度的自然流露，往往和表露出来的情绪紧密相关，鲜明突出，生动具体，能给听者留下深刻的印象。

②指示手势，是用来指示具体对象的手势动作。比如，用手指指自己的胸口，表示谈论的是自己或跟自己有关的事情；伸出一只手指向某一座位，是示意对方在该处就座。指示手势还可以用来指点对方、他人、某一事物或方向，表示数目，指示谈论中的某一话题或观点等。指示手势可以增强谈话内容的明确性和真实性，便于及时抓住听者的注意力。

③模拟手势，比划事物形象特征的手势动作叫作模拟手势。如抬起手臂比划张三的高矮，伸出拇指食指构成一个圆圈比划鸡蛋的大小，抡起胳膊侧身往后模仿骑马。模拟手势在一定程度上能使听者如见其人，如临其境，它由于往往还带有一点夸张意味，因而极富有感染力。

④象征手势，是表示抽象意念的一类手势动作，往往具有特定的内涵。“手语”是含义最丰富的动作语言，各种场合均少不了不同的手势。人们用手来表示各种各样的情感，总而言之，动作语言所表示的礼仪是非常丰富的。我们应根据具体场合、对象和时间来运用这种动作语言礼仪。

3. 禁忌的手势

在社交活动中，下列手势均在禁止的范围之内。

①易于误解的手势。易为他人误解的手势有两种，一是个人习惯，但不通用，不为他人理解；二是因为文化背景不同，被赋予了不同含义的手势。比如，伸起右臂，右手掌心外向，拇指与食指合成圆圈，其余手指伸直这一手姿，在英美表示“OK”，在日本表示“钱”，在拉美则表示“下流”。

②不卫生的手势。在他人面前搔头皮、掏耳朵、剜眼屎、抠鼻孔、剔牙齿、抓痒痒、摸脚丫等这样一些手势，均极不卫生，令人恶心，自然是不当之举。

③不稳重的手势。在大庭广众之前，双手乱动、乱摸、乱举、乱放，或是咬指尖、折衣角、抬胳膊、抱大腿、拢脑袋等手势，亦是应当禁止的不稳重的手势。

④失敬于人的手势。掌心向下挥动手臂，勾动食指或除拇指外的其他四指招呼别人，用手指指点别人，都是失敬于人的手势。其中，指点他人，即伸出一只手臂，食指指向他人，其余四指握拢这一手势，因有指斥、教训之意，尤为失礼。

三、表情语

案例阅读

刘超最近特别不愿意去上班。同一办公室的魏冉，整天不是长吁短叹，就是一副苦大仇深的模样；还有隔壁的孙菲，也不知道有什么想不开的事，动不动就愁云惨雾、泪眼迷蒙，把整个屋子搞得和遗体告别的气氛差不多。还得提一下门口传达室的张大爷，和人说话眼皮都不抬一下，一大清早的就给人心里添堵。

表情是人的思想感情和内在情绪的外露。脸部则是人体中最能传情达意的部位，可以表现出喜、怒、哀、乐、忧、思等各种复杂的思想感情。在交际活动中，表情倍受人们的注意。美国心理学家艾伯特·梅拉比安将人的感情表达效果总结了一个公式：感情的表达=语言（7%）+声音（38%）+表情（55%），这个公式是否科学合理且不去深究，但它说明了表情在人际沟通时能够充分地表现出人的内在感情。那些整天苦着脸的人，传递给人们的是一种消极、抑郁或焦虑的情绪，并由此带来困扰和压力。如果能用乐观善意的面孔来接纳对方，就会反映出本人良好的修养，成为处理好人际关系的一种重要手段。在人千变万化的表情中，目光和微笑最具礼仪功能和表现力。

1. 目光

人们常说，眼睛是心灵的窗户。眼睛是人传递信息最有效的器官，它能表达出人们最细微、最精妙的内心情思。从一个人的眼睛中，往往能看到他的整个内心世界。在商务交往中，人员之间交谈时目光注视的时间长短、眼睛的开闭、瞬间的眯眼及其他许多细小的变化和动作都意味着在向交谈对方发出不同的信息。毫不夸张地说，目光就是面部表情的核心，正确地运用目光能够体现出良好的修养和对他人的尊重。

（1）目光的作用。

人际交往中，目光中流露出的感情语言有着极其重要的作用，它可以传递出人们细微的感情，传递出许多用语言和手势无法准确表示的信息。实际上，内心充实、情感丰富的人的眼睛都是十分动人的。

（2）目光的基本要求。

一个良好的交际形象，目光是坦然、亲切、和蔼、有神的。在整个谈话过程中，目光与对方接触累计应达到全部交谈时间的 2/3。人际交往中诸如呆滞、漠然、疲倦、冰冷、惊慌、敌视、轻蔑、左顾右盼的目光都是应该避免的，更不要对人上下打量、挤眉弄眼。

（3）运用目光礼仪的基本要求。

①注视的时间。

一般来说，当你与别人谈话 30 分钟时，对方看着你的时间如果不足 10 分钟，说明他在轻视你；如果有 10～20 分钟，说明他对你是友好的；如果有 20～30 分钟，说明两种情况：一是表示重视，二是表示敌视。也就是说，与别人谈话时眼睛的注视时间要占谈话时间的 2/3。

②角度正确。

从注视角度来说，宜平视或仰视对方，以表示平等或尊重。不可斜视、俯视、扫射对方，甚至不看对方。

③注视的部位。

与人交流时目光注视的范围因场合的不同而有所变化，分为公务注视、社交注视和亲密注视。公务注视，注视的位置在以两眼为底线，以额头为上限的这一部位，正好构成一个正三角。这种注视范围较窄，显得比较严肃郑重，用于公务活动中的谈判等场合。社交注视，注视的位置在以两眼为上限，以唇部为底线的部位，正好构成一个倒三角。这种目光带有一定的感情色彩，亲切友好，适用于各种社交场合。亲密注视，这种注视的范围比较大，从眼睛到上半身都可注视。这种目光比较随意亲近，有时甚至是热烈的，所以只能用于亲朋好友或恋人之间。

一般情况下，常用的注视方式是：当与人交谈时，目光应正视对方的眼、鼻三角区，以示尊重；当对方沉默不语时，就不要盯着对方，以免加剧他的不安。在整个交流过程中，还要特别注意不要使用向上看的目光，因为这种目光常常会给人种目中无人、骄傲自大的感觉；当然更不能有东张西望的目光，否则会给人以缺乏修养、不懂得尊重别人的印象。

2. 微笑

微笑是表情中最能带给人好感，表达友善，愉悦心情的方式。它是一种传递快乐与友好的表情，是人际交往中的润滑剂，可以有效地打破交际障碍，缩短彼此之间的心理距离，为深入地沟通与交往创造良好氛围。

一个对你微笑的人，必能体现出他的热情、修养和魅力，从而得到你的信任和尊重。微笑是全人类最美好的共同语言。微笑的妙处，在于它的温文尔雅，在于它的含而不露，在于它在任何场合都是无往而不胜的有力“武器”。微笑作为一种表情，不仅是形象的外在表现，也是人内在精神的反映，也是内在气质的外在表现，因此，为人处世中正确地掌握微笑的技巧最为重要。有分寸的微笑，再配上优雅的举止，对于表达自己的主张，争取他人的合作，会起到不可估量的积极作用。

（1）微笑的基本要求。

微笑要用眼神、眉毛、嘴巴和面部肌肉协调完成，并且必须是发自内心的，要显得自然、大方、和谐、优雅。在商务场合，假笑、冷笑、怪笑、媚笑、窃笑、怯笑都是非常忌讳的笑容。

①掌握微笑的基本要领，使之规范化。

微笑的基本要领是：放松面部表情肌肉，嘴角两端微微向上翘起，让嘴唇略呈弧形，不发出声音，轻轻一笑。微笑辅之以训练，效果会更好。

合乎礼仪的笑容主要包括以下几种。

含笑：不出声、不露齿，只是面带笑意，表示友善或接受对方。

微笑：嘴角略微上翘，唇部略呈弧形，牙齿半露，面带笑意，表示自信、乐观、友好。

轻笑：嘴巴微微张开，嘴角上扬，上齿显露，喜形于色，但不发出声音，表示欣喜快乐，多用于会见客人或招呼熟人。

②微笑要注意四个结合。

微笑必须发自心底才会动人，只有诚于中才能美于外。因此，微笑必须注意四个结合：一是微笑和眼睛的结合。在微笑时眼睛的作用十分重要，眼睛是心灵之窗，眼睛具有传神送情的特殊功能，只有笑眼传神，微笑才能扣人心弦、情真意切。二是微笑和神、情的结合。“神”就是笑出自己的神情、神态，做到精神饱满；“情”就是要笑出感情，做到亲切友善。三是微笑和仪态的结合，这样就会形成完整和谐的美，给人以享受。四是微笑和语言的结合。语言和微笑都是传播信息的重要因素，只有做到二者的有机结合，才能相得益彰，微笑服务才能发挥出它的最大功效。

③微笑要恰到好处。

我们待人要微笑，但遇到具体问题时还是要灵活处理，把握好度，也就是说具体运用时，必须注意服务对象的具体情况。例如，在客人处于尴尬状态时，客人处于生气、悲伤的情绪中时等，此时的微笑一定要适宜，否则只会弄巧成拙。

拓展阅读

微笑在商务场合中也是有规范的，即我们所说的“职业性微笑”。它的标准是什么呢？露六颗牙，是哪六颗呢？对着镜子自己笑吧。职业性的微笑是露出上面的六颗牙，如果是上面三颗，下面三颗，那就成兔子了。

同学们不妨试着对着镜子进行一下微笑练习，可以用牙齿咬一根筷子或者笔练习，看你能露几颗牙齿。

拓展阅读

求职面试

一、求职材料

一位有经验的主考官说："面试的成败是在面试前决定的。面试是在一个非常有限的时间内展示自己最优秀的方面。所以要求我们充分把握面试中的每一个细节因素，为自己创造机会。"

（一）面试前问题的准备

事先应该对目标单位及其工作内容做尽可能详细的了解。例如，有关用人单位的要求；客观到位地评估自己的求职资格及工作能力；尽可能地准备好面试时主考官可能要问的问题。这些问题往往包括你的经历、成就、爱好、你对工作和学习的感受等。

你可以对每个设想的问题做出简要的书面回答然后记住它们，这样就会有备无患，在被问到相应的问题时应对就会自如、思路就会清晰。

在面试中经常会问道：

（1）以前你都干过些什么工作？为什么放弃了？

（2）你为什么要选择进入这个工作领域？

（3）你认为在一个理想的工作单位里，个人事业的成败是由什么决定的？

（4）你喜欢与别人一起工作还是自己独立工作？

（5）你喜欢什么样的领导？

（6）你愿意到大单位还是小单位工作？

（7）你对当前我们这个行业的状况有什么看法？

（8）你认为你所擅长的工作领域有什么？

（9）你做过哪些能表现你的独创性和意志力的工作？

除此之外，还应该准备好面试时你自己要问的问题。因为在面试中，不失时机地提出一两个问题，反而能够显示出你的成熟和积极思考的态度。

（二）求职信的准备

求职信是帮你打开用人单位大门的钥匙。

1. 格式正确，布局美观

求职信的格式是否规范，能表现出一个人的文化素养和气质风格，所以要注意书写的格式。书写时最好用钢笔而不是圆珠笔、铅笔，要选择优质的信纸。

2. 内容具体，主题突出

要写招聘单位所关注的内容，用事实说话，避免夸夸其谈。

3. 字迹清楚，书写正确

在求职信中不能出现错别字，不能错用标点符号，这样很容易给人漫不经心、素质不高的印象。错字连篇、字迹模糊的求职信，很有可能打消对方看下去的念头，进而导致求职失败。

4. 内容简洁，表达准确

负责招聘的人员要阅读许多人员的求职信，要通过筛选认定哪些应聘者可以参加面试。这是一件费时费力的工作。而在让招聘人员比较反感的求职信中，长篇大论者是其中之一。

5. 态度谦恭，用词恰当

年轻人多数都有远大的理想，这是事业成功的前提。但是，在求职信中如果用词不当，把握不好分寸，口气太大，会给人以自负、傲慢的印象。

6. 亲笔书写

一些人认为用电脑来完成求职信的书写，既工整，又能同时印出很多份。但是，要知道求职信不是给自己看的，是给用人单位看的，这就需要考虑对方的感觉。亲笔书写会让对方觉得你是专门为他所写，他就会觉得你很尊重他，从而增加成功的机会。

7. 用全称

在求职信上不要用简称，比如，将就读学校写成“师大”。地址、学校、专业及学科等内容要写详细写清楚，不要给对方留下偷懒图省事的印象。

8. 关注职位，回避薪酬

在求职信中，要用较多的文字表达对工作的热爱，表达择业意向的坚定，表达自己的各方面素质和能力。对于工作待遇、福利待遇、工资问题等，可以在面试时进行商议。

9. 开头与结尾注意礼貌

求职信可以反映出求职者的个人修养，反映个人修养的重要方面是语言。注意称呼对方要有礼貌，要送上友好的问候，提出问题要用商量的口气，在结尾处不要忘记向对方致谢。

10. 求职信的形式设计

不要忽略与求职信有关的其他形式细节。比如信封的选择，收信人的邮编、地址和名称书写得工整漂亮、流畅有力，则能在众多求职信中脱颖而出。

二、面试前的准备

面试的前一天要到招聘现场做一下考察，搞清前往的线路，估计出路上所需要的时间，以免面试当天出现不必要的麻烦。

在准备好个人简历的同时，还要准备自荐书，各种证书（毕业文凭、奖励证书、英语水平证书、培训证书、技能证书、身份证等），科研成果证明、专利证书，出版过的书、发表过的学术论文等，各种聘书，有社会影响力的专家的推荐信。准备好与面试场合相宜的服饰。带好擦鞋器、纸巾，女生要带化妆盒、备用丝袜，带上笔和记事本。准备足够的费用。准备比较正规的包袋。

以上所带物品要整齐有序地放在包袋中，避免在招聘人员面前，在包袋中翻来翻去，给人留下做事没有章法的印象。

形象准备很重要。要展示出自己最精神、最赏心悦目的形象。服装要符合用人单位对求职者素质的要求。

三、面试心态准备

应尽量展示自己的优势。在面试官面表现得拘谨猥琐，注定要失败。所以在面试前尽可能地事先设计一个随和的、自信的方式。比如说，要面带微笑，在说您好的时候，眼神注视着对方，握手的时候让对方感觉到坚定而温和。放松心情，将应聘失败看成人生经验。

有些人在择业前就惶惶不可终日。这是造成面试中紧张和被动的主要原因。如果我们理解了人生，就会同意拿破仑说的："人生的光荣不在于永不失败，而在于屡败屡战。"这样就会不怕择业的失败。

失败是人生必须经历的。失败转换成为成功的条件是：不要轻易认输，这是许多成功者的经验之谈。要对失败实事求是地总结原因。失败后应该主要寻找自己的主观原因。成功者不会总是埋怨客观条件，但是客观原因也不能不分析。如果是客观条件不允许也不要一味蛮干。如果在一个领域里没有找到工作，不妨换一种思路，在另一个领域里尝试一下。

四、求职面试的礼仪

（一）仪态礼仪应注意的问题

在面试时，求职者的行为举止十分重要。一般而言，求职者的行为举止要注意以下几个问题。

1. 应聘时不要结伴而行

无论应聘什么职位，独立性、自信心都是招聘单位对每位应聘者的基本素质要求。

2. 保持一定的距离

面试时，求职者和主考官必须保持一定的距离，不适当的距离会使主考官感到不舒服。

如果应聘的人多，招聘单位一般会预先布置好面试室，把应试人的位置固定好。当求职者进入面试室后，不要随意将椅子挪来挪去。有的人喜欢表现亲密，总是把椅子向前挪，殊不知，这是失礼的行为。如果应聘的人少，主考官也许会让你坐下，求职者这时应界定距离，不能离主考官太近也不能太远。

3. 不卑不亢

求职面试的过程实际上是人际交往过程，求职双方都应用平和的心态去交流。

4. 举止大方

举止大方是指求职者举手投足自然优雅，不拘束，从容不迫，显示良好的风度。

5. 忌不拘小节

有些求职者，自恃学历高，或者有经验、有能力，在求职时傲慢不羁，不拘小节，表现出无所谓的样子，这是不可取的。正是这些不易被人注意的细节，使不少人失去了工作机会。

6. 勿犹豫不决

一般来说，求职者应聘时表现出举棋不定的态度是不明智的，这会让主考官感到你是个信心不足的人，难免怀疑你的工作作风和实际能力。这样容易让招聘的单位将目光投向其他应聘者，而你自己却丧失了一次机遇。

（二）其他礼仪

1. 遵时守信

求职者一定要遵时守信，千万不要迟到或毁约，迟到和毁约都是不尊重考官的一种表现，也是一种不礼貌的行为。如果求职者有客观原因不能如约到场，要事先打个电话通知考官，以免对方久等。如果已经迟到，不妨主动陈述原因，宜简洁表达，这是必须有的礼仪。

2. 放松心情

许多求职者一到面试点就会产生恐惧心理，害怕自己思维乱，词不达意，出现差错，以致痛失良机，就会因为紧张而出现心跳加快、面红耳赤等情况。此时，应控制自己的呼吸节奏，努力调节，尽量达到最佳状态后再面对招聘考官。

3. 以礼相待

求职者在等候面试时，不要旁若无人、随心所欲，对接待员熟视无睹，自己想干什么就干什么，这样会给人留下不好的印象。对接待员要有礼貌，也许接待员就是公司经理的秘书、办公室主任或人事部门的主管。如果你目中无人、没有礼貌，在决定是否录用时，他们可能也有发言权，所以，你要给所有的人留下良好的印象。面试时，自觉将手机等关掉。

4. 入室敲门

求职者进入面试室的时候，应先敲门，即使面试房间是虚掩的，也应先敲门，千万别冒冒失失地推门就进，给人鲁莽、无礼的感觉。

敲门时要注意声音的大小和敲门的速度。正确的方法是用右手的手指关节轻轻地敲三下，问一声：“我可以进来吗？”待听到允许后再轻轻地推门进去。

5. 微笑示人

求职者在踏入面试室的时候，应面露微笑，如果有多位考官，应面带微笑地环视，以眼神向所有人致意。

一般而言，陌生人在相互认识时，彼此会首先留意对方的面部，然后才是身体的其他部分。面带真诚、自然、由衷的微笑，可以展示一个人的风度、风采，有利于求职者塑造自己的形象，给人留下美好的印象。

求职者与主考官相识之后，便要稍微收敛笑容，集中精神，平静的面容有助于求职者面试成功。

6. 莫先伸手

求职者进入面试室，行握手之礼，应是主考官先伸手，然后求职者单手相应，右手热情相握。若求职者拒绝或忽视了主考官的手，则是失礼。若主考官没有主动先伸手，求职者切勿贸然伸手与主考官握手。

7. 请才入座

求职者不要自己坐下，要等主考官请你就座时再入座。主考官叫你入座，求职者应该表示感谢，并坐在主考官指定的椅子上。如果椅子不舒适或正好面对阳光，求职者不得不眯着眼，那么最好提出来。

8. 递物大方

求职者求职时必须带上个人简历、证件、介绍信或推荐信，面试时一定要保证不用翻找就能迅速取出所有资料。如果送上这些资料，应双手奉上，表现得大方和谦逊。

（三）求职后的礼仪

要适时感谢。应聘结束2~3天后，最好通过电话或电子邮件向招聘人员表示感谢。这样做不但能加深考官对你的印象，还能在最后时刻由于你的积极性而增强你的竞争力。但注意打电话时间不宜过长，以免影响对方工作。

电子邮件的内容也要简洁，可以对考官表示感谢，并重申你对该公司的兴趣和印象，结尾处还可以表示你的应聘信心，表示希望对公司的发展做出贡献。

一般面试结果要在若干天后才能有，你可以耐心等待，太性急反而不好。可以在面试时考官承诺的时间左右，写封电子邮件或打个电话询问一下。这样做还可以表明你做事的积极主动性，而这正是任何一个用人单位对他的工作人员的基本要求。

要注意调整心情。应聘结束后，不论你对自己应聘的表现多么满意，或多么不满意，在接到面试结果之前，应聘就不能算是已经完成。应该重新调整心情，及时进行新的竞争选择，以增加更多成功的机会。

【案例分析一】

行姿与自信

沈佳是某企业的一名礼仪经理，专门负责新员工培训。当训练到行走时，她发现有一些男员工走路时爱弓着背，完全没有年轻小伙子的朝气；一些女员工走路时爱左右摇摆，显得非常轻浮。于是她决定给他们讲一个故事："我曾经有个同学，他学习非常优秀，他有一个习惯就是走路的时候总昂首挺胸。班主任老师经常说，从走路的姿势来看，他将来肯定是要当领导的。虽然这是老师的玩笑话，但是许多同学都认为他真的有一个领导的气质和能力，因为他走路的时候总是昂首挺胸，看起来神采奕奕。很多年后，当同学们都在忙着找工作的时候，他已经靠自己的能力办起了一个公司，如今已经是一个很成功的商界人士了。这么多年来，他走路的姿势始终没变，依然是昂首挺胸。同学们都笑说老师当年的预言实现了呢！这些当然是开玩笑的，但是从走路的姿势完全可以看出一个人的性格，性格坚毅、自信的人多数是昂首挺胸的；性格唯唯诺诺、自卑的人，走路才会弯腰低头。"听了这个故事后，好多人不禁挺了挺胸。沈佳的行走训练正式开始了。

分析：行姿与自信之间是什么关系？

【案例分析二】

张同学大学求职意向首选是国际四大会计师事务所，经过层层师选，他如愿进入普华永道和安永华明的最后一轮面试，也就是要去见事务所的合伙人。能在数千大军中走到见合伙人这一步已经实属不易。然而，在见合伙人的时候，他特别紧张。在见普华的合伙人时，他叫错了合伙人的名字，并且临走时把包忘在了合伙人的办公室里；在见安永的合伙人时，由于是英文面试，他重复一个英文单词数遍，唯恐对方听不清楚，直至那位合伙人亲自打断并说明他已经明白了张同学的意思，他才明白该适可而止。结果是两家国际一流的会计公司都在最后面试时将他拒之门外。

李同学面试中信集团总部时，面试官问他对中信了解多少。他想了半分钟然后说道："我接到面试时还没来得及查看中信的资料，所以不太了解。"面试官对他说："我们招人自然希望他能了解中信。你还是回去再多了解了解吧。"

赵同学在面试人民银行时，面试官问他为什么想来人民银行。赵同学心里想：还不是因为这里权力大。但是碍于不方便直白地说这样的话，他一时没了主意，犹豫中，和人民银行说了再见。

请分析以上同学面试失败的原因。

【技能训练一】

训练项目：站姿、坐姿、行姿；

进行优雅规范的站姿、坐姿、行姿等身姿训练。

实训要求：

1. 站姿训练个人靠墙站立，要求后脚跟、小腿、臀、双肩、后脑勺都紧贴墙，头顶放本书，使其保持水平促使人把颈部挺直，下巴向内收，上身挺直，每次训练20分钟，每天一次。

2. 坐姿训练按坐姿要领，着重脚、腿、腹、胸、头、手等部位的训练，可以配舒缓优美的音乐，以减轻疲劳，每天训练20分钟左右，坚持每天训练。

3. 走姿训练在地上画一条直线，行走时双脚内侧踩在线上。若稍稍碰到这条线，即证明走路时两脚几乎是在一条直线上。

【技能训练二】微笑、目光训练

一、实训目的要求：了解微笑、眼神要领，养成富有内涵的、善意的、真诚的、自信的表情习惯。

二、实训内容：微笑、目光训练。

三、实训材料准备：每个人准备一面小镜子、一根筷子。

四、实训方法和步骤

（一）微笑训练

1. 微笑训练方法

（1）口型对照法：通过一些相似性的发音口型，找到适合自己的最美的微笑状态。例如，“一”“茄子”“呵”“哈”等。

（2）咬筷训练法：用门牙轻轻地咬住木筷子。把嘴角对准木筷子，两边都要翘起，并观察嘴唇两端的线是否与木筷子在同一水平线上。保持这个状态10秒。在第一状态下，轻轻地拔出木筷子后，练习维持那种状态。

（3）情绪记忆法：将自己生活中最高兴的事的情绪储存在记忆中，当需要微笑时，可以想起那件最使你兴奋的事，脸上就会流露出笑容。

2. 微笑训练步骤

（1）课堂上，每个人准备一面小镜子。做各种表情训练，活跃脸部肌肉；丰富自己的表情，使表情能充分表达思想感情。观察、比较哪一种微笑最美、最真、最善，最让人喜欢、接近、回味。

（2）用口型对照法、咬筷训练法练习。

（3）创设环境训练：假设一些场合、情境，让同学们调整自己的角色，绽放笑脸。

（4）课后训练：

A. 每天早上起床，经常反复训练。

B. 出门前，心理暗示“今天真美、真高兴”。

C. 课前微笑训练：每一次礼仪课前早到一会儿，与老师、同学微笑示意，寒暄。

D. 微笑服务训练：课外或校外，参加礼仪迎宾活动和招待工作。

E. 具体社交环境训练：向遇见的每一个熟人或打交道的人展示自己最满意的微笑。试着用微笑化解矛盾，用微笑打动别人，用微笑塑造自己良好的形象。

（二）目光训练

1. 目光训练方法

（1）观察法：学会察看别人的眼色与心理；锻炼自己多种情绪的目光。

（2）做操法：学会做眼部操，熟悉掌握眼部肌肉的构成，锻炼肌肉韧性。

2. 目光训练步骤

课堂上，两个同学一组，自由交流5分钟，体会用不同的目光交流的心理感受。

3. 课后训练：

A. 购物时，观察服务员的目光和态度之间的关系。

B. 与亲朋好友进行目光交流，衡量眼神是否与自己的思想感情相符。

C. 校园里与擦肩而过的同学进行眼神接触，试着揣摩对方的心理。

D. 与不同年龄、不同性别、不同职业、不同性格、不同情境的人交流，大胆尝试使用不同的眼神，并观察社交效果如何。

【技能训练三】

讨论面试官比较容易会提出的问题，分享彼此的答案，商量最佳回答方式。

1. 请你用一分钟的时间自我介绍一下。
2. 你为什么要从事这个工作？
3. 你有什么长处？
4. 你的老师、同学和朋友怎么评价你？
5. 哪种类型的领导你喜欢？
6. 你要求的薪酬是多少？
7. 你何时可以上班？
8. 你认为业界的发展如何？

9. 你没有工作经验，恐怕不适合我们这个职位。
10. 你的专业与所申请的职位不太相符。
11. 介绍一下你的实习经历。
12. 请你用英语自我介绍一下。
13. 你还有什么问题吗？

项目三　商务人员的交往礼仪

【学习目标】

学习商务交往中经常用到的会面礼仪，如称呼、问候、介绍、握手、名片交换，以及语言礼仪当中的交谈、打电话等礼仪规范与技巧，强化作为一名商务人员的主动交往意识，提高社交能力，成为一名受欢迎的商务交际高手。

【技能目标】

1. 学会商务见面时的称呼、问候、握手、名片、介绍等基本礼仪要求；
2. 掌握日常交往中的语言交谈、接打电话等通信礼仪。

任务一　称呼、问候、握手礼仪

【任务引入】

良好的礼仪带来的经济效益

甲、乙、丙三家公司被通知来大华公司进行项目竞标。这次标的不仅金额很大，更重要的是大华公司在业内具有举足轻重的行业地位，如果能拿下这个项目，其战略意义不言而喻。

三家公司都作了精心准备，因为它们都想在这场角逐中淘汰掉其他两家对手。从现场来看，无论是从哪些方面来说，三家公司都不相上下，看不出谁会是这个项目的赢家。

第二天，丙公司被通知他们中标了。高兴之余，丙公司负责人问为什么选择了他们。“说实话，我们确实不好选择，”大华公司市场部经理笑着说：“不过，在各自陈述的时候，你们称呼的是我们公司老板的姓氏和职务，而且是伸开手掌做的指点动作。而另外两家公司却叫不出姓名，并且用一个手指直接指着我们老总讲话。试想，我们不可能选择一家连我们老总都不尊重的公司来合作吧?”

问题：具有规范的商务礼仪不一定使签约成功，但不懂礼仪的商务行为一定不会使签约成功，这句话对不对?

【知识链接】

所谓商务交往礼仪，通常指的是商务人员在来来往往的社交活动中应恪守的行为规范。参与社交，是商务人员的重要的日常活动之一，遵守交往礼仪，是对商务人员的基本要求。托尼·亚历山德拉博士（《白金法则》的作者）说：在今天的商业环境中，职业人都应该意识到，举止得体与否，礼仪是否恰当规范，都有可能营建或断送一段潜在的业务关系。

在如今竞争激烈的商业时代里，每个人都可以提供价格优势，每个人都会承诺提供周到服务，如果你想吸引客户、留住员工，你就要表现得与众不同，比如具备良好的商务见面礼仪，就会让你脱颖而出，别的竞争对手可能就无法取代你。具有和他人友好相处的能力，其作用远胜过低廉价格带来的优势，它是成功的基石。

本任务就商务人员日常见面礼仪中的称呼、问候、握手礼仪进行介绍和概述。

一、称呼

人们见面寒暄之时，最难的是如何运用恰当的称呼。时间、地点、场合以及交往对象性别和身份的不同，使得称呼的运用成为一个不可轻视的问题。

人人都希望受到重视和认可。学习礼仪、运用礼仪最重要的核心就是尊重。富兰克林说过，出言不慎，很可能会失去别人的同情、合作、支持。无论是新朋友还是老朋友，见面时的恰当称呼都会给人带来美好的感受。

称呼即称谓，指的是商务人员在交往应酬时，用以表示彼此关系的名称用语。合理地称呼对方，既是对他人的尊重，又反映了商务人员的礼仪修养，是商务人员的第一张名片。

（一）称呼的方式

1. 公务活动中的称呼

（1）职务称。在公务活动中，以对方的职务相称，最为妥当，比如“董事长”“经理”“处长”等。职务称还可以同姓名、姓氏、泛尊称分别组合在一起使用，如“王明经理”“高处长”“董事长先生”等。

（2）职业称，如“老师”“医生”“律师”“警察”“护士”等。

（3）职称称。近年来，在公务场合，很多人以他人的职称作为称呼的方式，体现了人们对专业技术人员的尊敬和重视。职称称通常使用姓氏+职称，如“李教授”“张医师”，正式场合，必须使用姓名+职称，如“李强教授”。

（4）学衔称。在学术交流中，按照所获学衔称呼他人，加强了被称呼者的学术权威性，是国内、国际交往中常用的称呼方式，博士、硕士、学士都属于学衔范围。在实际生活中，大多数只称“博士”学衔，如“董博士”。

（5）姓名称。对于彼此熟悉或年龄、职务相当的同事、朋友，可直呼他人的名字。如果在公务场合，遇到年龄、职务都比自己高的人的时候，就要将姓名、职务并称才合适，如“张伟处长”。在工作岗位上称呼姓名，有以下三种情况。

①直呼其名。一般是在年龄、职务相仿的人之间这样称呼，如同学、朋友、同事之间常用这种称呼方式。

②只呼其姓，不称其名。但要在姓前面加上“老”“大”“小”，例如，“老张”“大李”“小孙”等。

③只呼其名，不称其姓。通常是上司称呼下级、长辈称呼晚辈。在亲友、同学、邻里之间也可使用这种称呼。

（6）泛尊称（性别称）。泛尊称是最简单、最普遍，特别是面对陌生公众时最常用的称呼方式，它适合所有商务场合。对男子一般称“先生”或“同志”，对女子根据其婚姻状况，已婚的女子称“夫人”或“太太”，未婚的女子称“小姐”，对不知婚否或难以判断的，可统称为“小姐”，对职业女性可统称为“女士”。要特别注意的是，当你面对一位虽然年龄较大，但并未结婚的女士时，绝不能仅凭直觉或猜测将她称呼为“太太”或“夫人”，这是非常错误的。

案例分析

新人遇到老员工

晓珍进入单位的第一天，领导带她认识部门同事时，她非常恭敬地称对方为老师，不少同事欣然接受。当领导带她来到一个女同事面前，告诉晓珍将跟着这位女同事学习时，晓珍更加恭敬地叫人家一声老师。这位女同事连忙摇头：“大家都是同事，你可别叫我老师，直接叫我名字就可以了。”晓珍觉得叫姓名不尊重，叫老师对方可能又觉得生疏。

如果你是晓珍，你会怎么做？

分析：新人刚到单位，要先问问同事或者留心听听别人怎么称呼，不要冒冒失失想当然地称呼对方。如果实在不清楚该怎么称呼，第一次也可以客气地说：“对不起，我是新来的，不知道我该怎么称呼您？”不知者不怪，一般对方就会把通常同事对他的称呼告诉你。

2. 生活中的称呼

（1）对比较熟悉的人称呼较为随便，不受限制，如“老孙”“小王”等。

（2）对陌生人和初次交往者，按照其身份特点进行称呼，如称工人为“师傅”，非正式场合，根据年纪称“大叔”“大妈”等。

（3）通用称呼。一般来说，在接待工作中，对于男士通常称“先生”，未婚女士称“小姐”，对于知道其婚姻状况的女子也统称“小姐”“夫人”（尤其是在涉外场合）。

（4）敬称。

①以代词“你”或“您”相称。对长辈、平辈，可称其为“您”，对待晚辈，可称为“你”。这种称呼可以适用于对任何朋友、熟人的称呼。

②称“先生”，适用于对有身份的人或年纪大的人的称呼。

③称“老师”，适用于对文艺界、教育界以及有成就、有身份的人的称呼。

④称“公”或“老”，适用于对德高望重的人的称呼，如“秦公”“王老”。

如果被尊称的人名字是双音，将双名中的头一个字加在“老”之前，如称周培源先生为“培老”。

（5）亲近的称呼。用类似血缘关系的称呼，可令人感到信任和亲切，如“爷爷”“奶奶”“大爷”“大妈”“叔叔”“阿姨”等。也可以在这类称呼前加上姓氏，如“王爷爷”等。这类称呼的适用范围较广泛，尤其适用于邻居、至交。

（6）称呼亲属。

①对自己亲属的称呼。亲属，即与本人直接或间接拥有血缘关系或姻亲关系的人。日常生活中，对亲属的称呼是约定俗成的。在与外人交谈时，对辈分或年龄高于自己的亲属，可以在其称呼前加“家”字，如“家父”“家母”。对辈分或年龄低于自己的亲属，可在其称呼前加“舍”字，如“舍弟”“舍侄”。对自己的子女，则可在其称呼前加“小”，如“小儿”“小女”“小婿”。

②对他人亲属的称呼。对他人的亲属，应采用敬称。对其长辈，宜在称呼前加“尊”字，如“尊母”“尊兄”。对其平辈或晚辈，宜在称呼之前加“贤”字，如“贤妹”“贤侄”。若其亲属的称呼前加“令”字，一般可不分辈分与长幼，如“令堂”“令爱”“令郎”。

3. 外交中的称呼

国际交往中，因为国情、民族、宗教、文化背景的不同，称呼千差万别。这时使用称呼既要掌握一般性规律、又要注意国别差异。

（1）一般来说，对任何成年人，我们均可以将男子称作“先生”，将女子称作“小姐”“女士”。

（2）对地位高的官方人士，一般部长以上的高级官员，按国家情况称“阁下”、职务或先生。如“部长先生”“大使先生阁下”等。

（3）对军界人士，称军衔，如“将军”“元帅”“上校”。

（4）对宗教人士，称呼其神职，如“牧师”“神父”“传教士”。

（5）对于君主制国家的王公贵族，称呼上应尊重对方习惯，对国王、皇后称“陛下”，对王子、公主称“殿下”，对有爵位、封号者称其爵位、封号或简单称为“阁下”。

（6）区别国籍。不同国家在称呼方面，有他们自己的称呼礼仪。（见下文拓展阅读：常见的国际称呼习惯）

4. 几种称呼的正确使用

（1）同志。志同道合者称同志。如政治信仰、理想、爱好等相同者，都可称为同志。

（2）老师。该词原意是尊称传授文化、知识、技术的人，后泛指在某些方面值得学习的人。

（3）师傅。这一词原意是对工、商、戏剧行业中传授技艺的人的一种尊称，后泛指对所有有技艺的人的称谓。

（4）先生。在我国古代，一般称父兄、老师为先生，也有称郎中（医生）、道士等为先生的。在某些地区，已婚妇女称自己的丈夫或别人家的丈夫为先生。

案例分析

他该怎么做?

小刚和部门罗经理共事3年一直配合得不错。可是最近罗经理的一次工作疏忽给公司造成比较大的经济损失，导致公司最高层决定撤掉其部门经理的职位，具体安排什么新岗位还需要公司最高层研究后决定。其间，新的部门经理到岗。小刚作为罗经理的老下属，觉得如果以罗经理原来的职位称呼他，新经理听到后会不高兴；直接叫罗经理姓名也不合适，因为罗经理刚刚进入职业低潮，正不痛快，你转口这么快大家又觉得你太势利。小刚进退两难，尤其是在新、旧经理同时在场时更尴尬。

拓展阅读

常见的国际称呼习惯

在与外国人打交道的时候，有些称呼方式是比较固定的，比如，官方的军政委员，应称阁下、职衔或先生，并可在前面加姓氏，如“总统阁下”“××总统”“司令先生”等；对军人一般称军衔加先生，也可在前面加姓氏，如“张少尉”“中将先生”“韦恩大校先生”等；对有博士学位的人以及教授、律师、法官、医生等，可称“博士”“教授”“律师”“法官”“医生”等，也可在前面加姓氏，如“梁元博士”；对少数以同志相称的国家和地区的成年人，可一律称“同志”或职衔加同志，如“朴玉珠同志”“阮三石同志”“部长同志”等。

以上各种称呼方式，几乎都要涉及姓名。姓名问题由于国家、地区、民族等的不同，又有比较复杂的情况。下面简单介绍一下我国大陆及港、澳、台地区的汉族姓名，以及俄罗斯人的姓名，日本人的姓名，英美人的姓名中的一些常见的情况。

汉族人的姓名比较简单：姓在前，名在后，除少数复姓外，绝大多数的姓都是单姓。名有单名和双名。公关人员需要注意的是，掌握一些常见的复姓，以免到时候误把复姓拆开，当作单姓。常见的复姓有“欧阳”“司马”“诸葛”“西门”等。特别是在复姓后只有单名者更应注意，如果把“欧阳华”称作“欧先生”或“欧同志”都是不礼貌的。

在港、澳、台地区，女性结婚后，其姓往往是双份的，即在自己的姓之前还要加上丈夫的姓。如李子奇小姐嫁给王书贤先生后，她的姓名即为王李子奇，这时，一般人应当称她为王太大。

俄罗斯人的姓名一般由三个字节组成。姓名的排列顺序通常是本人名+父亲的名+家族的姓。如弗拉基米尔·伊里奇·列宁，其中，列宁是姓，伊里奇是父名，弗拉基米尔是本人的名。未婚女性用父姓，已婚女性用夫姓，父亲和本人名字不变，口头称呼一般可只称姓，或只称名。为了表示对对方的尊重时，也可称名字和父名；书写时，名字和父名都可以缩写，即分别大写其中的第一个字母，但是姓不能缩写。

日本人的姓名排序方式是姓在前，名在后，与我国的姓名排序是完全相同的。但日本人的姓的字数却普遍比我国汉族人的姓的字数要多，如岗村、田中、山口等，都是日本人的姓。日本人的姓的最大特点是，许多姓与一定地区、地理环境有关。据说，这是日本人的祖先在立姓时多数是根据自己所住的地方的位置来确定的。对日本人一般可只称姓，熟人间也可只称名。对男士为表示尊重，可在姓后加上“君”，如称岗村角荣为“岗村君”，称福田赳夫为“福田君”。由于日本人的姓与名之间的搭配情况比较复杂，公关人员在接到名单时应事先向熟悉情况的人解一下，以免称呼时失礼。

英美人的姓名的排序方式是名在前，姓在后，如威廉·肯尼迪（William Kennedy），威廉是名，肯尼迪是姓。有的英美人的姓名由3个字节组成，与两个字节姓名的不同点是，中间的一个字节是教名。此外，英美人中还有人自己不取名，而是延用父名或祖辈名，为了表示区别，往往在自己的姓名后面加上Junior或罗马序号。如William Kennedy Junior，汉译为小威廉·肯尼迪。女性结婚，一般都不再用自己的姓，而改为丈夫的姓。如彻丽. 查普曼（Chaney Chapman）小姐嫁给卡尔文·卡姆登（Calvin Camden）之后，则姓名就变成彻丽·卡姆登（Cheney Camden）。口头称呼英美人的姓名时，除正式场合外，一般只称姓。在非正式场合，很要好的朋友之间可以只称名。书写英美人的姓名时，可把名字缩写，但姓不能缩写。如可将Joan Harrison译为J·哈里森或琼·哈里森。

（二）称呼的原则

各国、各地区、各民族语言不同，礼俗习惯也不相同，称呼上差别也非常大。称呼时主要遵循以下三个原则：

（1）合乎常规。根据场合，选择人们常使用的称呼。比如在学校，不能用“小姐”“阿姨”称呼校园中的老师和任何部门的工作人员，可以使用表示职务、职业的称呼方式，如“老师”“科长”等。在正式场合，对外人切勿称兄道弟，要称呼其职务。

（2）照顾习惯。面对来自不同国家、不同宗教信仰的人们，要考虑对方的习惯，选择恰当的称呼。比如在基督教新教教派中，把主持宗教仪式、管理教务的人员称为“牧师”；而在基督教天主教派中，则把这类人员称为“神父”。

（3）尊重传统。入乡随俗，尊重传统，适时运用合适的称呼，在社交活动中很重要。在中国，人们仅在同辈之间“直呼其名”，而在西方国家，无论长辈还是晚辈，都更愿意被直呼其名。

（三）称呼的禁忌

称呼时，要避免下面六种失敬的做法。

1. 错误的称呼

常见的错误称呼主要指误读或是误会。

（1）误读。误读是指念错对方姓名。在我国有许多汉字属于多音字，如作为称呼时，“仇”读作 qiú，而非 chóu；“查”读作 zhā，而非 chá；“解”读作 xiè，而非 jiě；“盖”读作 gě，而非 gài 等。

也有些不常用的字，容易读错。为了避免这种情况的发生，对于不认识的字，我们事先要有所准备；如果是临时遇到，就要谦虚请教。

（2）误会。误会主要是对被称呼人的年纪、辈分、婚否以及与其他人的关系做出了错误判断。比如，将未婚妇女称为“夫人”，就属于误会。

2. 使用不通行的称呼

有些称呼，具有一定的地域性，比如山东人喜欢称呼“伙计”，而南方人认为“伙计”就是“打工者”。中国人把配偶一般称为“爱人”，在外国人的意识里，“爱人”就是“第三者”的意思。

3. 使用不当的称呼

工人之间可以称呼为“师傅”，学生之间称“同学”，军人之间称“战友”，道士、和尚、尼姑可以称为“出家人”。如果用这些来称呼其他人，就显得很不适当。有时候会让对方产生被贬低的感觉。

4. 使用庸俗的称呼

有些称呼在正式场合不适合使用。例如，“兄弟”“哥们儿”等称呼，虽然听起来亲切，但显得档次不高。

5. 称呼外号

对于关系一般者，不能自作主张给对方起绰号，更不能随意以道听途说来的绰号称呼对方，不要随便拿别人的姓名或生理缺陷开玩笑，例如，“拐子”“秃子”“罗锅”“四眼”“傻个儿”“麻秆儿”等。

6. 对年长者称呼要恭敬，不可直呼其名

二、问候

问候，亦称问好或打招呼。通常，这是人们见面时用语言或语言辅助部分肢体动作来向彼此致意的一种方式。主动问候或者友善回应问候是做人基本的礼貌。在问候时，问候者应该注意以下几个常见礼节性问题：

（一）问候的原则

（1）传递善意。“见到你很高兴”“身体还好吧”“一切都好吧”“佛祖保佑”等这样的问候语传达了问候者对对方的关怀、体贴、祝福；反过来，也为问候者自己带来了愉悦。

（2）表示尊重。无论握手、鞠躬行礼，还是口头问好，这些问候形式展示了问候者之间对彼此文化、习俗的接受和尊重。

（二）问候的内容

问候者应该根据所处的环境、场合、被问候者的实际情况，向问候的对象表示问候。可以直接问好，也可以间接问好，或者就所关心的事情进行问候。常用的问候语有“您好”“早上好”“见到你很高兴”“身体还好吧”“一切都好吧”等。

（三）问候的顺序

在正式会面时，主客之间的问候要遵循一定的先后顺序，具体要求如下：

（1）“一对一”时，“位低者先行”。就是说，在一个人问候另一个人的情况下，双方之中身份较低的一位要先问候身份较高的一位，才是符合礼节的做法。

（2）“一对众”时，“由尊至卑”。当一个人面对多个问候者时，有两种问候方式：一是可以笼统地问候，没有“顺序”之别，比如正视大家，面带微笑地道以“大家好”“你们好，很高兴见到大家”，不再一一问候；二是可以逐一问候，此时必须按照被问候者地位由高到低、年龄由长至幼的顺序依次问候。

（3）在正式场合，对围坐在一起的人们进行问候时，应注意按顺时针方向依次问候，或者由近及远先后问候。

（四）问候的方式

问候除了运用恰当的语言之外，还要有身体语言的辅助，使对对方的敬意表达得更充分，态度表现得更热情、更友好。常见的问候方式有：握手、拥抱、亲吻、鞠躬、合十等礼节。

1. 点头礼

点头礼适用于在会场、剧院、歌厅、舞厅等不宜与人交谈之处遇到熟人时使用；或者在同一场合碰上已多次见面者，遇上多人又无法一一问候之时也可使用。行礼的做法是：头部向下轻轻一点，同时面带笑容，不宜反复点头，点头的幅度也不必过大。

2. 欠身礼

在服务中，欠身礼运用得最广泛，是迎宾、送客以及招呼客人时常用的一种礼节。

欠身礼的要领是，双手叠放于腹前，上身向前倾斜 15°，面带微笑，目光亲切地注视着对方，同时致以热情的问候。

3. 举手礼

行举手礼的使用场合与行点头礼的使用场合大致相似，它最适合在向距离较远的熟人打招呼时使用。其做法是：右臂向前方伸直，右手掌心向着对方，其他四指并齐，拇指分开，轻轻向左右摆动一两下。不要将手上下摆动，也不要在手摆动时用手背朝向对方。

4. 脱帽礼

戴着帽子的人，在进入他人居所，路遇熟人，与人交谈、握手或行其他见面礼时，或者进入娱乐场所，遇到升降国旗，演奏国歌等情况时，应自觉主动地摘下自己的帽子，并置于适当之处，这就是所谓的脱帽礼。女士在社交场合可以不脱帽子。

5. 注目礼

具体做法是：起身立正，抬头挺胸，双手自然下垂或贴放于身体两侧，笑容庄重严肃，双目正视于被行礼对象，或目光随之缓缓移动。一般在升国旗、游行检阅、剪彩揭幕、开业挂牌等情况下，使用注目礼。

6. 拱手礼

拱手礼又称作揖礼，是我国民间传统的会面礼。行礼时应起身站立，上身挺直，两臂前伸，双手在胸前高举抱拳，自上而下，或者自内向外，有节奏地晃动两三下，并微笑着说出问候。

7. 合十礼

在东南亚、南亚信奉佛教的地区以及我国傣族聚居区，合十礼最为普遍。行合十礼时双掌十指在胸前相对合，五个手指并拢向上，掌尖和鼻尖基本持平，手掌向外侧倾斜，双腿立直站立，上身微欠低头，可以口颂祝词或问候对方，亦可面带微笑，但不宜手舞足蹈，反复点头。一般而论，行此礼时，合十的双手举得越高，体现对对方越尊重，但原则上不可高于额头。

在泰国这个等级森严的国家，对不同的人行双手合十礼的方式略有不同。首先，如果向泰国极受尊敬的僧侣行礼，你需要双手合十，把手举至头顶，然后鞠躬行礼，在泰国即便是国王，见到僧侣也要行双手合十礼的；其次，如果你向长辈行礼，比较标准的做法是双手合十，将手放于胸前，深鞠躬，让鼻子碰到中指；最后，如果你向同辈行礼，你只需双手合十，将手放在胸前就可以了。长辈是不用给晚辈行礼的。

8. 拥抱礼

在西方，特别是在欧美国家，拥抱礼是十分常见的见面礼与道别礼。在人们表示慰问、祝贺、欣喜时，拥抱礼也十分常用。正规的拥抱礼，讲究两人正面面对站立，各自举起右臂，将右手搭在对方左肩后面；左臂下垂，左手扶住对方右腰后侧。首先各向对方左侧拥抱，然后各向对方右侧拥抱，最后再一次各向对方左侧拥抱，一共拥抱 3 次。在普通场合行拥抱礼，不必如此讲究，次数也不必要求如此严格。

9. 亲吻礼

亲吻礼，也是西方国家常用的见面礼，有时它会与拥抱礼同时使用。行礼时，通常忌讳发出亲吻的声音，而且不应将唾液弄到对方脸上。在行礼时，双方关系不同，亲吻的部位也有所不同。长辈吻晚辈，应当吻额头；晚辈吻长辈，应当吻下颌或面颊；同辈之间、同性之间应当贴面颊，异性应当吻面颊。接吻，即吻嘴唇，仅限于夫妻与恋人之间，且不宜滥用，不宜当众进行。

10. 吻手礼

吻手礼，主要流行于欧美国家。它的做法是：男士行至已婚妇女面前，首先垂手立正致意，然后以右手或双手捧起女士的右手，俯首以自己微闭的嘴唇，去象征性地轻吻一下其手背或是手指。行吻手礼的地点，应在室内为佳。吻手礼的受礼者，只能是妇女，而且应是已婚妇女。

拓展阅读

世界各国及少数民族的见面礼

在国际交往中，有必要了解外国的其他交往礼仪，这里有选择地做些介绍。

（1）点头礼。在亚洲许多国家，当熟人相见时，彼此往往一面微微点头，以象征鞠躬，一面举举右手，以示敬意。许多欧洲人也常行点头礼，但它仅限于不熟悉的人之间。这恰与亚洲相反。

（2）南亚摇头礼。在印度、巴基斯坦、孟加拉国、尼泊尔、斯里兰卡等国，人们相互交往时，往往彬彬有礼地摇头。他们的礼俗是，向左摇头表示赞同、尊重或认可；点头表示不同意。

（3）合十礼。合十礼，又称合掌礼。原是印度古代的一种礼节，后为各国佛教徒沿用为日常普通礼节。行礼时，两掌合于胸前，十指并拢，以示虔敬。此礼可分为几类：跪合十，右腿跪地，双手合掌于两眉中间，头部微俯，以示恭敬虔诚；蹲合十，蹲下，并将合十的掌尖举至两眉间，以表尊敬；站合十，行礼时要站立端正，将合十的掌尖放至胸部或嘴部，以示敬意。

(4) 日本鞠躬礼。日本人极重视鞠躬礼，毕恭毕敬地鞠躬已成为日本人的礼仪习惯。他们的鞠躬，可分为15°、45°和90°三种，面对不同的敬礼对象可行不同类型的鞠躬礼。日本人在正式社交活动中，两手放在膝上，并且频频弯腰（约30°）；日常使用的鞠躬幅度为约15°，两手垂在身旁。

(5) 泰国人躬身合十礼。在泰国的日常生活中，晚辈要向尊长行礼时，必须躬身而双手合十。行此礼时，合十的双手要放在胸与额之间，头要微微低下，掌向外倾斜。双手合十的位置越高，所表示的敬意越深。尊长还礼时，双掌不宜高过前胸。

(6) 泰国僧人不答礼。在泰国人的生活中，佛处于至高无上的地位。无论王公贵族还是平民百姓，遇见僧人如若答礼，则被视为犯法。因为僧人所穿的袈裟，时刻代表着佛，而包括国王在内任何人的行礼，都是献给佛的，绝非献给僧人的。

(7) 尼泊尔合十伸舌礼。尼泊尔有一种传统的合十伸舌礼。当宾主相见时合十，并互有礼貌地相互问安致意，然后各自伸出舌头，以示赤诚之敬。

(8) 尼泊尔吻脚礼。在重大节日里，尼泊尔人往往要行传统的吻脚礼。此礼主要用于儿子、侄子或妻子对父亲、伯父、叔父或丈夫的父母、姐姐等尊长行使。行礼时，晚辈先跪下，然后去亲吻长辈的脚。长辈在晚辈人头顶上拍一下，以示答礼。晚辈对父亲的朋友不必行此礼，只躬身示敬并接受对方拍一下头即可。

(9) 阿富汗祝愿礼。阿富汗人多信奉伊斯兰教，在日常生活中，他们非常注重礼节。当亲朋相见时，往往相互拥抱，然后以右手抚住自己的胸部，并频频点头致意说："愿真主保佑你。"

(10) 贝都因族额礼。沙特阿拉伯的贝都因族，有一种传统的常见礼节——以鼻碰额礼。当男人见面时，彼此首先相互以鼻子碰触对方的额头，然后紧紧拥抱，以示敬意与诚挚。此礼不适合于女子。

(11) 也门吻礼。也门人晚辈拜见长辈时，多行跪吻礼。行此礼时，晚辈双手拥抱长辈并吻脸部，然后再跪吻长辈的大腿、小腿、脚背，以表敬意。长辈向晚辈祝福吉祥，以示答礼。当亲朋相见时，多行握吻礼，即双方主动热情握手，并先主后宾地各自反复亲吻对方的手臂以示敬意。

(12) 波兰吻手礼。波兰多数妇女，普遍希望男子向她们行吻手礼。此礼曾盛行于欧洲封建时期的贵妇中间，然而在当代波兰几乎处处流行。许多波兰人认为，行吻手礼，是敬重妇女的重要表现。吻手时，要由妇女先伸出手来，手背朝上，手略下垂，男子欠身将妇女的手放在嘴边轻轻吻之。

(13) 英国敬茶礼。在英国，请客人饮茶能表示主人的敬意。按照传统礼仪习俗，向客人敬茶时，主人必须先把少许冷牛奶倒进茶具内，接着冲以热茶，最后还须加一点糖。如果先倒茶而后放牛奶，则将被认为"失礼"和"缺乏教养"。

（14）巴西拳礼。巴西人相见时，往往以拳礼相互表示问好致敬。行此礼时，先要握紧拳头，然后看向上空伸出拇指。

（15）美国人不拘礼。在日常生活中，美国人以不拘礼节著称。初次相见时，人们往往不行握手礼，而是直呼对方名字，有时会极其随便相握一下，并笑一笑说声“嘿”或“哈”。直呼其名，是美国人表示友好亲善的礼俗。若非亲朋好友，美国人一般不会主动与对方亲吻、拥抱。在正式场合见面，可以握手致意；在非正式场合见面，礼节比较随意，往往以点头、微笑为礼，或者只是向对方“嗨”上一声。

（16）俄罗斯人和初次见面的人一般行握手礼，熟悉的人大多会热情拥抱。

（17）马来西亚人见面时，男子一般是一面举起右手放在胸前，一面深鞠躬；女子一般是双腿稍微弯曲，然后鞠躬。

（18）韩国人见面时也行鞠躬礼，不过男人既可鞠躬，也可握手，而妇女一般只鞠躬或点头示意。

（19）东南亚双手合十礼。双手合十礼盛行于印度、泰国、柬埔寨、缅甸、斯里兰卡、尼泊尔以及东南亚国家。人们见面时，通常把双手手掌对合于胸前，十指并拢，并微微弯腰顿首以表示敬意。

（20）马来人的见面礼十分独特。他们互相摩擦一下对方的手心，然后双掌合十，摸一下心窝互致问候。在马来西亚，对女士不可先伸手要求握手，不可随便用食指指人，这被认为是不礼貌的行为。马来人忌讳摸头，认为摸头是对人的一种侵犯和侮辱。除了教师和宗教人士之外，任何人不可随意触摸马来人的背部。如果背部被人触摸过，那将意味着厄运来临。同马来人握手、打招呼或馈赠礼品，千万不可用左手，因为马来人认为左手最脏，用左手和他们接触，是对他们不敬，犹如某种侮辱。在马来西亚与马来人交往，要尊重他们的习俗，否则便会被视作对他们不礼貌。

马来人待客人热情，通常用糕点、茶、咖啡和冰水款待客人。客人必须吃一点，以示接受主人的热情和善意。如果客人不吃也不喝，主人则认为是对他或她的不尊敬。马来西亚人不要求客人送礼，如果向主人送一些日常食品如椰子、槟榔、香蕉、糕点、饼干、糖果之类，表示友好情谊，主人会高兴地收下。

（21）中国白族的见面礼——三道茶。“三道茶”是白族人待客的独特礼俗。在云南大理一带，只要您一进主人家门，就成了客人。主人热情地把您迎进专门招待客人的堂屋就座，也同您边交谈边忙着架火、烧水；待水开后，把一只专做烤茶用的小砂罐先放在火上烘热，放入一小撮茶叶，并执罐不停地抖动，待茶叶颜色变微黄，冒出一股诱人的清香时方才冲入开水。这时，只听哧嚓一声，罐内茶水翻腾，化成泡沫溢出罐外，像一朵盛开的绣球花。白族认为这是吉祥的象征，如果不是这样，那么还要重新烘烤。有趣的是，执罐烤茶的人面对茶罐冒起的绣球花和哧嚓的响声，一边抖动茶罐，一边喊落、落、落或窃、窃（白族话好的意思），等泡沫落下，又冲入沸水，茶便泡好了。这头道茶，人们也称它雷响茶。它茶色如琥珀，晶莹透亮，主人往盅内斟上两三滴，加上少许开水，双手将杯举齐后递给客人，然后唱歌祝福。据说，这三道茶是白族人家接待女婿时也会用的一种礼节。

如今，随着对外开放和旅游业的发展，三道茶更成了白族人待客的见面礼，不管你下榻在何处，都可以品到辅以歌舞的三道茶。

三、握手

案例阅读

一次展销会上的见面礼

在一次广州商品交易展销会上，A企业的销售员小张通过自己熟练的业务介绍、得体的言谈举止，赢得了B公司刘总的注意和赞赏，决定购买小张在广交会上推广展示的一批农产品，在进行了愉快的交流之后，刘总决定与小张签订购买合同。此时，A企业总经理王总一手提着公文包正好来到现场，小张立即起身向王总介绍B公司刘总，王经理热情地伸出未提包的左手与刘总握手，只见刘总迟疑了一下，还是伸出手与王总进行了握手。一番寒暄交谈之后，王总离开了现场。但想不到的是，刘总却停止了与小张合同的签订，只简单地找了个说辞就结束了原本就要成交的生意。请思考：

1. 刘总为什么在王经理到来之后终止了合同的签订？

2. 在商务交往中正确的握手礼仪是什么？

握手是世界各国通行的见面礼节，是商务场合中最常见、最常用的礼节，多用于见面时的问候与致意，也多用于告别时的致谢与祝愿。学习握手礼，应该掌握握手的时机、握手的顺序、握手的方式、握手的禁忌。

（一）握手的时机

何时宜行握手礼？通常应该根据交往对象之间的关系、现场的气氛、当事人的个人感受和心情而定，不能一概而论。为了不失礼，施行握手礼时，要注意以下两个方面。

1. 必须握手的场合

①表示喜悦、问候，如遇到久违的熟人，欢迎被邀请的客人，他人有喜事之时。

②表示珍重、祝福，如社交场合与他人告别时。

③表示谢意和荣幸，如初次与人相识，或者被人介绍时。

④表示衷心的感谢，如受到他人鼓励或支持时。

⑤表示理解和慰问，如他人遇到失意、困难时。

⑥表示友谊和郑重其事，如赠送或接受礼品、颁发或领取奖品时。

2. 不必握手的场合

在交往对象不便于行握手礼时，为了不造成对方的尴尬，切忌主动使用握手礼。其一，对方手部有伤或负重。其二，手中忙于其他事务。其三，对方在距离较远的地方。其四，对方所处的环境不适合握手。

（二）握手的次序

在比较正式的社交场合中，握手的礼节最难以把握的是，在多个要握手的人中，先和谁握手才是合适的、不失礼的。

1.“尊者决定”的原则

根据礼仪规范，握手时双方伸手的先后顺序，应当在“尊者决定”的原则下进行。也就是说，在两人握手时，各自应该首先确定握手双方彼此身份的高低，然后依此而决定伸手的先后次序。通常是位高者先行伸手，位低者予以回应。贸然抢先伸手，是极为失礼的表现。

“尊者决定”原则，恰到好处地对尊者表示了尊重，也保护了位低者的自尊。握手表示一切交往的开始，位尊者若不想与位低者继续交往，可以不必伸手；如果伸手握手，表示位尊者对位低者印象不错，有进一步交往的意愿。

2. 通常的具体次序

①年长者与年幼者握手，应由年长者先伸出手。

②长辈与晚辈握手，应由长辈先伸出手。

③老师与学生握手，应由老师先伸出手。

④女士与男士握手，应由女士先伸出手。

⑤社交场合的先至者与后来者握手，应由先至者先伸出手来。

⑥职位、身份高者与职位、身份低者握手，应由职位、身份高者首先伸出手来。

请注意，上述情况一般用于律己，不可处处苛求他人。当自己处于尊者之位时，若他人抢先伸出手来，最礼貌的做法是积极地与人配合。若过于拘泥于礼仪次序，不仅使人难堪，也会使自己的声誉受到损害。

（三）握手的方式

握手的标准方式，是行礼时行至距离握手对象约一米处，双腿立正，上身略向前倾，伸出手，四指张开与对方相握，握手时，应用力适度，上下稍微晃动三四下，随后松开手，恢复原状。握手时，规范的手位有右手单手相握和双手相握两种。单手相握时，表示双方平等的关系，当掌心向上时，表示自己谦虚、谨慎，又称“友好式握手”。当手心向下时，表示自高自大，被称为“控制式握手”。双手相握，俗称“手套式握手”，即用右手握住对方右手，再用以左手握住对方右手的手臂，不是老朋友或故交，这种握手方式最好不用。握手的力度和时间要适中，不可过度用力，也不要久握不放或草草了事。

（四）握手的禁忌

在社交活动中，握手虽然司空见惯，看似平常，但由于它可传递多种信息，因此握手要做到规范、得体，就必须重视下列禁忌：一是不能用左手与他人握手，左手象征“不洁”“战争”；二是不争先恐后握手，以避免多人重叠、交叉握手；三是握手不要戴手套；四是握手时不要戴墨镜；五是不要握手时将另一只手插在衣袋里；六是不要握手时，不放下另一只手中的物品；七是不要握手时面无表情；八是不要握手时长篇大论、点头哈腰；九是不要握手时紧握对方的手尖；十是不要用脏手与别人相握。

【课堂讨论】

任何一个不恰当的称呼都会带来不好的效果，请同学们说说各自在生活中遇到的案例。

【案例分析】

有一次，一家公司请金正昆去做礼仪讲座，公司安排人来接金教授，来接的有两个人，一个是专职男性司机，一个办公室主任，是一个年轻的女孩。金教授刚来到车前，司机就立马跑过来与金教授握手，而此时办公室主任的手也伸到了金教授的面前，还一前一后的。这时候，金教授感到有些尴尬，不知道这握手礼还应该不应该握？

分析：

1. 金教授此时会怎么做？

2. 司机和办公室主任应该如何使用握手礼？

【课堂习题】

一、单项选择

1. 一般最佳的握手时间是（　　）秒

A. 3~5 秒　　B. 5~6 秒　　C. 10 秒　　D. 30 秒

2. 一般情况下，行握手礼的“三优先”要求不包括（　　）

A. 长者优先　　B. 女士优先　　C. 男士优先　　D. 职位高者优先

3. 最禁忌的握手方式是（　　）

A. 友好式握手　　B. 控制式握手　　C. 手套式握手　　D. 左手握手

二、简答题

1. 握手的禁忌有哪些？

2. 规范的握手次序是什么？

【实训练习】

1. 请同学们以小组为单位，每个人自设角色和身份，训练在公务场合初次见面时的称呼、问候礼节和语言。

2. 课后请同学们与自己的同桌之间，模拟各种身份，训练握手礼仪，重点训练握手的标准方式和握手的次序。

任务二　名片、介绍礼仪

【任务引入】

名片的失误

某公司新建的办公大楼需要添置一系列的办公家具，价值数百万元。公司的总经理已做决定，向A公司购买这批办公用具。

这天，A公司的销售部负责人打电话来，要上门拜访这位总经理。总经理打算，等对方来了，就在订单上盖章，定下这笔生意。

不料对方比预定的时间提前了2个小时，原来对方听说这家公司的员工宿舍也要在近期内落成，希望员工宿舍需要的家具也能从A公司购买。为了谈这件事，销售负责人还带来了一大堆的资料，摆满了台面。总经理没料到对方会提前到访，刚好手边又有事，便请秘书让对方等一会。这位销售员等了不到半小时，就开始不耐烦了，一边收拾起资料一边说："我还是改天再来拜访吧。"这时，他在收拾资料准备离开时，将刚才总经理递上的名片不小心掉在了地上，却并没发觉，走时还无意从名片上踩了过去。

他这个失误，被快速安排完重要会议回来的总经理看到，一下子改变了他的初衷：A公司不仅没有机会与对方商谈员工宿舍的设备购买，连几乎到手的数百万元办公用具的生意也告吹了。

问题：

1. A公司销售部负责人为什么生意告吹？

2. 名片的正确使用礼仪是什么？

【知识链接】

一、名片

在日常社会交往中，人们初次见面、介绍自己时，往往不会忘记给对方递上一张自己的名片。名片，已成为现代生活或工作便捷、简洁的“礼仪文书”的重要组成部分。关于它的格式、使用和意义，国际上已经形成一些比较固定、约定俗成的认识。礼仪专家金正昆教授说过：“一个没有名片的人，是没有社会地位的人；不会正确使用名片的人，是没有社会交往能力的人。”

（一）名片的功能

名片，是一种物有所值的实用性交际工具，也是自我的“介绍信”与社交的“联谊卡”，它的功能如下。

1. 自我介绍

初次见面，以名片作为辅助进行自我介绍效果最好。不要指望人们一次就可以记住自己的姓名，了解自己的身份。一张简单的名片可以说明并强化自己的身份，使自己的介绍给人留下深刻的印象。

2. 结交朋友

主动递交名片意味着对对方的信任，表达了友好和渴望进一步交往的意愿。名片上提供的资料增强了联系的便利性，是结交新朋友的纽带和桥梁。

3. 业务往来

名片可以为本人或所在单位进行业务往来，扩大交际面，争取潜在的合作伙伴打下基础。一名具有良好教养的商人，一定会在与人初次见面时，立即呈上自己的名片，或者马上把自己的名字、职务等写好交到对方手中，表示对对方的尊重。

4. 通知变更

利用名片，可以及时向老朋友通报新情况。例如，职务晋升、乔迁之喜、变换单位、更改电话等。用变更后的新名片向老朋友打声招呼，便于彼此联系时畅通顺利，使对方及时地了解自己的情况。

5. 拜会他人

初次前往他人居所或工作单位拜访时，名片可以作为传递来访信息的工具，对方的门卫、家人、秘书等人员可以利用名片联系被访者。此做法比较正规，可避免冒昧造访。

6. 简短留言

当所要拜访的人不在时，可以在名片上留下简短字样，托请在场其他人转交。这样，不易耽误重要或紧急之事。

7. 用作礼单

送礼时，人们通常喜欢用名片说明是谁送出的礼物。标准的做法是，把名片附在所赠礼物中、礼物包装封口上，或者将其放入不封口的信封内，然后固定在礼品包装上。

8. 替人介绍

介绍某人去会见另一人时，可以将本人的名片叠放在被介绍人的名片之上，用回形针固定，有时还可以在本人的名片的左下角写上“P. P.”（意为“介绍”），把它装入信封，再交给被介绍人。这样一封介绍信是非常正式的，会受到高度重视。

（二）名片的类型

根据名片内容、用途的不同，商务人员所使用的名片可分为应酬式名片、社交式名片、公务式名片三种。

在正式的场合，商务人员在面对不同的交往对象时要使用不同的名片，因此，一个人同时制作并携带多种名片不足为奇，而不分对象，不讲目的地滥用同一种名片则是失当。

1. 应酬式名片

应酬式名片，又称本名式名片。顾名思义，其内容通常只有个人姓名一项，最多还会加上本人的籍贯与字号。应酬式名片，主要适用于在社交场合应付泛泛之交，拜会他人时说明身份，馈赠时替代礼品单，以及用作便条和短信时使用，如图 3-1 所示。

图 3-1　应酬式名片示例

2. 社交式名片

社交式名片，主要适用于社交场合，是用以进行自我介绍与保持联络的个人名片。其内容有二：一是个人姓名，应以大号字体印于名片中央；二是联络方式，应以较小字体印于名片右下方。电话号码一般不会印办公电话，以示公私分明，如图 3-2 所示。

汪曼春

家庭住址：北京市华园路 10 号
住宅电话：010—58351782
手机：18611228517

图 3-2　社交式名片示例

3. 公务式名片

公务式名片，指的是在政务、商务、服务等正式的业务交往中所使用的个人名片。它是目前最为常见的一种个人名片。

一枚标准的公务式名片应由归属单位、本人称呼、联络方式三项内容构成。

归属单位：此项内容由企业标志、供职单位、所在部门三个部分组成，可酌情增减内容。但供职单位与所在部门均应采用全称。

本人称呼：本人称呼由本人姓名、所在职务以及学术头衔三部分组成，后两项可有可无，内容不宜过多。

联系方式：本项内容由单位地址、办公电话、邮政编码三个部分组成，因其均不可缺少，故又称“联络方式三要素”，在此，不宜提供家庭住址与住宅电话。至于手机号码、传真号码、电报号码与电子信箱地址是否需要列出，则应根据自己的实际情况而定。

通常本人姓名应以大号字体印在名片正中央，归属单位与联络方式则应分别以小号字体印在名片的左上角与右下角。如有必要，可在名片的另一面印上同汉语意思一样的外文、本单位的经营范围或所在方位图，如图 3-3 所示。

ABN 股份有限公司

刘思海

单位地址：北京市农业路 210 号
办公电话：010-65438686
邮政编码：100083
单位网址：www.ABN.COM

图 3-3　公务式名片示例

（三）名片的制作

目前，在国内印刷名片，一般均委托名片制作商承办，所以并不费力。为了使自己的名片规范实用，还是应当精心设计，耐心斟酌，以求名片体现本人风格，不可一味地听取名片制作商的建议，以防自己的名片大众化而失去个人风格。

1. 规格

眼下国内最通用的名片规格是 9 厘米×5.5 厘米。这是制作名片时首选的规格。此外，名片还有两种常见的规格：10 厘米×6 厘米和 8 厘米×4.5 厘米。前者多为境外人士使用，后者则多为女士使用。

2. 材质

印刷名片，最好选用耐折、耐磨、美观大方的白卡纸、再生纸、合成纸、布纹纸、麻点纸、香片纸等。至于高贵典雅、纸质挺括的刚古纸、皮纹纸，因其成本较高，则应量力而行，酌情选用。必要时，还可为之覆膜。没特殊原因，最好不要选用布料、塑料、皮革、光纤等材质印刷名片。

3. 色彩

印刷名片的纸张，宜选用庄重朴素的白色、米色、淡蓝色、淡黄色、淡灰色，并且以一张名片一种颜色为好。不要印刷杂色名片，黑色、红色、粉色、紫色、绿色等也不适宜。

4. 图案

在名片上，允许有图案。除了纸纹自身的纹路外，还可以有企业标志、企业蓝图、企业方位、企业主导产品介绍等，但以少为佳。一般而言，不要在名片上印制头像、漫画、花卉、宠物等夸张或不适宜的图案。

5. 文字

在国内使用的名片，宜采用简体字，不要使用繁体字。在国内少数民族聚居区、外资企业以及境外使用的名片，可酌情使用少数民族文字或外文。最佳的做法，是在一枚名片的两面分别以简体汉字和另外一种少数民族文字或外文印制相同的内容。切勿在一枚名片上采用两种以上的文字，也不要将两种文字印在同一面。

6. 字体

不论使用何种文字印制名片，均应采用标准、清晰、易识的印刷字体，尽量不要采用行书、草书、篆书或花体字印制名片，更不要亲自手写。要记住，只有他人看清楚、看懂了自己的名片，它才会发挥作用。

7. 印法

制作名片，最好不要自制，也不要以复印、油印、影印的方法制作名片，这些方法做出来的名片均不够正规。名片一般铅印即可，若是胶印，则显得档次更高一些，但是后者价格会高出前者许多。

8. 版式

印刷名片，通常有两种版式可以选择。一是横式，行序由上而下，字序由左而右；二是竖式，行序由右而左，字序由上而下。一般认为，中文名片采用横式为佳，因为它易辨识，易收藏。

（四）名片的交换

要使名片在人际交往中发挥作用，还必须使用合乎规范的方式交换名片。交换名片时，需要注意的问题如下。

1. 交换名片的时机

遇到以下情况 ，需要将自己的名片递给对方，或与对方交换名片：

（1）希望认识对方。

（2）表示自己重视对方。

（3）被介绍给对方。

（4）对方提议交换名片。

（5）对方向自己索要名片。

（6）初次登门拜访对方。

（7）通知对方自己变更情况。

（8）打算获得对方的名片。

碰上以下几种情况，则不必把自己的名片递给对方，或与对方交换名片：

（1）对方是陌生人。

（2）不想认识对方。

（3）不愿与对方深交。

（4）对方对结识自己并无兴趣。

（5）经常与对方见面。

（6）双方之间地位、身份、年龄差别很大。

2. 交换名片的方法

（1）递名片。

递送名片，一定要郑重其事。请起身站立，用双手或右手将名片正面面对对方，交予对方。递送名片时，应同时向对方表示："请多关照""请保持联系""我们认识一下吧"。与多人交换名片时，一般按照由近及远或由尊及卑的次序依次进行。

（2）接受名片。

接受他人名片时，应立即起身站直，面带微笑，双手或右手接过名片。接过名片时，一定要看，以示尊重；不要不看就放在桌上、装入口袋、置于桌上、转交他人等。接过他人名片后，应口头道谢，或者重复谦辞敬语。交换名片，不要"一来一往"同时进行。收好对方的名片之后，再将自己的名片呈上。

3. 索取他人名片

一般情况下，我们在社交时最好不要向他人索要名片，若确有必要，可采取委婉的方式向对方索取，具体方法有以下几种

（1）交易法，即“将欲取之，必先予之”。先将自己的名片递送给对方，进而通过对方的回赠获得其名片。

（2）谦恭法：对长辈或身份地位比自己高的人，我们可采用谦恭的方式索取名片，如“李教授，您的演讲真精彩，非常高兴能够认识您，请问以后怎样向您请教呢?”

（3）联络法：对平辈或身份、地位与自己相仿的人，我们可直接采用寻求联络的方式索取名片，如：“认识您真高兴，希望以后能与您保持联系。”

4. 拒绝他人名片

当他人索要自己的名片时，不宜直接拒绝。可以说“对不起，我忘记带名片了”“抱歉，我的名片用完了”。

（五）名片的存放

要想使名片的交换合乎规范，并且使其在人际交往中充分发挥作用，还应注意下面两个具体问题。

1. 名片的放置

在参加交际活动之前，要提前准备好名片，并进行必要的检查。随身携带的名片，可放在专用的名片包、名片夹里，或者放在上衣口袋里。无论如何，都不用把名片放在裤袋、裙兜、提包、钱夹里。

在交际场合，如感到要用名片，就事先准备好，不要在使用时乱翻找。接过他人的名片，要精心放好，放入自己的名片夹、名片包或上衣口袋里。

2. 名片的收藏

参加交际应酬后，要立即整理收到的名片，以便日后使用。保存名片时可以分类存放：

（1）按姓名的拼音顺序分类。

（2）按姓名汉字笔画多少分类。

（3）按专业、部门分类。

（4）按国别、地区分类。

案例阅读

名片风波

王女士前去国内某地开展招商引资工作，因为前期准备工作较多，她忘记重新印制一套名片，所以，每到送名片的时候，为了让对方能找到自己的最新的电话和住址，赶紧在名片上临时用钢笔加注了几个有用的电话号码和地址。半个月跑下来，王女士累得筋疲力尽，却未见有任何企业与其有实质性接触，后来经人指点，才明白问题出在哪儿。

原来是她自己递送给客户的名片不合规范。为了图省事，王女士临时用钢笔在自己的名片上加注了几个有用的电话号码，本想这样联系起来更方便、更有效。可是在他人看来，名片犹如一个人的“脸面”，对其任意涂涂改改，加加减减，只能表明她的为人处世敷衍了事、马马虎虎。

（六）名片的禁忌

（1）公务名片不能提供私宅电话。

（2）名片上不能印制两个以上头衔。

（3）名片不能随意涂改。

二、介绍

案例阅读

情景1：

甲男甲女两白领在门口迎候来宾。一辆轿车驶到，乙男士下车。甲女上前，道：“陈总，您好！”呈上自己的名片。又道：“陈总，我叫李菲，是正道集团公关部经理，专程前来迎接您。”乙男道谢。甲男上前：“陈总好！您认识我吧？”乙男点头。甲男又道：“那我是谁？”乙男十分尴尬。

情景2：

乙女陪外公司一女（丙女）进入本公司会客厅，本公司丙男正在恭候。乙女首先把丙男介绍给客人：“这是我们公司的刘总。”然后向自己人介绍客人：“这是四方公司的谢总。”

1. 他们的介绍对吗？

2. 正确的介绍礼仪是什么？

介绍，是人际交往中与他人进行沟通、增进了解、建立联系的一种最常见的方式，它是人与人之间进行深入沟通的出发点。正确使用介绍礼仪，可以缩短人与人之间的距离，以便更好地交往、更深入地合作。

介绍礼仪包括：介绍的类型、介绍的时机、介绍的形式、介绍的顺序、介绍的态度。

（一）介绍的类型

根据场合、对象的不同，介绍可分为以下几种类型：

（1）按业务活动场合的不同，可分为正式介绍和非正式介绍。

（2）按被介绍者的人数来划分，可分为集体介绍和个人介绍。

（3）按介绍者所处的位置不同，可分为自我介绍和他人介绍。

（二）介绍的时机

在人际交往中，尤其介绍时，除了要考虑介绍的对象，还要把握好适当的时机进行介绍，这体现了一个现代人有效沟通的能力。

根据被介绍的对象，有三种“时机”需要把握其具体分寸。

1. 自我介绍的时机

在必要的社交场合，自我介绍非常重要，介绍者自己兼介绍者和被介绍者两种角色。自己要准确地把自己的情况介绍给其他人，让对方知晓、认识、了解自己。介绍者本人既不能太过谦虚，也不能夸耀自己。

自我介绍分为主动自我介绍和被动自我介绍两种。无论哪种情况，都不能忽视下面一些时机，否则是很失礼的。以下几种情况，宜进行自我介绍：

（1）在社交场合，与不相识的人相处时。

（2）在社交场合，有不相识的人表现出对结识自己感兴趣时。

（3）在社交场合，有不相识的人请求自己做自我介绍时。

（4）在公共聚会时，与身边的陌生人相处时。

（5）在公共聚会时，打算介入陌生人组成的交际圈时。

（6）有求于人，当对方对自己不甚了解，或一无所知时。

（7）担心交往对象因为某些原因，没有听到或忘记自己的介绍时。

（8）在路途中，与他人不期而遇，需要建立临时接触时。

（9）初次登门拜访时。

（10）拜访熟人，遇到不相识的阻拦，需要请此人代为转告时。

（11）初次出现在大众媒体中，如报纸、广播、电视、网络等，有义务向社会公众进行自我介绍、自我宣传时。

（12）前往陌生办事机构、组织，进行业务接洽时。

（13）由于工作需要，在公众场所进行推广产品等事务时。

（14）应聘求职时。

2. 他人介绍的时机

顾名思义，他人介绍是指通过“他人”这个“第三方”来相识过程。它往往包括三方人士：介绍者，两方不相认识的被介绍者。

（1）介绍者。谁来做介绍者？明确这一点，是“他人介绍”的一个关键。一般来说，具有下列身份的人可以充当介绍者：

①社交活动中的东道主。

②社交场合中的长者。

③家庭聚会中的女主人。

④公务交往中的专职人员，如公关人员、礼宾人员、文秘人员，办公室工作人员、接待人员。

⑤正式活动中的地位、身份较高者，或者主要负责人。

⑥熟悉被介绍者双方的人。

⑦应被介绍一方或双方要求者。

⑧在实际活动中，被指定的介绍者。

介绍者要审时度势，不能莽撞行事，最好事先征得双方同意，以免出现尴尬。

（2）介绍的时机。遇到下列情况时，本人有必要充当“他人介绍”的介绍者：

①在家中，接待彼此不相识的客人时。

②在办公地点，接待彼此不相识的来访者时。

③同家人外出，在其他公共场合，遇到家人不相识的同事或朋友时。

④陪同亲友拜会亲友不相识者时。

⑤本人的接待对象遇见了不相识的人士，而对方又跟自己打了招呼时，如陪同上司、长者、来宾时，遇到了他们不相识的人，而对方又跟自己打了招呼。

⑥打算推介某人加入某一交际圈时。

⑦受到邀请介绍他人相识时。

3. 集体介绍的时机

集体介绍，是“他人介绍”的特殊形式，也是通过“第三人”来介绍。它与“他人介绍”的区别在于，集体介绍中的被介绍者，有一方或两方人员数量多于一人。通常，集体介绍分为两种：一种是为一人和多个人做介绍；另一种是为多人和多人做介绍。

无论哪种类型的集体介绍，充当集体介绍的介绍者，应当把握如下时机：

①大型的公务活动，参加者不止一方，而且各方不止一个人时。

②涉外交往活动，参加活动的宾主双方皆不止一个人时。

③较大规模的社交聚会，有多方参与，各方皆不止一个人时。

④家庭性私人交往，主人的家人与来访者双方均不止一个人时。

⑤正式大型宴会，主办方人员与来访客方人员均不止一个人时。

⑥婚礼、生日晚会，当事人与来宾各方人员均不止一个人时。

⑦举行会议，应邀前来的与会者不止一个人时。

⑧演讲、报告、比赛，参加者不止一个人时。

⑨会见、会谈，各方参加者不止一个人时。

⑩接待参观、访问，来宾不止一个人时。

（三）介绍的形式

在商务交往中，由于时间、地点、场合的限制，介绍的具体形式也不尽相同。其形式与内容不能完全割裂，内容是形式的基础，因此由于具体内容不同，介绍的具体形式也不同。

由于集体介绍是他人介绍的特殊形式，故以下仅就自我介绍、他人介绍的具体形式进行阐述。

1. 自我介绍

在社交场合中自己欲结识某人或某些人且无其他人引荐时，自己向他人介绍自己的情况，此种介绍叫作主动型的自我介绍；应其他人要求，把自己的某些具体情况介绍给他人，这种介绍称被动型的自我介绍。无论是主动还是被动的自我介绍，总体上有下述五种具体形式。

（1）应酬式。

应酬式的自我介绍，适用于某些公共场合和一般性的社交场合，如旅行途中、宴会厅里、舞场上、通话时。此时，交往的对象是一般性接触的对象。进行自我介绍时，内容要少而精，常常只包括姓名。例如，

主动型的应酬式自我介绍："您好！我叫李艳。"

被动型的应酬式自我介绍："您好，请问您就叫什么名字？""您好，我叫李艳。"

（2）问答式。

问答式自我介绍，适用于应试、应聘和公务交往，在普通交往中，有时也会用到。问答式自我介绍的内容，即"问"什么就"答"什么，有问有答。例如，

甲："这位女士，你好！不知你怎么称呼？"

乙："先生，你好！我叫宋红梅"

（3）交流式。

交流式自我介绍，注重的是与交往对象之间的彼此交流与沟通，目的是让对方进一步认识自己、了解自己，并渴望建立长久联系。通常，姓名、工作、籍贯、学历、兴趣，甚至某些与所交往对象相识的老熟人的关系等都可以成为介绍的内容。但是，要视情况而定，不要给人套近乎的感觉。例如，

"我叫刘东，现在北京现代有限公司工作。我是清华大学汽车工程系 92 级的，我想咱们是校友，对吗？"

"我的名字叫叶问，在河源公司当财务总监，我和您先生是高中同学。"

"我是辽宁人，叫吴江。很喜欢你刚才唱的孙楠的歌，他也是辽宁人。我也是他的歌迷……"

（4）公务式。

在工作场合发生的自我介绍，也叫工作式自我介绍，一般而言公务式自我介绍包括姓名、供职单位和部门、所担任的职务或具体的工作三项。这三个要素缺一不可，否则就是不完整的介绍。

在介绍时，第一项是姓名，要一口气报出自己的全称，姓和名缺一不可。第二项是单位及部门，可能的话尽量全部报出来，有时部门会省略。第三项是职务或具体工作，有职务报职务，低职务或没职务报具体工作就行。例如，

主动型的公务式自我介绍："你好！我叫刘业男，宁波市政府外办的交流处处长。"

被动型的公务式自我介绍："你好！请问你也是宁波市……""对不起，我是南通市市政府外办的刘新，负责……"

（5）礼仪式。

礼仪式自我介绍，常发生在讲座、报告、演出、庆典、仪式等一些正式而隆重的场合。它是一种意在向交往对象表示友好、敬意的自我介绍。

礼仪式自我介绍的内容，包括姓名、单位、职务，并且一些适当的谦辞、敬语不可少，以示自己礼待交往对象。例如，

"各位来宾，大家好，我叫范雨，是中海公司的总经理。现在由我代表总公司热烈欢迎大家光临我们的开业仪式，谢谢大家的支持。"

2. 他人介绍

"他人介绍"就是通过第三人进行的介绍。为他人介绍时，介绍者对介绍的内容应当字斟字酌，慎之又慎。根据介绍的内容不同，以下六种形式可供借鉴。

（1）简介式。

简介式他人介绍，使用广泛，适合一般社交场合，内容只介绍双方姓名全称这一项即可，有时甚至只用介绍双方的姓氏。随后，可以根据情况，被介绍者之间各自交流、介绍，介绍者的任务则基本完成。例如："我来介绍一下，这位是小刘，这是老贺，你们彼此认识一下吧。"

（2）引见式。

引见式他人介绍，适用于普通的社交场合，它的主要目的是将不认识的双方引见到一起，通常没有具体的实质性内容。例如，"两位认识一下如何？大家都是校友，只不过以前不认识，现在请你们自报家门吧！"

（3）强调式。

强调式他人介绍，使用的场合也非常广泛，各种社交场合都能使用。除了被介绍者的姓名，往往强调和突出一方被介绍者和介绍者之间的特殊关系，从而引起另一位被介绍者的注意和重视。例如，"这位是神亚公司的业务经理杨六平先生。这位是邱英，在市卫生局工作，是我的侄女，请杨经理多关照。"

（4）推荐式。

推荐式他人介绍，一般用于比较正式的社交场合。介绍者有备而来，他的主要目的是将某一人举荐给某人，因此往往会格外强调第一位被介绍者的情况。这位被介绍者常是年轻者，或职位低者，此人的优点是被介绍的主要内容。例如，"这位是周洋先生，这位是

我们公司的刘新总经理。周先生是一位管理方面的专业人士，是北大的 MBA 毕业生。我想，刘总一定想认识他吧?”

(5) 标准式。

标准式他人介绍，适用于正式场合，内容包括姓名、单位、职务等。例如，“我来给两位介绍一下，这位是满江公司公关部主任万方女士，这位是大海集团总经理曹丽女士。”

(6) 礼仪式。

礼仪式他人介绍，适用于正式场合，是一种最为正规的他人介绍形式。其内容略同于标准式，不同的是礼仪式他人介绍的语气、语句、称呼要更礼貌、谦恭。例如，“陆小姐，你好！请允许我把深圳大鹏集团的销售经理佟建先生介绍给你。佟先生，这位是海口新生集团的业务部经理陆玫小姐。”

(四) 介绍的顺序

在他人介绍和集体介绍时，常常遇到“先介绍谁，后介绍谁，再介绍谁”的问题。把握时机，运用恰当形式固然重要，但是如果弄错了顺序亦非小事，特别是在正式场合中，被介绍者的顺序要时刻注意，不可马虎。

他人介绍和集体介绍，总体原则是一个人总是被介绍给另一个人。介绍时，确定具体顺序的基本原则是“尊者优先了解情况”。

1. 他人介绍

为他人做介绍时，遵循“尊者优先了解情况”的规则。首先确定双方地位的高低，然后先介绍位低者的情况，以便见机行事，在交际应酬时掌握主动权，即应确保尊者拥有“优先知情权”。这一规则有时又称“后来居上”规则，它所指的是后被介绍者，应较先被介绍者地位为上。

根据这些规则，为他人介绍时的情况应大致有如下几种：

(1) 介绍年长者和年幼者相识时，应该先介绍年幼者，后介绍年长者。例如，“老李，这是我同学王玫，我想请您认识她一下。王玫，老李是搞城市规划研究的，和你的工作很有些关系呢。”

(2) 介绍长辈和晚辈相识时，应先介绍晚辈，后介绍长辈，例如，“王阿姨，这是我表妹玲玲，刚从杭州来，她很喜欢养花的。玲玲，王阿姨可是农学院园艺系的老师，你们好好聊聊吧。”

(3) 介绍老师和学生相识时，应先介绍学生，后介绍老师。

(4) 介绍男士和女士相识时，应先介绍男士，后介绍女士。

(5) 介绍已婚者和未婚者相识时，应先介绍未婚者，后介绍已婚者。例如，“哈特夫人，我想请您认识一下陈小姐。她是我的同事，刚刚从伦敦回来。这位哈特夫人是伦敦人，来中国有两个月了。”

（6）介绍同事、朋友和家人时，应先介绍家人，后介绍同事、朋友。例如，“小张，这是我妈妈。小张很能干的，人也热情。”

（7）介绍来宾和主人相识时，应先介绍主人，后介绍来宾。

（8）在社交场合，介绍先来着和后来者相识时，应先介绍后来者，后介绍先来者。例如，“肖经理来了，欢迎欢迎，王菲小姐，请来认识一下肖干经理，肖经理是北方公司市场开发部经理。”

（9）介绍上级和下级相识时，应先介绍下级，后介绍上级。例如，“邱校长，我想介绍您认识一下洪主任。”

（10）介绍职位、身份高者与职位、身份低者认识时，应先介绍职位、身份低者，后介绍职位、身份高者。

2. 集体介绍

进行集体介绍时，若有可能，应比照他人介绍的顺序进行。若实难参照，则可酌情参考下述顺序。应该强调的一点是，越是正式、大型的交际活动，集体介绍的顺序就越不可马虎。

（1）少数服从多数。

它的含义是指当被介绍者双方地位、身份大致相似，或者难以确定时，应当使人少的一方礼让人数较多的一方，一个人礼让多数人。先介绍人数较少的一方或个人，后介绍人数较多的一方或多数人。

（2）强调地位、身份。

若被介绍者双方地位、身份之间存在明显差异，特别是当这些差异表现在年龄、性别、婚否及职务上时，则地位、身份为尊的一方即使人数较少，甚至仅有一人，仍然应被置于尊的位置，最后加以介绍，先介绍的应是另一方人员。

（3）单向介绍。

在演讲、报告、比赛、会议、会见时，往往只需要将主角介绍给广大参加者，而没有必要一一介绍广大参加者。

（4）人数较多一方的介绍。

若需要介绍的一方人数不止一人，可采取笼统的方法进行介绍，例如，“这是我的家人”“他们都是我的同事”等。但是最好还是要对其一一进行介绍。进行此种介绍时，可比照他人介绍时位次高低的顺序，由高到低，如先长后幼，先女后男等。不过，这一顺序的标准一定要正规、单一，并且为众人所认可。

（5）人数较多双方的介绍。

若被介绍的双方皆不止一人，则可依照礼规，先介绍位卑的一方，后介绍位尊的一方。在介绍各方人员时，均须按由尊到卑的顺序，依次进行。

（6）人数较多各方的介绍。

有时，被介绍的会不止两方，此时需要对被介绍的各方进行位次排列。排列的具体方法是：其一，以其负责人身份为准；其二，以其单位规模为准；其三，以其单位名称的英文字母或汉语拼音字母顺序为准；其四，以抵达时间的先后顺序为准；其五，以位次顺序为准。若时间不允许，则不必介绍其具体成员。

（四）介绍的态度

介绍时，介绍者与被介绍者的态度、回应及风度如何，都反映了一个人的修养。面带微笑、亲切友好的氛围，会给结识双方留下美好的印象和回忆。

把握分寸是十分重要的礼仪原则。下面是自我介绍、他人介绍和集体介绍时介绍者、被介绍者应该注意的分寸。

1. 自我介绍的分寸

进行自我介绍时，对下述几方面的问题必须予以重视，方能使自我介绍恰到好处，不失分寸，大方得体。

（1）注意时间，力求简洁。自我介绍一定要力求简洁，尽可能地节省时间。一般一分钟左右为佳，如无特殊情况最好不要超过三分钟。为了节省时间，在做自我介绍前，本人可以递上的名片、介绍信加以辅助。若使用了名片、介绍信，则其上列有的内容应尽量不重复。

（2）适时而为。自我介绍在适当时间进行，而不应在不适当的时间进行。进行自我介绍的适当时间，一是对方有兴趣的时间，二是对方有空闲的时间，三是对方情绪良好时，四是对方干扰少时，五是对方有此要求时。

（3）讲究态度。自我介绍时的态度务必要自然、友善、亲切、随和、落落大方、笑容可掬，既不要小里小气、畏首畏尾、瞻前顾后，也不要虚张声势、轻浮夸张、矫揉造作。自我介绍时，一定要敢于正视对方的双眼，显得胸有成竹、不慌不忙。在自我介绍的过程中，语气要自然，语速要正常，发音要清晰，一定要避免语气生硬冷漠、语速过快或过慢、发音含糊不清。

（4）力求真实。进行自我介绍时表述的各项内容，一定要实事求是、真实可信。没有必要过分谦虚，甚至贬低自己去讨好别人，也不可以自吹自擂、吹嘘弄假、夸大其词，否则定会得不偿失。

2. 应对他人介绍

在进行他人介绍时，介绍者与被介绍者都要注意自己的表达、态度与反应。此即所谓他人介绍的应对问题。

介绍者为被介绍者作介绍之前，不仅要尽量征求一下被介绍者双方的意见，而且在开始介绍时还应再打一下招呼，切忌张口就来，让被介绍者措手不及。被介绍者在介绍者询问自己是否有意认识某人时，一般不应拒绝或表现得扭扭捏捏，而应该欣然表示接受。实在不愿意时，则应说明缘由。

当介绍者走上前来，开始介绍被介绍者时，被介绍者双方均应起身站立，面带微笑，大大方方地目视被介绍者或对方，神态庄重、专注。

当介绍者介绍完毕后，被介绍者双方应依照合乎礼仪的顺序进行握手，并且彼此问候对方。此时的常用语有，“您好”“很高兴认识你”“久仰大名”“认识你非常荣幸”“幸会、幸会”等。必要时，还可做进一步自我介绍。此时不能有意拿腔拿调，硬端架子，会显得瞧不起对方，或是心不在焉，疲于应付；也不要低三下四、阿谀奉承，刻意讨好对方。

3. 集体介绍的禁忌

集体介绍时，介绍的内容大致与他人介绍的内容无异，不过要求更认真、更准确、更清晰。有下述两点，应尤为注意。

（1）不要使用易生歧义的简称。例如，不要讲“人大”“消协”，而应该明确说明是“中国人民大学”“消费者协会”，还是“市人大常委会”“消防协会”。又如，将范局长简称为“范局”，使人听上去好似“饭局”而引来哄笑打趣。至少，要在首次介绍时使用准确的全称，然后才采用简称。

（2）不要开玩笑、捉弄人。进行介绍时，态度要庄重、亲切，切勿随意拿被介绍者开玩笑，或是成心出对方的洋相。比如，在介绍时这样讲：“这位是大名鼎鼎的沈瑞先生，大家看，沈先生肥不肥?”就是很不文明的。

拓展阅读

如何记住他人的名字

美国交际语言大师戴尔·卡耐基曾经说过：“一个人姓名的发音是他自己最熟悉、最甜美、最妙不可言的一种声音。”记住并准确呼叫对方的姓名，不仅是一种礼仪需要，也能成为开启友谊之门的钥匙，寻找合作伙伴的桥梁。一位叫比特·杜波尔的美国老板说过：“如果你能记住一个人的姓名，他就可能给你带来一百个新朋友。”

记住别人姓名有时并不是一件容易的事。首先，当我们需要记住对方的姓名时，注意力一定要高度集中，不要受当时环境因素和内心其他情绪的干扰；有时为了增强记忆，可以请对方本人或介绍人重复一遍。其次，由于形象记忆与抽象的文字记忆相比更容易被记住，因此对于那些外在形象有一定特征，而且这些特征与他的姓名又有一定关联的人，可以运用“夸张”的方法，将其联系到一起，把姓名脸谱化或将其身材形象化，采用“脸谱、形象记忆法”。比如，一个高个子青午名叫张德高，我们不妨把他记作“长得高”；一位秃头经理叫吴华，我们把他记作“无发”。再次当那些姓名与某些事物或现象的名称谐音时，我们不妨采用谐音记忆法。比如，我们可以把来自四川的吴江记作“乌江”，把一位叫“雷申”的记作“雷神”，等等。最后，无论我们当时采用什么方法记，都不可能过耳不忘。因此，我们很有必要把每次社交新结识的人的姓名记在通信录上，稍有闲暇时经常温习。这样，我们就很难忘掉我们的新朋友了。

【课堂训练】

请同学们以小组为单位，一对一或一对多进行规范的名片递接训练。

【课后作业】

请同学们以自己5年规划的目标为职业身份，自制一张个人名片，必须符合印制名片的各项规范要求。

【案例分析】

小张和小李

小张和小李毕业于同一所大学，所学专业都是汉语言文学。一次，一家企业到学校招聘1名秘书，小张和小李都进入了面试。

小张对自己的面试着装和仪容仪表进行了精心的准备，在面试前，还对着镜子练习了表情，自信心满满地去参加面试。在自我介绍环节，小张这样介绍自己：“我叫张××，今年23岁，毕业于河南师范大学，所学专业是汉语言文学。我的家乡在开封，父母都是老师，我还有一个弟弟，今年读高中。”

而小李在得知自己进入面试之后，将自己参加面试准备的相关材料又仔细检查了一遍，并上网查阅了一下这家招聘企业的基本情况，便神情自若地去参加面试了。同样的自我介绍环节，小李这样介绍自己：“我叫李××，很荣幸能参加贵公司的面试，我的基本情况在简历中已经有所介绍，不再占用各位主考官的宝贵时间。今天，我带来了大学四年我在各个报纸、媒体上发表过的文章和宣传报道，请各位主考官过目。我对贵公司有关情况做了深入全面的了解，我非常愿意到贵公司工作，很希望用自己的微薄之力为公司发展做出贡献，如果公司给我这次机会，我将倍加珍惜，谢谢！”第二天，小李接到了面试单位的录用电话通知。

分析：

1. 小张面试失败的原因是什么？
2. 请你模拟自己在参加面试时如何进行自我介绍？

【实训练习】

请以小组为单位，每人模拟不同角色，训练在不同情景中为他人做介绍的礼仪。

【综合模拟】

情景介绍：

天地仁和公司总经理张宏安排主管华东区事务的营销副总张伟、技术副总李想、助理林娟（女）前往机场接机。根据之前沟通确认，长胜公司乘坐的航班将在北京时间九点到达机场，此次长胜公司前来洽谈业务的是总经理李长青（女）、营销副总陈明亮、技术副总王岩，助理马腾飞。

任务要求：

1. 每组分成两个团队合作扮演长胜公司和天地仁和公司的人员。
2. 请按角色模拟双方在机场会面的场景，称呼、问候、握手、递名片、介绍等礼仪。

任务三　交谈礼仪

【任务引入】

失业的原因

安妮是一个出生在英国的孟加拉女孩，她通常会给人留下一个亚热带人特有的温暖、热情、直率的第一印象。她从伦敦大学 MBA 毕业后，就顺利地在一家日本银行做了经理助理。3 个月后，她就失去了工作。很快，她又找了新的工作，3 个月的考察期一到，她又失去了工作。在两年之内，她被解雇了 6 次。两年中，她已经由一个白领经理助理变成了服装公司的催款员，但她依然没有保住这个连高中生都可以胜任的工作。受到巨大打击的安妮最后决定放弃寻找工作，结婚做个母亲。对于自己一再失业的原因她百思不得其解，她把一切失败都归于外界：“我的热情和善良让我不能适应大公司的那种冷酷竞争和没有人情味的环境。”

为什么一个“热情善良”的名牌大学毕业生在每个工作岗位上都不超过 3 个月就被解雇了呢？不仅如此，她连最基本的朋友也留不住，她自认为是朋友的人却纷纷离她而去。与她熟识的人得知她最后一次被解雇时，都表示这是在预料之中的，他们并不感到奇怪。

来自俄罗斯的阿丽莎与她曾是同事，她与安妮有过一段密切的交往。阿丽莎说：“她探讨别人的隐私的兴趣超出了对自己工作和前途的关心，她闲谈的能力和话题让人畏惧；

她能告诉我那些道听途说的有关同事的隐私，她能谈我们在公众场所禁忌的问题；她能问及我不愿意讨论的私人问题；她把自己对某人的推论和猜测，不负责任地讲给别人听。她给我一种恐怖感，与她交往，除了招惹麻烦，不会有其他的结果。”只与她见过一面的亚当斯说：“虽然我们只见过一面，我就相信不会有哪个老板愚蠢到让她做雇员。虽然她看起来热情、友好，但她的舌头的破坏力是不可估量的，她的好心和热情会为我带来意想不到的恶果。”

问题：

1. 安妮失业的原因是什么？
2. 商务交往中应该注意的语言礼仪有哪些？

【知识链接】

一、交谈礼仪

“语言最能表现一个人。你一张口，我就能了解你！”美国人本·琼生在 17 世纪总结了交谈中的秘密。哲学家葛拉西安在他的《智慧书》中危言警告：“没有一种人类活动像说话一样需要如此谨慎小心，因为没有一种活动比说话更频繁、更普遍，甚至我们的成败得失都取决于此。”我们中国的先人也说，“听其言，知其人”，这话告诉大家，语言交谈不仅是人们交流感情、增进了解的主要手段，还是考察人品的一个重要标准。在现实生活中，与人进行一次成功的谈话，不仅能在知识、信息等方面有所收获，而且会带给人一种莫大的享受。但我们也经常看到不少人因语言不得体，伤害了亲人，得罪了同志，甚至有些人因言语失误，结怨结仇。商务人员应深刻理解语言在交往中的作用，致力于掌握和驾驭交谈的艺术，为自己的人际交往和业务活动保驾护航。

（一）语言交谈的基本要求

1. 态度真实、诚恳

人们用语言相互交谈，但语言并非是交谈的全部。能否打动别人，使交谈顺利进行，取决于交谈者的态度，取决于交谈者用什么方式、什么感情进行交谈。交谈的态度有时比交谈的内容更为重要。

正确的谈话态度应当是真实、诚恳的。真诚的态度，是指言谈从内容到语气都应该诚实可信，不虚伪、不做作。商务人士在与他人交谈时，应该尽量以真诚的态度唤起交谈双方的信任和好感，加深双方的了解与友谊。在交谈中，即使是真正的伟人也要坦诚率直，真正的贤人也要虚怀若谷，真正的强人也要温文尔雅。同样，不管对方是谁，都要把真诚放在首位，才能获得交谈的成功。

（1）与上级交谈。

与领导交谈，不必过分拘谨、局促不安，也不要阿谀奉承、唯唯诺诺、低声下气、过分谦卑，而应心境放松、坦然自若。本着对领导的尊重，我们可以真诚、合情合理地说出自己的独特见解与改进工作的建议和想法；对领导不好的作风和不妥的方法，可以含蓄、委婉地批评。这样，可以给领导留下深刻而不浅薄、真诚而不谄媚的好印象。

（2）与同级交谈。

与同事交谈，不要对亲者热情如火，对疏者冷若冰霜，表现出明显的倾向性。而应宽容忍让，一视同仁。因为心诚才能感染对方，冷淡会使关系更加疏远。

（3）与下级交谈。

与下级交谈，不可居高临下，颐指气使，而应亲切随和，宽厚为怀，设身处地地进行换位思考。这样，才能创造出一个上下级关系和谐、感情融洽的交谈环境。

（4）与客户交谈。

与客户交谈，不要转弯抹角，虚情假意，而应以诚相待。因为，只有真诚，才能让对方产生好感，才能使交谈在亲切友好的气氛中顺利、快速、深入地进行，并达到预期的目的，取得圆满的效果。例如，在买卖过程中，顾客对营业员或服务员常常怀有矛盾心理：一方面怕被欺骗，对他们存有戒心；另一方面，认为他们懂行情，了解商品特性，希望得到他们的指点。明智的营业员或服务员应该通过自己的言谈举止，消除顾客的戒备心理和疑虑，介绍商品时说真话，提出建议时真诚地为顾客着想，这样就可使顾客产生信任感，促使交易成功。

2. 举止大方、距离适度

在商务交往场合中与人交谈，要注意规范举止，不可有过分做作与夸张的动作，还要保持适度的距离。

（1）动作大方得体。

与人交谈时，表情要亲切、自然，或温文尔雅，或落落大方，或热情，或感激，或同情，或高兴……要表达自然和真诚的情感。有时，发言者还用适当的手势来补充说明其所阐述的具体内容，但不可手舞足蹈、拉拉扯扯。为表达尊敬之意，倾听者可以通过点头、微笑来反馈“我正在注意听”“我很感兴趣”等信息，不能在谈话时左顾右盼，或双手置于脑后，或是翘起“二郎腿”，甚至打哈欠、剪指甲、挖耳朵等，尤其不要在交谈时以一个手指指人，因为这种动作有轻蔑之意。要保持端正的坐姿，尤其是女性，一定要注意自己的坐姿，双腿不要乱动，眼睛看着说话人的脸。全心全意地听人讲话是对说话者的一种尊重。

（2）保持适当距离。

交谈时眼神距离和空间距离非常重要，什么样的关系保持什么样的距离，只有当双方保持适当的距离，彼此间才会有舒服的感觉。这不仅是对别人的尊重，也是对自己的尊重和保护。

眼神距离：该部分内容详见仪态礼仪的表情语。

空间距离：在日常交际中，有一个公认的“保持适当距离”的规则，就是说，在与人交谈时，每个人都会根据人与人之间的关系的亲疏保持适当的空间距离。人类学家爱德华·霍尔将日常生活中人与人的空间距离分为四类，分别为亲密距离、个人距离、社交距离和公共距离。

亲密距离的空间范围是0~0.5米，这个距离使沟通双方能够进行身体上的接触，一般只限于情感联系十分密切的人之间使用。个人距离的空间范围是0.5~1.2米，这是一个没有身体接触的中介距离，熟人或陌生人都可以进入这一范围。通常情况下，关系比较融洽的熟人之间在沟通时距离更靠近的一端，陌生人之间沟通时则更靠近较远的一端。社交距离的空间范围是1.2~3.5米。通常在正式的社交活动、外交会谈、商务交谈中，人们的交往距离在这个范围内。公共距离的空间范围是3.5~8.3米，这一距离不适合开展人际沟通，是公开演说时演说者与听众之间的距离。

3. 声音清晰、准确

（1）发音规范，吐字清晰。在商务交谈中，要坚持讲普通话和讲好普通话，不用或少用方言、土语，吐字要清晰，不要说得含糊不清，更不要读错字读错音。

（2）音量适中，声调适宜。根据场合和听者对象的情况来决定音量的大小。在公开场合，场地较大，和多人谈话时，音量可以适当大一些；在私人场合，场地较小，谈话对象较少时，可以放低音量，容易拉近彼此距离，显得亲切；话题严肃沉重时，音量可以低一些；话题活泼时，音量可以高一些。同时，在说话时，没有人喜欢平淡无味的声调，要适当运用声调，运用抑扬顿挫的语调能充分表达出说话者的喜怒哀乐和对听话者的态度，同一句话用不同的声调说出来，表达的含义不尽相同。

（3）用语准确。在商务活动中，交谈讲究用语的准确性，从而提高工作效率。谈话前必须明确“为什么说”“想说什么”，要把思路理清楚，方能言之有物。谈话时，要使对方能正确理解自己的话，就要表述准确具体。

4. 言语文明、高雅

文明得体的交谈，是一个社会文明程度的重要标志，是一个企业精神风貌的具体反映，也是交谈主体学识修养水平的外在表现。

（1）说话文明高雅。俄国著名哲学家、作家赫尔岑说过，生活中最主要的是有礼貌，它比最高的智慧，比一切学识都重要。在商务活动中，文明礼貌用语的运用与作用不可忽视。其中谦敬语是经常使用的，它用来表示谦虚、尊敬，可以沟通双方感情并产生亲和力，可以使互不认识的人乐于交往。比如，请别人提供方便、帮助，要说“借光”；托人办事，要说“拜托”；没有亲自欢迎，要说“失迎、有失远迎”等。

拓展阅读

交谈中常用的谦敬语

1. 谦敬称呼用语

(1) 称呼尊长可用老先生、老同志、老领导、老首长、老伯、大叔、大娘等。

(2) 称呼平辈可用老兄、老弟、先生、女士、小姐、贤弟、贤妹等。

(3) 自谦可以用鄙人、在下、愚兄、晚生等。

2. 事物谦敬用语

(1) 称姓名，敬辞可用贵姓、尊姓大名、尊讳、芳名（对女性）等。

(2) 称年龄，敬辞可用高寿（对老人）、贵庚、尊庚、芳龄（对女性）、尊寓、尊府。

(3) 见解可用高见、高论等。

(4) 身体可用责体、玉体等。

(5) 自谦辞。

称姓名——草字、敝姓等。

称朋友——敝友等。

称住处——寒舍、舍下、蓬荜等。

称见解——愚见、拙见等。

称年龄——虚度××。

(6) 谦敬祈使用语。

请人提供方便、帮助——借光、劳驾、有劳、劳神、费心、操心等。

托人办事——拜托。

麻烦或打断别人——打扰。

请人解答——请问。

劝告别人——奉劝。

请别人做客——大驾光临。

请别人不要送——请留步。

请别人提意见——请指教、请赐教。

请别人原谅——请包涵、请海涵。

(7) 谦敬欢迎用语。

欢迎客人——欢迎光顾、敬请惠顾、欢迎光临。

初次见面——久仰、久仰大名。

许多时未见——久违。

访问——拜访、拜望、拜见、拜谒。

没有亲自迎接——失迎、有失远迎。

自责不周——失敬。

拜别——告辞、拜辞。

送别——请留步、请回、不必远送。

中途辞别——失陪。

（8）其他谦敬用语。

归还东西——奉还。

赠送东西——奉送。

陪伴——奉陪。

祝贺——恭贺。

以上谦敬语，比较固定且常用，使用时，要感情真挚，发自内心，再辅以表情、手势，以增强表现力和感染力。

（2）说话分寸适度。交谈时一要注意自己和对方的身份，主从不分、没大没小、没有亲疏之分，都是不礼貌的。二要注意措辞应委婉客气。在商务交谈中，应避免直来直去，咄咄逼人，比如“我要先考察一下你们的公司，看看与我合作是否够格”，这句话显然过于生硬、盛气凌人。而“我想到贵公司参观考察，您看方便吗”就客气委婉多了，让人很容易接受，从而促成合作。三要注意词义的细微差别，人类的语言，尤其是汉语文化博大精深，有时候一字之差，所表达的情感就可能大不相同，比如，坐、请坐、请上坐，喝茶、请喝茶、请用茶，就明显令人感觉到所获的礼遇等级的差别。

5. 话题选择适当

交谈的话题，也被称为交谈的主题。在交谈中，话题常常作为谈话的开端被提起。话题对交谈的进程具有重要作用。话题得当，就能使谈话有个良好的开端，双方可以就一个话题各抒己见，深入交谈，支撑起整个对话；话题不当，交谈就容易中断、错位，陷入交谈的困境。

（1）话题的选择。

选择话题不能仅以自己的好恶为标准，还应考虑到交谈的目的，交谈的对象和双方的身份。要想选择到适宜的话题，可以从以下四个角度出发。

①以大家都能谈的事情为话题。这类话题具有广泛性。只要在平时多留心就可以发现许多有共鸣的话题，如体育活动、近期赛事、电影、话剧、食物、烹饪、天气、名胜风光、电视节目、流行时装、畅销书、个人爱好等。这类话题谈起来轻松愉快，只要能找到“焦点”，就一定能产生共鸣，收到较好的效果。

②以对方感兴趣的事情为话题。兴趣是谈话者开启话题契机。只有双方都对这个话题感兴趣，才可能展开交谈。对方如果对提出的话题根本不感兴趣，那么有可能应付一两句后就沉默不语了。要做到以对方感兴趣的事情为话题，就必须了解对方的兴趣。这类话题具有针对性，比如对方的专业、特长、爱好等。这往往是对方所擅长的话题，其乐意与人交谈。这就有如乒乓球发球一样，发的球是对方容易接的，他当然才有可能“还击”，一来一去，谈笑风生，双方人际关系必然随着语言交流的顺利进行而变得融洽。如果发的球，对方接不住或不想接，不感兴趣，就不会“还击”，双方的交流也就中断了，从而影响人际关系的和谐发展。

③以对方喜欢听的话为话题。交谈时还应依据对方的心理状态，选择自己说话的方式与内容。如朋友的儿子考上大学，不妨多夸奖他的儿子聪明、用功；朋友碰到了不顺心的事，宜表示同情，多加劝导；遇上正办丧事的人，应讲些节哀的劝慰话……

④依据谈话对象与自己关系的亲疏来选择话题。关系密切者，可推心置腹，甚至无话不谈，话题可随心所欲；关系一般者，可顾及其爱好和兴趣，选择“中性”话题，保持恭敬之心；关系生疏者，可选择问候、寒暄等客套性话题，以缩短心理距离；关系相抵触者，可坦诚相见，以德报之，借交谈消除误会，增进了解；关系敌对者，不妨主动上前问候，避重就轻地聊上几句，也是有益处的。

（2）话题的禁忌。

在商务往来中，要想使自己的谈吐能吸引人，不伤和气，提高办事效率，就必须明确哪些话不该说，尤其是在初次交往和正式场合下，许多话题是绝对不宜提起的。这些话题主要包括以下几类。

①个人隐私。初次交往和正式场合下，尤其是在涉外交往中，涉及对方年龄、收入、婚恋、家庭、经历等个人隐私的话题，切忌加以谈论。即使是个人的牢骚和不幸，也应留着给爱人或亲友说，而不应在社交场合喋喋不休。

②别人的短处。别人的短处，就是别人的痛处，比如，生理缺陷、以往的过失、心中的不幸和伤痛等，如切忌当着大龄未婚女子谈论家庭的幸福，当着残疾人谈论运动和健美。议论别人的短处并不能显示自己的高明。同时，也不可吹嘘自己的成就、功绩和财富，因为吹嘘自己就意味着贬低别人。

③非议他人。有人喜欢在交谈中传播小道消息，搬弄是非，无中生有，造谣生事。这种背后议论他人的行为，恰恰表明他的个人修养不高，是损人不利己的。

④容易引起争议的话题。有些话题容易引起不必要的争论和麻烦，如政治及宗教信仰等，在与陌生人、客户、外国人交谈时应尽量避免这些话题。

⑤涉及机密的话题。无论是涉及国家秘密、企业秘密还是商业秘密，还是人员调动、关键技术还是经营信息，都不应在商务活动中谈及，以免给国家和单位造成不必要的损失。这也体现了商务人员的职业道德素质。

案例阅读

润滑剂

法国古董商皮埃尔被朋友们称为“社交润滑剂”（social smother），他一张口就能够调动起别人的愉悦情绪。然而，皮埃尔并不是口若悬河、无的放矢的滑稽大王，他有自己的一套“润滑原则”：不在任何场合，讲任何人的坏话，不传播任何坏消息，即使是纽约世贸大厦被飞机撞毁的消息，也由新闻记者去传播吧。我只谈那些能给人带来欢乐和他们感兴趣的话题。没有比谈论别人的缺点更能破坏自己形象的事情了。“我在谈话中努力寻找对方感兴趣的话题。我先询问别人的兴趣，如果恰好我对他的兴趣在行，我们的谈话很快就进入状态。由于对歌剧、品酒、油画和古董知识的了解，我结识了不少有经济实力的潜在客户，开拓了新的商业机会。”皮埃尔认为：“闲谈是建立个人良好形象的最好方式。因为它能够让人轻松、愉快，以最快、最便捷的方式消除人与人之间的距离。这是我与客户建立个人关系的唯一方法。”

（二）语言交谈的技巧

在商务活动中，双方的接触、沟通与合作都是通过语言表达来实现的。说话的方式不同，对方接收的信息、做出的反应也都不同。说话的效果取决于表达的方式。语言表达是有技巧的，掌握好语言交谈的技巧，是商务人士必备的基本功。

1. 适当发问

在一定的社交场合，商务从业人员总是为了解决某个问题才去与人交谈，而解决问题的前提就是提出问题。这样，提问语言在商务活动中起着双重作用：一方面获得自己所需要的信息，为自己或组织谋利；另一方面也让对方了解自己的需求，从而达到人与人之间交流和合作的目的，促成事业的成功。

（1）提问要切境。

切境，就是要求语言运用与所处的特定语言环境相切合、相适应。构成语言环境的因素包括社会环境、自然环境、交际的场合、交际的对象、交际双方的各种相关因素，如身份、职业、经历、思想、性格、处境、心绪等。不同的交际场合，不同的交往目的，不同的交际对象，使用的提问语言也应不同，只有做到切境，才会问得恰当得体。

①与人初次见面，提问要巧找话题。从交际心理看，人们初次见面，彼此都有一种要了解对方的愿望，都有一种渴望得到尊重的心理。然而在交往中，往往是一阵寒暄之后，就无话可说了，于是出现冷场，使交谈陷于困境。在这种情况下，可以向对方发问，目的是引发自我介绍，从中找到继续交谈的话题，如互问姓名、职业，然后就可以借题发挥，加深彼此的了解。如果双方已经互问了姓名、职业，但因“隔行如隔山”的原因而无法深

谈，则可借双方熟知的人进行提问，也可借双方均知晓的事加以提问，还可直接询问业余爱好，以达到相互了解的目的。

②熟人见面交谈，提问要突出关怀和友谊。现代快节奏的生活方式，往往使同住一市一区的朋友都许久不得见面，见面后第一件事就是彼此沟通信息，询问中必然带有浓厚的感情色彩："好久不见了，真想你。听说你最近在做某某事，是吗？"这句提问语言的感情暗示是：我经常向别人问你的情况，我很关心你的事情。

"王师傅，您从家回来了？家里老人身体可好？"这句提问语言给对方的感受是：你没有忽略他的行踪去向，而且对他的家庭、长辈给以深切的关注。如果你同几位朋友之间彼此都很要好，当见了其中一位时，别忘记打听其他人的情况："你见到某某了吗，他最近情况怎样？我很想他呢！"这种提问语言，会使对方感受到你对朋友的关心，在交流他人情况的同时，又使朋友之间的情感浓厚了许多。

商务人士面对老客户时，提问更需强调感情关系。只有把顾客当成老朋友，顾客心理上的亲和需求得到满足，才能为合作搭好一座感情的桥梁，如"您上次在本店买的东西好用吗？""您今天希望吃点什么？""上次"和"今天"传递出一种信息：您是老顾客，我们记得您，我们希望每次服务都能让您满意。此时，顾客心理热乎乎的，成交的愿望会强烈得多。

（2）提问的方法。

提问语既可以是内心疑问的表达，也可以是对对方话语的引导。为了得到所需要的回答，达到一定的目的，必须掌握提问语言的几种形式，并把握其中的规律，这样才能在交谈中发挥积极作用。

①正问。开门见山，把想了解的问题直接提出来。此提问方式常用于上级对工作的询问，同志间的信息交流，或亲密朋友间的沟通。应该注意的是，使用这种方式所提的问题，必须是没有深奥背景，三言两语就能说清楚的，以不会引起不快的后果为前提。

②反问。从相反的方向提出问题，使对方不得不回答。很多人都有不爱主动选择的心理特征，为了当面得到肯定的提问效果，就从否定的角度来提问。这种提问方式多用于向公众征询意见的公开场合。例如，"有谁同意这个活动计划？"结果响应者寥寥无几，换用反问的形式："有不同意这个活动计划的吗？"结果没有一个人提出反对，计划就通过了。

③开放式提问。开放式提问可以让对方有比较多的答案选择。它适合于谈话初期搜集资料时使用，也适合与沉默寡言的人交谈时使用，这种方法可以让对方有更大的空间去表达自己的内容。

案例阅读

老板的答案

问："这儿也算是老店了，当初你开店时这附近的情况怎样?"

答："当时很冷清。"

如果在提问时加上"很热闹是不是?"的话，这句的回答就可能是"不"了。

再问："有几家店?"

答："每排19家而已。"

这样问下去，不让对方有机会回答是或不是，对方不得不多说话，从而加强了沟通与交流，不至于冷场。

④封闭式提问。封闭式提问，也叫引导式提问，它只是让对方有"是"或"不是"两种答案选择。如果面对犹豫不定的提问对象，通过封闭式提问，并将希望得到的答案放在后头，可以引导谈话的方向。例如，一位老练的售货员，在顾客买东西后，总要问一句："送到府上去，还是自己带回去?"几乎所有顾客都会说："好，我带回去。"事实上，把开放式提问和封闭式提问有机结合起来，非常有利于掌控交谈的整个局面。

2. 委婉拒绝

拒绝，就是不接受。拒绝既可能是不接受他人的建议、意见或批评，也可能是不接受他人的恩惠或赠予的礼品。从本质上讲，拒绝亦即对他人意愿或行为的否定。在商务交往中，尽管拒绝他人会使双方一时有些尴尬难堪，但在拒绝时也应该选择适当的方式。

从语言技巧上说，拒绝有直接拒绝、婉言拒绝、沉默拒绝、回避拒绝四种方法。

（1）直接拒绝。

直接拒绝，就是将拒绝之意当场明讲。采取此法时，应当避免态度生硬，说话难听。在一般情况下，直接拒绝别人，需要把拒绝的原因讲明白。可能的话，还可向对方表达自己的谢意，表示自己对其好意心领神会，借以表明自己通情达理。有时，还可为之向对方致歉。

有人对拒绝的借口不屑一顾，实在不够理智。若是外商在商务交往中送了现金，按规定不能接受，但总不能不近人情地质问对方"用心何在"。不妨采用婉转的语气来拒绝馈赠，可以说："某某先生，实在要感谢您的美意，但我公司规定，在商务活动中不能接受他人赠送的礼金。对不起了，您的钱我不能收。"这样对方就不好强人所难了。

（2）婉言拒绝。

婉言拒绝，就是用温和委婉的语言表达拒绝之本意。与直接拒绝相比，它更容易被接受。因为它在更大程度上顾全了被拒绝者的尊严。例如，"我认为解决这一问题无疑还有许多办法，你不妨再从其他角度想一想。"这里避免采用了"你这个办法一定不行"等不带余地的词语，尽量采用与人商量的口气。再有，采用“先肯定，后否定”的方式，学会使用“是的……但是……”这个句式，避免被拒绝者过于尴尬。如有一位销售主管的销售方案有漏洞，公司决定不予采纳，经理找他谈话时说：“是的，你的方案有一定的创新之处，你也耗费了大量心血，但是，如果在经济效益方面没有大的突破，公司决定暂缓考虑。”这样把拒绝的话放在表扬之后，就显得委婉一些，使被拒绝者不至于过于尴尬。

（3）沉默拒绝。

沉默拒绝，就是在面对难以回答的问题时，暂时中止“发言”。当他人的问题很棘手甚至具有挑衅、侮辱的意味，不妨以静制动，一言不发，静观其变。这种不说“不”字的拒绝，所表达出的无可奉告之意，常常会对他人造成心理上的威慑力，令对方不得不在这一问题上“遁去”。

沉默拒绝法虽效果明显，但若运用不当，难免会“伤人”。因此商界人士还可以尝试避而不答，“顾左右而言他”的方法，即用回避拒绝法来拒绝他人。

（4）回避拒绝。

回避拒绝，就是避实就虚，对对方不说“是”，也不说“否”，只是搁置此事，转而议论其他事情。遇上他人过分的要求或难答的问题时，均可采用此法。

总之，在商务交往中，需要拒绝时，一方面应该态度明确，另一方面应该讲究方法。值得一提的是，我们应该认识到，在商务交往中拒绝别人以及被别人拒绝是很正常的事情，对此要有一点洒脱的心态。当遭到拒绝的时候，要保持良好的风度，留给对方一个美好的印象；并且，做好善后工作。在遭人拒绝时，心情是不可能愉快的，但一个成熟的商务人员，应迅速摆脱情绪干扰，另辟蹊径，表现出百折不挠的顽强毅力。

3. 耐心说服

说服是改变对方原有意见、见解、思想及态度的一种语言技巧。在商务交谈中，各自的利益决定了双方在交谈中不可能处处都达成共识，常常会就某一问题产生意见分歧。在这种情况下，怎样说服对方改变原有主张，接受自己的建议，除原则性的问题之外，可考虑采用下面的方法。

（1）态度诚恳。

要说服别人，首先自己态度要诚恳，真心实意，使对方能感到所提的意见确实对他有利无害。当彼此之间形成融洽的心理气氛，建立起信任感时，才能打动他的心弦，改变他原有的想法。

（2）认真倾听。

与人谈话时，不要表面上故作倾听对方的意见，而暗中却随时准备反驳。假若对方意识和察觉到这一点，就会产生反感，甚至针锋相对。这样，不但达不到说服的目的，还易伤害感情，出现事与愿违的结果。所以，说服别人，必须先倾听别人的意见。有人把这形容为："钻进别人的眼球里，看他怎样看世界。"知己知彼，百战百胜，这就是说服别人的基本道理。

（3）选好时机。

当说服他人时，如果选择时机不对，不但说服不了他人，还会起到相反的作用使人家从感情上疏远你，并竭力维持自己的观点，拒绝你的劝告。所以，把握好时机，选择一个恰当的时间进行说服是非常重要的。如果时间、地点、机会、场合恰当，即使不用语言进行实际的说服，往往也能把自己的意图传达给对方，关键是要掌握对方的性格、情绪，无意而为之。

（4）保持耐心。

在商务交往中，因为人的思想修养、性格能力、思维方式，都不是一天形成的，想让别人放弃原有的观点、态度，转而赞同你的想法，并不是一件容易的事。所以，说服别人要有耐心，操之过急往往适得其反。

（5）讲究方法。

说服别人还应该讲究方法。除了正面举例子、讲道理之外，还可以考虑"巧用比喻""以退为进""迂回说理"等方法，从而取得好的谈话效果。

4. 适时赞美

在交谈中，适当地赞美对方，能够创造出一种热情友好的气氛，使交往朝着积极的方向发展。赞美不能随心所欲，要想达到好的效果，应注意以下几方面。

（1）赞美要诚挚中肯、实事求是。

赞美必须真诚。如果赞美不是出于真心，人们不但不会接受这种赞美，甚至会怀疑赞美者的意图。特别在和陌生人打交道时，对方要么会对你很冷漠，要么会对你心存戒备，而真诚的赞美，能消除彼此的陌生感。大多数正直的人都讨厌溜须拍马的人，但几乎没有人能拒绝真诚的赞美。

（2）赞美要自然而然，简单顺畅。

最高境界的赞美应该是自然而然、不着痕迹的。尤其是交情不深，又有求于人的时候，赞美能为提出请求创造一个融洽的气氛。但是，不讲方式，为了赞美而赞美，就有了"恭维"之嫌，容易给人居心叵测之感，反而不利于请求的提出。所以，此时的赞美，更应自然得体、优雅大方。例如，与人初次见面就当头一句"你很有教养"之类，会让人感觉到很唐突，摸不着头脑。就不如从对方的职业、籍贯、民族、习俗、地域、特长、气候特点等方面间接地进行赞美，显得自然而含蓄，比如"真是天堂出靓女呀，杭州的女孩子就是漂亮。""听说您的母校非常了得，培养出了许多优秀的人才。""您是山东人呀，山东真是太厉害了，中国一些大名牌都让你们山东给包了。"这些赞美虽然不是直接针对对方，但有时比直接赞美效果更好，对方往往会为自己的职业、家乡、民族和习俗等感到由衷的骄傲，同样会喜不自禁、眉开眼笑。

案例阅读

推销员小王去某工厂推销产品，该厂厂长说："本厂已有订货，不再需要。"小王早已从其他途径了解到该厂有容纳其产品的能力。于是在午餐前夕，他去了厂长家。他并没有提任何与产品销售有关的问题，而是跟厂长的小孩"玩"起来，并连连向大人夸孩子的优点。听到他恰如其分的赞美，大人、孩子都很高兴，于是孩子提议："留叔叔在家吃饭。"这下子气氛就更融洽了。轻松、愉快地用完午餐后，厂长对小王说："关于你推销产品的事，下午到办公室咱们再谈谈。"就这样，一个没有希望的订货，在这样的特定场合下竟然变成了现实。

（3）赞美要因人而异。

不是随便拿来一句好话就可以说的，赞美要考虑到被赞美对象的各种因素，包括其职业身份、文化程度、性格爱好、处境心情及与赞美者的特定关系等。这些因素直接影响着赞美效果，所以赞美要因人而异。比如在商务交谈中，不是对方所有的优点都可以拿来赞美的，一般应侧重称赞对方的才华、能力、前途等。

（4）赞美要富有创意。

赞扬一个人最在意而别人不以为意的事情或不被别人注意的某些长处，最能博得他人的欢心。而从对方的缺点出发，挖觉优点的赞美方法，也同样可以达到富有创意、出乎意料的效果。假如你面对一个沉默寡言的人，你可以这样赞美他："你不爱说话，一定喜欢看书思考，这种人有内涵，有机会我一定好好向你请教。"

美国学者威廉·詹姆斯说，人性最深刻的原则，就是恳求别人对自己加以赞赏。因为赞美是对别人长处的肯定。通常每个人在心理上都有一种对赞扬的期待，即使是最优秀、最有成绩、最自信的人，也希望得到适度的赞扬、中肯的评价。这并非虚荣，而是渴望上进、寻求理解、获得支持和鼓励的需要。交谈中若能适度地赞美对方几句，就可以使对方产生一种亲和心理。这种亲和心理，既可成为接受对方意见的起点，也可成为转变态度的开始。所以，千万不要吝啬你的赞美。

5. 善于幽默

诙谐的语言，是人的思想学识、智慧和灵感的结晶。它诙谐、生动，具有强烈的感染力和振奋作用，能够引起听众强烈的共鸣。因此，在日常生活中，具有幽默感的人几乎毫无例外地受欢迎。

社交场合离不开幽默的谈吐，因为幽默的语言，不仅反映出说话人的教养、学识与机智，更能使谈话气氛轻松愉快，迅速拉近说话人和听话人之间的距离，充分表达说话人的意思，说服别人接受、认同自己的观点，还能使说话人在面对难堪和僵局时，摆脱困境、化解矛盾。因此，人们称幽默是社交谈话的润滑剂。

案例阅读 1

花开花落两由之

1975 年春，毛泽东因眼病需要会诊。当得知著名眼科专家叫唐由之时，他说："这个名字好，你的父母一定是读书人，他可能读了鲁迅先生的诗，为你起了'由之'这名字。"接着，他又抑扬顿挫地吟起了鲁迅悼杨铨的诗："岂有豪情似旧时，花开花落两由之。"

给主席会诊，一般人都不免会有些紧张，主席的一番幽默，既表现出他对待疾病的态度，又拉近了双方的心理距离，活跃了气氛。

案例阅读 2

破不了的纪录

有一次中外两家公司就一笔生意举行谈判，在某一问题上讨价还价两个星期仍未取得任何结果。这时中方负责人说："瞧，咱们双方至今还没有谈出结果，如果奥运会设立拔河比赛的话，我们肯定并列冠军，并载入吉尼斯世界纪录大全。我敢保证，谁也破不了这一纪录。"此话一出，双方都开怀大笑，随即双方都做出让步，很快达成协议。

在商务谈判中，双方的神经始终处于高度紧张的状态，一句适时的幽默话语，不但使双方的神经得到放松，打破了谈判的僵局，也使得谈判顺利进行，并获得成功。

6. 善于倾听

说话与倾听是现代人际交往中两个重要的环节，善听往往比善言更重要。但人们往往重"说"轻"听"，其实"听"不仅是人们接收信息、学习知识的主要渠道，而且是反馈信息的必要前提，所以有"愚者善说，智者善听"的古训。毫不夸张地说，倾听是一门艺术。

（1）善听的重要性。

①善听能赢得朋友。人际交往中，说话者总希望自己的话能引起对方的兴趣、注意和肯定。如果你把说话的机会尽可能地让给对方，并专注倾听，坦诚地同对方分享喜悦、分担痛苦、表达信任、交换信息，就会使对方对你产生亲近感和知遇感。俞伯牙善鼓琴，钟子期善听音，彼此成了相互了解且情深意切的生死之交，被后世作为"知音"的范例传为美谈。

②善听能赢得尊重。善听本身就是对对方的尊重。"敬人者，人恒敬之。"尊敬别人的人当然会赢得别人的尊重。诉说是人的一种天性，而倾听则是一种修养，一种美德。善于倾听，表明自己谦虚，表明对谈话者的尊重，还表现出对交往对象的真诚与友好态度，并能共同营造积极和谐的交际气氛。倾听者一个点头，一丝微笑，一个眼神，都会使对方感

到莫大的信任，进而使谈话者对倾听者产生敬重亲近之感。可以说，一个人是否善于倾听，是他会不会交际的重要标志。从这个意义上讲，“会说的不如会听的”。

③善听可以集思广益，是走向善说的捷径。“兼听则明”，善于倾听别人的意见、议论、反映，从别人的话语中了解情况，吸收养分，从中受到启迪，拓展思路，有助于工作的进行和事业的成功。当有人请求日本松下集团董事长松下幸之助用一句话来概括他的经营诀窍时，他说：“首先要细心倾听他人的意见。”

从交谈角度讲，由于人们思维的速度比说话的速度快四倍，倾听者可随时利用听的间隙将说话人的观点与自己的看法做比较，回味说话人的观点和意图，了解对方的兴趣所在，预想好自己将要阐述的观点和理由，将交谈引向预定的目标。

案例阅读

钢盔的诞生

在第一次世界大战中，由于机枪和大炮的愈来愈先进，战斗愈加残酷，被弹片杀伤的士兵被源源不断地送到后方。一次，一位平易近人的法国将军亚德里安去医院看伤员，问及一个伤员如何逃生的，战士讲述了自己的经历。他说：“德军炮击时，我正在厨房值班。炮弹飞来，弹片四处横飞。我急中生智，把铁锅举起扣在头上，很多同伴都牺牲了，而我仅伤了胳膊。”将军耐心倾听完伤员的讲述，同时触动了他的灵感。他想，如果战场上人人都顶着一只铁锅形的帽子，肯定会减少伤亡。于是，将军立即指示小组进行设计，第一代“钢盔”诞生了。后来，各国军队纷纷效仿。据美军统计，在“二战”中，美国装配了钢盔，使7万士兵免于阵亡。

讨论：结合本案例，谈一谈“善听”的重要性及其意义，你从中受到了什么启发？

（2）学会倾听。

既然善听如此重要，那我们一定要学会倾听，即“善听”。怎么样才算“善听”呢？

①神情专注，多听少说。在交谈中，“说话”与“倾听”应占多大比重呢？外国有句谚语：“用4秒时间讲，用10分钟时间听。”而按我国演说家李燕杰的话说：“听是说的一半。”按欧美学者《倾听学》的理论揭示，交谈中，“倾听”的比重应占40%~45%，“说话”的比重应占20%~30%，其余的时间可以用肢体语言来补充，以求相得益彰、和谐互动。当然，这些都不是绝对的，具体的“度”应该因人而定，因情境而定。

听人谈话应全神贯注，用“心”体会对方谈话的内容，我们要学会倾听，首先必须有倾听他人讲话的强烈愿望，有平等宽容的心态，不要随意打断对方谈话，要让人把话说完。正如哈佛大学校长依列所说：“人们在讲话时，你要专心听，处处表现自己恳切注意的态度，人们便会对你产生好感。”如果听他人谈话时，态度冷漠，心不在焉，就会挫伤对方的自尊心。

②察言观色，揣摩会意。听不仅听有声语还要观察肢体语言，注意观察说话人的一颦一笑，神色变化等。从其神态、表情、姿势等的变化，尽量“听懂”这类非语言符号传递出的信息，以便了解对方的弦外之音。即使对有声语也要善听、善解言外之意，在有些场合，有些话是不好直说、不能直说的，于是只有旁敲侧击，绕道迂回了。在商务交往中，人们对一些意见的表达也会采取迂回委婉的方式说出来，包含着很多言外之意。在谈判当中，有人还故意给对方设陷阱。所以我们在当倾听者的时候，一定不能掉以轻心，要一边听、一边分析、一边观察，弄清在表面话语之下的真实意思。有些国家的人说话比较委婉，比如日本人，当他想要拒绝的时候，总是用模棱两可的话来表示，如果你不仔细分析，不了解其表达习惯，就会产生沟通障碍或者误解。

③主动参与，反馈呼应。在听人谈话的过程中，要以动作表情上的反馈和语言的呼应来主动“参与”交谈。倾听者的目光应正视说话者的双眼，身体应稍稍倾向于对方，面带笑容，并用点头、手势等体态语给说话者以支持和肯定。当对方说得幽默时，回以笑声会增添说话人的兴趣；当说得紧张时，听者屏住呼吸会强化气氛；当谈到精彩处时，可报以掌声。当然听者的表情反应要与谈话者的神情和语调相协调，反映要自然坦率，不可大惊小怪，显得浮躁浮夸。听者为了表明对对方所谈内容的关心、理解和重视，可以适时发问，提出一两个对方擅长而自己又不熟悉的问题，请求对方更清晰地说明或解答，往往会令说者感到得意。但向人请教不能强人所难，对方不愿回答的问题不要追问。在交谈中，如果确实需要插话或打断对方谈话时，应征得对方的同意，如“请等一等，让我插一句。”“请允许我打断一下。”或“我提个问题好吗?”。

（三）语言交谈的禁忌

（1）忌打断对方。双方交谈时，上级可以打断下级，长辈可以打断晚辈，平等身份的人是没有权利打断对方谈话的，万一你与对方同时开口说话，你应该说“您请”，让对方先说。

（2）忌补充对方。有些人好为人师，总想显得知道得比对方多，比对方技高一筹等，出现这一问题，实际上是他们没有摆正位置，因为人们站的角度不同，对同一问题的看法也会产生很大的差异。

（3）忌纠正对方。“十里不同风，百里不同俗”，不同国家、不同地区、不同文化背景的人考虑同一个问题，得出的结论未必一致。一个真正有教养的人，是懂得尊重别人的人。尊重别人就是尊重对方的选择，除了大是大非的问题必须旗帜鲜明地回答外，人际交往中的一般性问题不必非要与对方分出对错，不要随便去判断，因为对或错是相对的，有些问题很难说清谁对谁错。

（4）忌质疑对方。对别人说的话不随便表示怀疑，质疑对方并非不行，但是不能写在脸上，这点很重要。如果不注意，就容易带来麻烦。质疑对方，实际是对其尊严的挑衅，是一种不理智的行为。

【课堂练习】

问答题：

1. 适宜交谈的话题有哪些？不适宜交谈的话题有哪些？交谈时的四大禁忌是什么？
2. 语言交谈礼仪的基本要求是什么？

【课后训练】

请你用录音设备录制一段自己的5分钟主题发言或演讲，对自己的普通话和语言表达进行自我检测。

重点检测：

1. 语调——是否抑扬顿挫？自己所讲的话题是否充满激情？
2. 声调——是否声音太尖或太低？声音是否平和沉稳？尽量练习用腹部和胸腔的力量。
3. 音量——是否音量太大或太小？问一问你的同学，你的音量大小是否适中。
4. 速度——是否太慢或太快？请模仿电视台播音员的语速。
5. 停顿——话语中间是否有间隔，让别人有反应的时间。
6. 准确——发音是否标准，尽量避免地方口音，同时减少不必要的口头禅。

【综合模拟】

请同学们以小组为单位，模拟一场公司招聘，同学们作为面试者应该具有什么样的礼仪形象，重点模拟面试时的自我介绍和回答问题时的语言技巧。

任务四　通信礼仪

【任务引入】

“不够质量”的电话礼仪

王敏想买一台打印机，好友告诉她北京一家公司生产的打印机好用又便宜，于是王敏拨通了这家公司的电话。第一次电话响了七八声，却没有人应答。“正是上班时间怎么会没有人接电话呢？看样子这是一家不规范的小公司。”王敏心想。对这家公司的印象也差了几分。

到了下午，王敏又拨通了这家公司的电话。响了五六声后，终于有人不紧不慢地接了电话。

“喂!”对方拿起电话，没有报自己的名字和自己公司的名称，只是懒洋洋地吐出这一个字。

“您好，请问这里是星达公司吗?”王敏不知是否打对了电话。

“什么事啊?”对方冷淡地问。

“你好，我想买一台打印机，请你给我介绍一下公司的产品，行吗?”王敏小心翼翼地问。

“我们公司的产品有很多，打印机也有很多型号，你想要哪种?”对方马虎地回答道。

“你能不能详细一点地告诉我到底有哪几种型号呢？我也好选择一下。”王敏有些困惑地问道。

“哎呀，这个问题一时半会说不清楚啊!”对方有些不耐烦了，接着电话的一边传来吃东西的声音。最终，他也没有详细解答王敏的疑问。

“哦，那谢谢你啊。”王敏无奈地挂断了电话。

第二天，王敏直接去商场买了其他公司的一台打印机。

问题：电话礼仪在商务交往中的作用有哪些?

【知识链接】

一、座机礼仪

现代社会，信息就是资源，信息就是财富，而作为传递信息的手机、电报、传真和电子邮件等通信方式，则是通向市场的桥梁。通过通信手段进行的沟通与交流，虽然是不见面的人际交往，但是否遵守其中的礼仪规范，将直接影响交际的效果。

有一位科学家曾经说：“一个不会正确地利用电话的人，很难说他是一个符合现代社会需要的人。至少，他算不上是一个具有现代意识的人。”随着科学技术的发展和个人生活水平的提高，电话的普及率越来越高，人们每天要接打大量的电话。在商务交往中，电话礼仪是公司形象的重要体现，是建立同客户的良好关系的开端，可以提高效率、更好地解决问题，可以形成竞争优势，使客户满意。

“电话形象”是电话礼仪的主旨所在。它的含意是，人们在使用电话时的种种表现，会使通话对象“如见其人”，能够给对方及其他在场的人留下完整的、深刻的印象。它被视为每个人个人形象的重要组成部分。日本著名企业家松下幸之助说：“不管在公司，还是在家里，凭这个人打电话的方式，就可以基本上判断出其教养水准。我每天除了收到好多预约讲演的信件，还接到很多邀请讲演的电话，我凭着对方电话里的讲话方式，就能判断其教养如何，凭对方在电话里的第一句话，就可以基本决定我去还是不去。”一般认为，一个人的“电话形象”，主要是由他使用电话时的语言、内容、态度、表情、举止及时间感等几方面构成的。

案例阅读

“听”出我的形象

乔治是位优秀的推销员。这天下班回家后，因为劳累，他早早地脱下衣服，躺到床上。

正当他快要进入梦乡之际，突然想起要打一个业务电话。他看看手表，才八点多钟，这时候打电话应该不会影响客户的休息。于是，乔治从床上爬起来，重新系上领带、穿上西装、梳好头，整理好自己的思路，来到楼下客厅里，在电话旁边放上做记录用的纸和笔，又对着镜子看了一下自己的笑容，然后才拿起话筒拨号。乔治的妻子奇怪地问他：“你不过是打个电话而已，干吗搞得这么复杂?”乔治回答道：“尽管客户看不见我，但他可以从电话里听出我的形象。”

分析：

卡耐基在《人性的弱点》一书中写道：“在电话中交谈，应和面对面交谈一样，保持微笑。有时正因为看不见神情，所以更要加上诚意。因为电话可以通过声音把说话人的感情和态度完完整整地传递给对方。”这一段话可谓是精辟之极。微笑绝对是人类最美的语言，所以在接电话时我们也要保持微笑，这样即使对方看不见你，也会被你的情绪所感染，从而给对方留下极佳的印象。商务人士应该养成这样的习惯：电话铃一响，心中就已经在微笑了。这样的习惯一定会让你受益匪浅。

（一）通话礼仪

1. 良好的通话态度

通话态度包括通话双方的语言、表情和动作。

电话语言，不仅要态度谦恭，坚持用“您好”开头，“请”字在中，“谢谢”结尾，更重要的是控制语气语调。声音是一个重要的社交因素，声音往往代表自己或组织的形象。在电话中，如果通话人语气热情，语调温和而富有表现力，音量适中，快慢适当，措辞准确，语言简洁，口齿清晰，就会给对方留下好的印象，对方对其所在单位也会有好印象。如果我们在通话中听到对方亲切、优美的声音，心情也一定会很愉快，对通电话的人以及该单位都会有一个较好的印象，双方对话由此顺利展开，也为双方下一步的合作开启一个良好的开端。

接打电话过程中绝对不能吸烟、喝茶、吃零食，即使是懒散的姿势对方也能够“听”得出来。大家可能都有这样的感受：如果你打电话的时候躺在椅子上，对方听你的声音就是懒散的、无精打采的，你如果坐姿端正，所发出的声音也会亲切悦耳，充满活力。

所以通话中，要抱着“对方在看着我”的心态去应对，尽可能注意自己的姿势，以文雅、端庄的体态接打电话，面部与话筒保持 3cm 左右的距离，不能把话筒夹在脖子下，或是趴着、仰着、坐在桌角上与人通话。

2. 通话中有客人来访时的电话礼仪

通话过程中有客人来访，应先征求对方同意，暂且挂上电话。许多人有过这种经历：上街买东西时，售货员打电话说了很久，对你视而不见，你等得十分不耐烦，干脆不买离开。不管这个电话多么重要，对久等的客人来讲，这种被忽视的感觉都让人十分不愉快。

公司中也是如此。当你正在打电话时，又碰上客人来访，也许会感到左右为难。原则上，你应该先招待正在等候的客人。如果你电话里谈的事已说得接近尾声，那就加快速度，尽快向对方说“再见”。如果电话中讨论的事很重要，而且刚刚谈了一半，那可以告诉对方：“对不起，我这里来了一位客人，我半小时后再给您回电话，好吗?”一旦对方同意，你就可以暂且挂上电话，专心接待来访的客人了。经验不足的人，面对这种情况往往会无所适从。如果应付不当，很容易让通话的对方与来访的客人都不满意。

3. 注意结束通话时的礼仪

结束通话时的礼仪，第一点就是谁先挂电话的问题。标准的做法是：地位高者先挂，如长辈、上级先挂电话，以表示对他们的尊重。如果是一方请求另一方帮忙，就应由接受请求的人先挂电话。而一般情况下，应当由打电话的一方先挂。不要仓促挂断电话，甚至对方话未说完就抢先挂断电话，那样是失礼的。

（二）打电话礼仪

1. 时间的选择

最好是别人方便的时候打电话给他，而不仅只是你方便的时候。应根据受话人的工作时间、生活习惯选好打电话的时间。比如，白天宜在早晨 8 点以后，节假日应在 9 点以后，晚上则应在 22 点以前，以免受话人不在或打扰受话人及家人休息。如无特殊情况，不宜在中午休息时间和三餐的常规时间打电话，以免影响别人休息和用餐。万一有急事打电话，你第一句话要说的是“抱歉，事关紧急，打搅你了”，否则的话别人会觉得反感。给单位打电话时，应避开刚上班或快下班的两段时间。如果受话人是外国人，还要特别注意其所在地与国内的时差和生活习惯的差异，不然很容易出现这样的尴尬局面：你这儿是艳阳高照，对方却刚刚入睡。

2. 通话的时长

我们还要考虑到别人是否方便与你在电话里长时间交谈，要注意通话时长，遵循电话礼仪的“3 分钟原则”，即每次通话的时间应限制在 3 分钟左右为宜，要学会“长话短说，废话不说，没话别说”。一般情况下，不要在家打电话谈公事。对可能耗时的电话，开始时先问对方有没有空。通电话时，对方不可能看到我们的姿势及表情，我们同样也不了解对方是在什么情况下接听电话的。对方可能正准备要出门，也可能正好有客人来访，所以在打电话前，要设想对方是否会在不合适的情况下勉强接听。当你要谈的问题不是三言两语就能解决时，就应先问问对方是否有不方便之处。这是最基本的礼仪。如果你无视对方的情况就占用很多时间，不仅会使对方心焦，严重时还会影响彼此的交情或合作关系。

3. 拟好通话要点

在电话中应该说些什么，打电话前应有“腹稿”。如怕遗漏，可拟出通话要点或提纲，理顺说话的顺序，备齐和通话内容有关的文件和资料。给客户打重要的电话时尤其应如此。

4. 打电话说话要直言主题，简明扼要

要把最重要的事首先告诉对方，比方说：“张总，我想请您讲课。”“李经理，我想在你那儿定一桌饭，消费的标准应该是在 3 000 元左右。”因为任何一位有教养讲礼仪的人，都应该是一个办事高效率的人，是个尊重时间的人。

5. 打电话之前，要核对电话号码

电话拨通后，应先向对方问候“您好”接着问，“您是××单位吗?”得到明确答复后，再报自己单位和姓名，然后报出受话人姓名。如受话人不在，可请人转告，或过一会儿再打。如果打电话拨错了号码，应向对方表示歉意，说一声：“对不起，我拨错了号码。”或者“不好意思，我打错了。”

无论什么原因，电话中断，首先打电话的人应该再拨；当你打长途电话给别人请求帮助，而正好对方不在时，你应该选合适的时间再打去，最好不要让对方回电，因为对方可能会顾虑到昂贵的长途电话费。

（三）接电话礼仪

案例阅读

电话铃响几声才接电话?

林先生到好友何经理办公室聊天，何经理的电话响了。林先生问为什么外面的秘书没接?何经理说因为那是专线，不经过秘书，通常是比较熟，或重要人士的电话。尽管如此，林先生发现何经理居然盯着电话，等响了三声，才伸手接起来。林先生怕何经理不方便，就往门外走，却被他用手势拦下来。等何经理挂了电话，林先生好奇地问他为什么明明是专线电话，响了三声才接，何经理怎么说呢?

他说：“如果才响半声就接，人家以为你正急着等别人的电话。如果响一声就接，表示我一定不忙。现在我等响了三声再接，对方八成猜我在忙，或是由别的地方赶过来接。”林先生就问他：“如果那是你顶头上司呢?”

何经理一笑，说道：“愈是上司，你愈得让他觉得你总在忙、总在努力啊！有时候，我接电话的语气有点急，听见是上司的声音，赶紧道歉，并且请上司指示，那上司的感觉反而更好，表示我一方面忙，一方面即使有天大的事，碰上上司也立刻恭恭敬敬地聆听他的建议。”

何经理对林先生说的一席话，虽有投机取巧之嫌，但是也道出了接电话的一些基本礼仪，响一声或者一声还没有响完就接电话，会让打电话的人产生不安，以为你肯定正在等一个重要的电话，响三声再接，不慌不忙，无论对别人还是对自己都有益处，何乐不为？由此可见，接听电话需要有一定的礼仪和技巧。

1. 及时接听，礼貌周全

电话铃响后到接起电话应遵循“铃响不过三声”的原则。而电话铃声一响就接听并不是十分正确的做法，一来对方可能还没有准备好，二来可能给对方造成一种你闲着没事干的错觉。训练有素的商务人士都有这样一个经验，桌上电话响了之后，等它响三声的时候再接，这样会显得自己不慌不忙。

公司接电话应该是非常正规的，在礼貌称呼之后，先主动报出公司或部门的名称。如：“您好，智鹏商务公司。请问找谁？”切忌拿起电话劈头就问：“喂！你找谁？”

如果一时腾不出空来，让电话响了四次以上，拿起电话就应先向对方致歉：“对不起，让您久等了”。

当来电话的人说明找谁之后，不外乎三种情形，一是刚好是本人接电话，二是找的人在，但不是他接电话；三是找的人不在办公室里。

第一种情形，说：“我就是，请问您是哪位？”

第二种情形，接话人不能把听筒一丢，就大叫“张三电话”，这对发话人和受话人都是失礼的。应热情告诉对方：“请稍候，他马上就来。”

第三种情形，接话人则说：“对不起，他刚好出去。您需要留言吗？”切忌只说一声“不在”，就把电话挂了，应询问对方是否需要转告，如对方需要转告，应马上进行电话记录。帮人留言时不可表现出冷淡或厌烦，替你的同事留个言是很容易做到的事，而且这个举手之劳同时帮助了两个人，何乐而不为呢？

2. 认真倾听应对，做好电话记录

认真倾听对方的谈话，是对他人的尊重，同时也为自己在对话时能灵活应变打好基础。商务活动是烦琐的，每天要接很多电话、处理许多业务，但又难以做到事事不忘。所以，我们在接听电话时应该养成随手做记录的良好习惯。做记录会增加视觉记忆，与听觉记忆相辅相成，使你记得更加明白清楚。通常在电话机旁应准备有电话记录本和笔，不要等需要记录时，才忙于找纸和笔。电话记录要具备五方面的要素：①来电时间；②来电人姓名、单位；③接电话人姓名；④来电内容；⑤负责人批示或处理意见。

重要内容还要向对方重复并核实一遍，以便校正。这种“反馈”行为能使沟通更精确、更有效。

3. 对方来电需要费时较长的电话礼仪

比如说，客人在电话中打听商品的数量及价格，自己估计需要用 15 分钟去查找资料，假如对方问你需要多长时间才能回话时，你将如何回答呢？“15 分钟左右，也许 10 分钟就好了。”如果这样回答，一定是经验不足。一个经验丰富的人，应该回答需要15分钟以上的时间。

类似这种情况，一般人都不会多说所需的时间，总认为尽早达到对方的要求，才会使对方满意。可你想过吗？一旦无法在约定的时间内完成任务，反而会使对方不悦，或给对方带来麻烦。相反，如果约定的时间较长，而你15分钟内就办妥了，不仅可以让对方对你的办事效率刮目相看，也可以防备你在查资料时遇到意外而耽搁时间。因此，当对方有事相托时，不妨约定充分的时间，然后尽早和对方联络。这是十分重要的应对礼仪，也是一种电话联系技巧。

4. 代人接电话的礼仪

首先，从礼仪上来讲，不要随便叫别人接听电话，尤其不要让秘书或同事去代接已经有约在先的电话，这样也是对通话对象的一种尊重。如果我们身边的上司或者同事不在，代人接电话也是常有的事。遇到这种情况，有经验的接电话的人会首先告诉对方，他找的人不在，然后才能问对方是谁，有什么事。千万不能颠倒顺序。

案例阅读

帮老板挡电话

凤凰公司刘总经理这段时间很忙，不能每个电话都接，于是他交代李秘书代接电话时说自己不在，并且问对方是谁，留下电话，以便有空的时候回电。

情景1：叮铃……电话响了，李秘书接起来：“您好，凤凰公司，请问您是哪一位?”

“我是老张啊!”

“张先生，我老板不在!”

碰巧当天老张情绪不好，就气冲冲地说“他真的不在吗？还是因为听说是我，就说他不在?”

情景2：叮铃……电话响了，李秘书接起来：“您好，凤凰公司，请问您找哪一位?”

“真对不起！他这会儿不在！请问您是？喔！是张总啊！我是不是留下您的电话，我老板回来好跟您联络?”

分析：

情景1中李秘书的失礼是显而易见的。

情景2中因为李秘书还没问对方名字，先说老板不在，对方就不会多心了。

李秘书还可以运用一个代人接电话的技巧，如果刘总经理在旁边，或在不远的地方，当对方说“我是老张”时，他可以立刻大声重复一遍：“喔，是张总经理啊?”并且一边说一边看刘总经理，刘总经理如果立刻点头、伸手，意思是接。他就可以马上改口说："啊，张总，真巧，我老板正好进门，您稍等啊！"跟着，刘总经理把电话接起来："喂！老张啊！"

这种情况下老张会怎么想呢？其实他可能早就猜到李秘书刚才是为刘总经理挡电话，这时只怕他心里还很高兴呢："因为显然你重视我，所以挡别人，却不挡我老张。"说不定原来做不成的生意还因此做成了。

所以，秘书代表上司拦截电话，最好不要先问对方是谁，而要"先说"他找的人不在，并且一定要礼貌、友善地询问对方的姓名、单位名称后，根据上司的意思加以拦截或通知上司或做好记录交给上司。

（四）电话交际中的礼仪禁忌

（1）对方的话尚未说完前，忌随便插嘴。

（2）切忌一挂电话就批评对方。

（3）当对方要找的人不在时，请不要随便透露此人去向。

案例阅读

电话行踪

一家公司的新职员接到客户来电时回答："对不起，刘先生刚才去亚华公司了。"但他没想到这句无意的话，却引起了极大的骚动。打电话来的人是个重要的老客户，而亚华公司恰恰是他的冤家对头。于是，那位客户非常生气地责问："亚华公司和我，到底哪一个重要？"结果，还是劳驾总经理亲自打电话去道歉，才没弄到不可收拾的地步。这是新职员不了解公司情况，胡乱应答的结果。新职员不知事情轻重，随便对人说出不在者的行踪时，很容易就会造成误会，甚至引发不必要的纠纷。遇到这种状况时，只要表示："刘先生出去了，如果有什么事，我请他回来后马上联系您，好吗？"这就可以了。商务交往中千万不要因为自己不了解某些事情，误了公司的大事。

（4）忌在公司内打私人电话。

（5）说出"请等一下"以后，忌让对方等得太久。在商务电话中，使用最为频繁的词句之一就是"请稍等一下"。所谓"请等一下"中的"一下"，最好不要超过 1 分钟。如果超过 1 分钟，就应向对方说明理由，并请对方待会再打。在商业电话中，这是十分重要的礼节。

（6）电话没有挂断前，忌大声和他人说笑。这里有一则笑话：有一个作家常被催稿，有一天，出版社又打电话来催稿。当太太告诉他电话来了的时候，这位作家大声喊着："告诉他，我不在！"没想到对方在话筒中听到了，立刻气愤地回答："告诉这位不在的人，以后不用再来出版社了"。

二、手机礼仪

案例阅读

王丽陪同大同公司的李经理在北京音乐厅听一场由著名大师指挥的交响乐。音乐演奏到高潮处，全场鸦雀无声，凝神谛听，突然手机铃声响起，在宁静的大厅中显得格外刺耳。演奏者、观众的情绪都被打断。大家纷纷回头用眼神责备这位不知礼者。

使用手机这类移动通信设备时，我们作为社会人必然要注意自己的社会责任感；同时，作为商务人士，我们又需要利用这类即时通信设备来互通商务信息。因此，在手机的使用中，我们应该注意手机使用的场合礼节、使用禁忌。上边的案例提示我们，在要求保持安静的公共场所使用手机时，必须采用静音模式或者直接关闭手机，以免造成不必要的麻烦。

（一）手机使用场合的礼节

使用手机等移动通信工具，可以极大地方便交际和联络。同时，一定要严格遵守使用规则，否则就会有损自己的形象。具体来讲，手机使用礼节包括遵守公共秩序和注意安全两个方面。

1. 遵守公共秩序

使用手机等移动通信工具时，绝对不允许扰乱公共秩序，从而给公众带来“听觉污染”。在下列场合中应该限制或慎重使用手机：

（1）人来人往的公共场合。

不应该在人来人往的公共场合，尤其是楼梯、电梯、路口、人行道等地方旁若无人地使用手机等移动通信工具，否则将被视为没有素养的表现。

（2）要求保持安静的公共场所。

不得在要求“保持安静”的公共场所，如音乐厅、美术馆、影剧院等场所高声对着手机说话。必要时，应当关闭手机或让其处于静音状态。

（3）上班时间。

不允许在上班期间，尤其是在办公室、车间里，因私使用自己的手机，这样不但浪费工作时间，还可能带来安全隐患。

（4）开会、会见等聚会场合。

在开会、会见等聚会场合，不能当众使用手机等移动通信工具，以免给别人留下用心不专、不懂礼节的印象。

2. 注意安全

在使用手机的过程中，必须牢记安全准则。一般说来，在以下场合中应当严格禁止使用手机：

（1）驾驶汽车途中。

在驾驶汽车的过程之中，驾驶者不应使用手机通话或查看消息，以免由于注意力不集中而违反交通规则，甚至造成车祸。

（2）在易燃易爆场所。

在加油站、面粉厂、油库及油漆厂等各种易燃场所，应该禁止使用手机等移动通信工具，以免其存在的隐患引发火灾甚至爆炸。

（3）病房之内。

在医院病房等场所也应当禁止使用手机，以免其信号干扰医疗仪器的正常运行而酿成医疗事故，或者影响病人休息。

（4）飞机飞行期间。

根据安全规则，在飞机航班的飞行期间是严禁启动手机或寻呼机的，否则会给航班带来重大的安全隐患。因此，在飞机上必须保证手机处于关闭状态或开启飞行模式。

（二）手机使用过程中的礼节

1. 先确认通话对象或电话号码

手机是方便人们进行交流的工具，人们在使用手机时一定要先确定通话对象或电话号码，从而有助于减少错误，缩短通话时间。

2. 长话短说，精简通话内容

确认完电话号码后开始拨打电话，这时要求长话短说，尽可能地精简通话内容。如果通话对象正处在工作时间，那么就应该讲完重点之后赶紧收线，免得干扰人家的正常工作太久。

3. 上班时间电话要调为振动

手机由于属于私人电话，在上班时间应该尽可能少用。如果确实有使用手机的必要，则应该将其设置为振动模式，避免手机铃声干扰其他人。

4. 公共场所要压低通话音量

在公共场合中应该尽量做到不使用手机。如果遇到非打不可的电话，就应该寻找一个较为僻静的地点，压低通话音量。千万不要大呼小叫，这种干扰别人的行为必将招致大家的反感。

5. 接待访客时勿使用移动电话

在接待访客的过程中不要使用手机，要以客为尊，全心全意地招待客人。在与客人交谈时接电话会使谈话被迫中断而不得不从头开始，浪费客人的时间。如果有随身携带手机的习惯，在接待访客时应将手机放在桌面上或抽屉里。

6. 信号较弱时应寻求其他方式联系

在一些手机信号比较弱的地区，有时候通话质量不高，通话的声音不得不越来越高。

在这种情况下，应该向对方说明信号不好，征得对方同意后挂断电话，等到信号较强的时候再通话或者选择其他的方式进行联系。

7. 选择适合拨打电话的时间

一般能事先约定好通话时间最为礼貌。但是不论在什么情况下，是否通话还是由对方来定为好，所以“现在通话方便吗?”通常是拨打手机的第一句问话。其实，在没有事先约定和不熟悉对方的前提下，我们很难知道对方什么时候方便接听电话。所以，在有其他联络方式时，还是尽量不打对方手机。

8. 手机使用的其他禁忌

（1）移动电话不适宜传递重要商业信息。

（2）女士手机不挂胸前，男士手机不挂腰间。

（3）使用手机拍别人，要先得到他人同意。

（4）逢年过节发送短信祝福时，要注意署名。

（5）一般情况下，不要借用他人手机，更不要将手机借给陌生人使用。

（三）手机短信通信技巧与禁忌

1. 手机短信通信技巧

（1）当你发送了短信预约电话后对方并未及时回复，你可以过一会儿再试试。如果贸然打过去，会产生不好的效果。

（2）提醒对方按时通话的短信一定要委婉，如果措辞不当，会让对方觉得你不信任他是一个守时的人。既要让对方知道你是一片好心，又不能让对方反感，所以，短信的文字一定要斟酌一番。

2. 手机短信通信的礼仪禁忌

（1）不断地说感谢的话，让人无可奈何。礼貌在于适度，多了反而让人反感。所以，感谢的话只说一次，否则，过犹不及。

（2）发送短信一定要确认发送的号码，如果发错会耽误信息传达的时效性。

（3）不要没完没了地发送短信，这样会让别人反感，即使是祝福的短信也不能多发。

案例分析

昨天王丽的办公桌上有一部手机响了很久，大概有两三分钟，没完没了，响得其他同事都差点发狂。现在我们有四个答案选择：

置之不理；

替她接听；

关机；

按“拒绝接听”键。

如果是你，你将如果选择呢？

案例解析

你选择了哪个答案呢？第二个？可以。但只有机主的太太、先生或他的秘书才可以替他接听手机，其他同事甲、路人乙或女朋友皆不能名正言顺地替机主接听手机。此话何解？举一个例子你便明白：你准备跳槽，申请了某公司的职位，如果对方要联络你，他们会怎样做？他们可能会发邮件或打你的手机。所以作为同事，请勿碰同事、朋友的手机。

按国际惯例，手机不比办公室的座机，是非常私人的东西，所以不论是电话号码还是电话内容，都是很私密的东西。因此，第一个答案是比较正常的做法。

那你可能会问："如果那个电话不停地响，响到头痛怎么办？"答案是第四个。但如果你找不到那个键，那么选择第三个答案，关机好了。

无论你选择了第三个和第四个做法，都应留一张纸条在电话旁，说你已替机主关机或拒绝接听电话。

三、邮件礼仪

案例阅读

王经理：

您好！

非常荣幸能够代表我公司与您联系。

我是商贸旅游集团公司销售部的李晓红，今天将您所感兴趣的我公司产品报价及相关介绍发送给您，请您查阅！

如果邮件中有任何不清楚的地方或者您需要我们提供任何帮助，请您联系我，电话：××××，或联系×××（该客户的具体主管以上负责人）手机号：××××。

恭祝商祺！

李晓红

×年×月×日

电子邮件是职业信件的一种，而职业信件中是没有不严肃的内容的。公司都崇尚信誉，主张把握时机及合作分工，信仰顾客至上，重视与顾客的沟通，以达成促销、增产与赢利的目的。在上述案例中，李晓红作为销售人员，她写的邮件用词得体、符合身份，并且能简明扼要地说清事情。在写邮件、回复邮件、发送邮件中需要注意的事项和礼仪规则是关键点。

据统计，如今互联网每天传送的电子邮件已达到数百亿封，在这数百亿封邮件中有一半是垃圾邮件或无效邮件。电子邮件的礼仪与水平不仅代表一个人的专业能力、沟通能力，更显示出一个人为人处世的态度。一封措辞规范、内容清晰的邮件，是促进双方交流的便利桥梁。掌握必要的电子邮件礼仪可以减少垃圾邮件的数量，促进交流与协作。邮件撰写过程中一些最常见的礼仪问题，如果处理得当，就可在节约沟通成本的前提下达成合作。因此，职场人士必须熟练掌握书写电子邮件的各种技巧与礼仪。

（一）写邮件

1. 主题

（1）主题是接收者了解邮件的第一信息，因此要提纲挈领。主题词要表意明确，这样可以让收件人迅速了解邮件内容并判断其重要性。

（2）空白主题是最失礼的。空白主题不利于收件人判断邮件内容。主题要简短，不宜冗长，要让对方在收件箱页面里能一次完整地看完你的标题。主题要能真正反映邮件的主要内容和重点，切忌使用含义不清的主题，如“王先生收”。

（3）主题中可适当使用大写字母或特殊字符，以引起收件人的注意，但应适度，特别是不要随便用“紧急”之类的字眼。

（4）回复对方邮件时，应根据回复内容需要更改标题，不要“RE”一大串。

2. 关于称呼与问候

（1）邮件的开头要称呼收件人。这样既显得礼貌，同时也明确提醒收件人此邮件是面向他的，要求他给出必要的回应。

（2）如果对方有职务，应按职务尊称对方，如“××经理”；如果不清楚职务，则应按照通常的“××先生”“××小姐”称呼，但要把性别先搞清楚。

（3）对不熟悉的人不宜直接称呼英文名，对级别高于自己的人也不宜称呼英文名。公务邮件不同于私人邮件，称呼全名也是不礼貌的，不要对谁都用“Dear xxx”，这样会显得很熟络，让人觉得莫名其妙。

3. 开头、结尾

（1）最简单的邮件开头如“你好”，英文邮件是“Hi”。中文邮件结尾常写“祝您顺利”之类的祝福语，英文邮件结尾常见的是写“ Best Regards”。

（2）每封邮件在结尾都应签名，这样对方可以清楚地知道发件人信息。签名信息不宜过多，一般应包括姓名、职务、公司、电话、传真、地址等信息。

4. 正文

（1）邮件正文应简明扼要地把事情说清楚。如果具体内容确实很多，正文应只做摘要介绍，然后单独写电子文档作为附件进行详细描述。如果事情复杂，最好分点阐述，标注“1、2、3、4”，列几个段落进行清晰明确的说明，确保每个段落简短不冗长。

（2）正文行文应通顺，要多用简单词语和短句，准确清楚地表达，不要出现晦涩难懂的语句。最好不要让收件人拉滚动条才能看完你的邮件。

（3）根据收件人与自己的熟络程度、等级关系，以及邮件对内、对外性质的不同，应选择适当的语气进行论述。

（4）我们要用邮件表达对人的尊敬，“请”“谢谢”之类的语句要经常在邮件中出现。另外，电子邮件可能会轻易地转给他人，因此对别人的评论必须谨慎而客观。

5. 附件

（1）如果邮件带有附件，应在正文里面提示收件人查看附件。

（2）附件文件应用有意义的文件名，不要随意用几个字母或数字。

（3）正文中应对附件内容做简要说明，特别是带有多个附件时。

（4）附件数目不宜超过 4 个，数目较多时应打包压缩成一个文件。

（5）如果附件是特殊格式文件，应在正文中说明打开方式，以免影响收件人使用。

（6）如果附件过大，应分割成几个小文件分别发送，或者使用文件中转站等网络工具进行发送。

6. 字号和字体

中文一般用宋体或楷体，英文就用 Verdana 或 Aria 字体，字号用小四号或五号字即可。这是经研究证明最适合在线阅读的字号和字体。不要用稀奇古怪的字体或斜体，最好不用背景信纸，特别是商务邮件更不能用。

（二）发邮件

1. 要区分“To（收件人）”“CC（抄送）”和“BCC（秘送）”

（1）“To（收件人）”的对象是要受理这封邮件所涉及的主要问题的人，理应对邮件予以回复响应。

（2）“CC（抄送）”的对象则只是需要知道这回事的人，他没有义务对邮件给予回复，如果“CC（抄送）”的对象有建议，当然也可以回复。

（3）“BCC（秘送）”，即收件人不知道你同时发给了“BCC”的对象，“BCC（秘送）”可能用在非常规场合。

“To”“CC”中的各收件人的排列应遵循一定的规则。比如按照部门排列或按照职位等级从高到低或从低到高都可以。适当的规则有助于提升你的专业形象。

2. 转发邮件

在你转发邮件之前，首先要确保所有收件人需要此邮件。除此之外，转发敏感或者机密信息要小心谨慎，不要把内部信息转发给外部人员或者未经授权的接收人。如果有需要，还应对转发邮件的内容进行修改和整理，以突出关键信息。不要将回复了几十次的邮件发给他人，让人摸不着头脑。

（三）回复邮件的原则

1. 及时

收到他人的重要电子邮件后，及时回复对方是必不可少的，理想的回复时间是 2 小时内。为了节省时间，对于那些优先级的邮件，收件人可集中在一段时间处理，但一般不要超过 24 小时。如果事情复杂，你无法及时确切回复，那至少应该及时回复说："收到了，我们正在处理，一旦有结果就会及时回复。"记住：要及时做出响应，哪怕只是确认收到了对方的邮件。出差或休假时应该设定自动回复功能，以免影响工作。

2. 有针对性

当回件答复问题的时候，最好把相关的问题抄到回件中，然后附上答案。回复不要太简单，应该对难理解的问题进行必要的阐述，让对方一次性理解，避免再反复交流。

3. 字数

如果对方发来一大段邮件，你却只回复"是的""对""谢谢"等字眼，这是非常不礼貌的，回复的字数不能太少，起码应该完整全面地表达你的意思。同时也应避免长篇大论。

4. 主动控制邮件的来往

为了避免收到无用的回复，造成时间的浪费，可在文中指定部分收件人给出回复，或在文末添上"仅供参考"等。

（四）电子邮件礼仪中的其他禁忌

1. 忌人名不排序

收件人（包括抄送人）若为一个以上，不论在邮件地址位置、正文位置，还是附件内，均需排列。

最讲礼仪的方式是按照职位高低排序，同样职位按姓氏字母顺序排，不了解职位时可按照字母顺序排，但重要邮件不建议这样做，尤其是重要客户。

2. 忌不分段

有的人整篇邮件从头至尾写成一大篇，让人不能准确快速地抓住重点，不想看下去，从而影响处理的效率。

推荐的方式是：尽量在一个显示页面完成全文，分段阐述要表达的重点，把概括性的语句写在段首；如果说的事项较多，建议加上序号，但一次最好不超过三项，否则不容易记住。

3. 忌不感谢

有些人没有感谢的习惯，而这往往是邮件回复率低的一个主要原因。不论是寻求合作、请教问题、请人帮助，还是只是告知，都可以感谢对方的善意或配合。即便是领导命令对方与自己合作，说句感谢也可以表现自己的修养，更何况如果是自己请对方帮忙，那感谢更应该发自内心。

4. 忌不署名

有的人发邮件不署名，是认为对方应该能从邮件地址判断出自己是谁，或者觉得“不用那么客气”，但是这样做会给对方造成很多不便，也比较影响办事效率，想打电话沟通具体事宜时，还需要再查找。

5. 忌情绪高涨时立即回复邮件

人们习惯于面对面的口语传播，脸部表情与身体语言都会辅助沟通的效果。然而，使用电子邮件沟通却缺乏这些看得到或听得到的辅助，极易造成误解。有很多的字句在日常口语沟通时并不会冒犯他人，例如，有人以“三字经”作为见面时打招呼的口头禅，但若将其写入邮件传送给不明就里的人，恐怕将引起误会甚至引发纠纷。当来信使个人的情绪产生波动、情绪高涨时，应等心情平静后再看一遍，待恢复理智后，重新解读信件内容，做到平静、客观。

6. 切忌在未经同意前，将他人信函转发给第三方

在把他人的来函转发给第三方之前，要先征询来信者的同意，否则犯了网络礼仪的大忌！对来信者而言，邮件内容是针对收信者所撰写的私人信函，不见得适合他人阅读。

7. 考虑替代性的沟通渠道

回复电子信件前，再思考一下：为何不拿起电话与对方聊聊或约个时间当面答复？别忘了，电子邮件的沟通缺乏我们常用的熟悉的沟通辅助（如表情、肢体语言等）。见面三分情，即使是使用电话，状况也会跟只发邮件完全不一样，更何况目前一些外贸公司以他国语言进行电子邮件沟通，误解与纠纷自然在所难免。

四、信函礼仪

在商务交往中，信函通信较为常见。商务信函的书写和普通书信主要在书写格式、纸张材料、称谓、书写风格等方面有显著的不同。商务信函注重陈述到位，用语简明正式。除去商务信函，请柬、贺卡、便条等也同属信函类，这些特殊的商务信函也同样有着各自的礼仪规则。

信函通常指信件。它一般包括社交信函、商务信函、公务信函等。信函的格式和要求，各个国家有不同的标准。这里先介绍一下中国商务信函的相关礼仪规则。

（一）商务信函的礼仪规则

1. 格式正确

商业信函应使用印有公司抬头的专用纸，质量应尽可能优良。这种纸张一般只能用于公司业务，不用于书写私人信件，以免收信人在阅读全文之前分不清来函的性质。所有信函的结构，大体分为三部分，即开头、正文与结尾。开头是收信者和主题；正文用于说明和讨论问题的细节；结尾则说明发信人将采取何种行动或希望对方采取何种行动，以及落

款和日期。信函格式应美观大方，不可密密麻麻得写一大片，令人抓不住重点，理不清思路，从而没有看下去的欲望。段落要有长有短，句型要参差有致。可采用列表形式将要点一一列出，或使用黑体字、斜体字使其凸显出来。

2. 称谓得体

称谓也叫称呼语，信函的称呼语要准确、得体，符合寄信人与收信人的特定关系，要正确表现收信人的身份、性别等。一般平时对对方称呼什么就写什么。在格式上，称呼语在信的第一行顶格写且单独成行，以示尊重。如果是自己尊敬的领导和长辈要写成“尊敬的××”，写给非亲属的长辈、业务伙伴，一般在其姓氏、名字或姓名后加职务、学衔或职称。中国人习惯称职务，欧美人一般愿意被称呼学衔，如果不知道对方的姓名和头衔，在发函前最好先打电话询问收信人的姓名与头衔。

一般称女性为“小姐”，也是公函上常用的。如果对方喜欢被称作“夫人”，那就称呼“夫人”，如果弄不清称呼“夫人”还是“小姐”时，不妨统称“女士”，不是万不得已不用“亲爱的先生/小姐”和“致有关人士”的称呼，这等于告诉对方，你连他是谁，是男是女都不清楚。如打听不到收信人的姓名，可以用职务等中性名称代替，比如称对方为经理、代表之类，并在前面加上其公司或部门的名称。如果从姓名上判断不出对方的性别，可称其全名，在前面加上“尊数的”，而略去“先生”“小姐”等字样。

3. 内容得当

正文是商务书信的主体。正文一般从信的第二行空两格开始。书信尽管内容写法各不相同，但是应避免写错字或打错字，这不仅不礼貌，还会给人留下粗心的印象。恰当驾驭语言文字能产生影响力，即使是书面联系也能对他人的感受和行动产生深远的影响，并能通过语言文字的魅力给对方留下好感。

写信的目的是让人看懂，因此写信时应做到开门见山、直截了当、重点明确、条理清晰，以便收信人看过一遍就能完全领会你的意思。信写完后应仔细检查并阅读几遍，如果读起来感觉欠佳，那对方收到后阅读的效果也不会好，应进行修改。一般来说，信件还是以简明为宜，不要啰唆，尽量不浪费他人的时间。

4. 语言规范

（1）含有性别歧视或易产生歧义的词语不宜使用。

（2）要开门见山，把最重要的内容写在最前面，对收信人可能提出的问题应尽量先做回答。这样，即使收信人看了一半时中断阅读，也会了解书信的基本内容。

（3）要尽量使用正面、肯定的词语。用正面且有礼的表达方式可以增加亲切感，使人更容易接受。

（4）注意使用正确的语法、拼写和标点，在这些方面出差错会给人以不好的印象，虽然这些都是小节，不能据此对一个人做出判断，但让人找出错误说明写稿人工作马虎，也显得对对方不够尊重。

5. 结尾讲究

商务信函的结尾部分一般要有结束语、致敬语、署名或签名，以及日期。结束语如“特此函告”“专此说明”等，致敬语如“此致/敬礼”“顺致发财”等。署名、签名可并用，也可签名单独用，函件一般还需要加盖公章。人们很重视亲笔签名，有人接到信后还要仔细辨认是亲笔签名还是签章。

6. 仔细审校

使用电脑写信时最好打印出一份草稿以便审校，因为有些错误从荧屏上看不出来。如能有人代为审校，那效果就会更好。另外，审校时最好能大声读出来，要是听起来不顺耳，则接信人阅读时肯定也不会满意。为避免出错，商务信函写好后最好先核查一遍再寄出。信件在寄出之前，在可能的情况下，最好“晾”上两个钟头，或等到第二天上班或午饭以后再投递，以便能在冷静下来时再看一遍，看看还有没有不妥之处，比如用词是否得体，表达是否清楚，要设身处地地替接信人考虑。

（二）特种信函礼仪

1. 请柬的礼仪

请柬是一种礼貌性的书面通知。在我国古代，人们每遇到重大事件，均以文字请友邀亲，用来表示敬意和隆重，这就是所谓的请柬或柬帖。如今，人们举行宴会、酒会、茶话会、招待会、舞会、婚礼，以及各种专题性的活动，如博览会、订货会、展销会、联欢会、新闻发布会等，都用请柬邀请各界宾朋。当然，邀请宾朋的方式很多，如打电话、写信等，但是请柬这种方式比较正式、礼貌，显示了对所邀宾朋的重视和尊重，是一种比较流行且很受欢迎的社交方式。

请柬的形状、大小可根据各自喜好自行确定，没有统一标准。请柬最好自己设计、制作，极具纪念意义。其基本格式包括以下几个部分：

①封面，其颜色、图案可自行设计，封面上写明“请柬”二字。

②称谓，与信函称谓基本相同。

③正文内容，主要包括活动性质、规格、时间、地点及其他有关事项。

④祝颂语，与信函的祝颂语基本相同，但较之于信函要简单些。最常用的祝颂语是“敬请光临”。

⑤署名和日期，与信函相同。

请柬是一种比较正规、隆重的文书，是一种具有特殊意义的书信，常为应邀者当作纪念品收藏，因此，发请柬者一定要注意请柬的设计、制作，因为它代表着你对所邀者的真诚、重视，也体现着你自身的形象。请柬上的文字最好由发柬者自己书写。请柬一般应提前 4~10 天寄出或亲自送达，以便受邀请者及早做出应邀与否的决定或准备。

2. 贺卡的礼仪

贺卡已经发展成为一个专门的通信门类，它被广泛运用于现代社交礼仪中，使用方便且外观精美。近年来，随着国际商务活动举办得日益频繁，在商务活动中互赠贺卡的情况也在不断增加，尤其是新年、圣诞节前，售卖、选买及寄发贺卡成为商务活动中交流感情的重要内容。

我们使用贺卡时，除了适时寄出外，还要精心挑选贺卡并亲自题词。贺卡虽小，却满含情意，要依据不同的对象选择不同的贺卡，比如给朋友的贺年卡要温馨一些，给长辈或老师的要古朴一些。从贺卡的外观到印在上面的文字，都要精心挑选。另外，无论贺卡印制得多么精美，也不能完全表达情意。这时，我们应该在贺卡适当的地方写上几句祝福或心语，哪怕只是几个字，都会增加其真情实感的含量。

3. 便条的礼仪

便条是日常交际中方便、简单的通信方式，包括便笺和留言条。与一般书信相仿，便条的使用范围很广泛，几乎不受限制。

（1）便笺。

便笺即便函，俗称便条，其书写要求和格式与一般书信大致相同，特点是文字简短，内容单一。便笺的内容，如果是告知对方某一日常生活事宜的，虽三言两语却情味隽永；若是就某一问题发表意见的，应有真知灼见，写得言简意赅；如果拜托对方帮办某一具体事情的，宜礼貌周全、简洁明确。

（2）留言条。

留言条是一种临时性的书面留言，通常在访问未遇或在日常交往中未见对方而有事要告知对方时所书写的一种便条。

应该说，留言条上的内容，一般都比较简单，写起来也要开门见山。可以把要说的事情写在纸条上，也可以只留下再联系的时间、地点、方法，或者提出要求或建议，而不写具体事项。

如果是给从未见过面的人留条，应该比较郑重，可按一般书信的要求和格式书写。如果是比较熟悉好友，那么，留言条的写法就有较大的自由性。

五、微信礼仪

微信（Wechat）是腾讯公司于 2011 年 1 月 21 日推出的一个为智能终端提供即时通信服务的免费应用程序。微信支持跨通信运营商、跨操作系统平台，可通过网络快速发送免费（需消耗少量网络流量）语音短信、视频、图片和文字。

微信和商务相结合产生了微信营销，它在现代商务活动占据着重要地位。微信营销是利用微信这种网络应用形式开展网络营销。公司、企业或者个人利用微信这种网络交互性平台，发布并更新企业、公司或个人的相关概况、产品和服务信息，并且密切关注并及时回复平台上客户对于企业或个人的相关疑问及咨询，通过较强的微信平台帮助企业或公司零成本获得搜索引擎的较前排位，以达到宣传目的的营销手段。

案例阅读

商贸旅游集团李总在近期的高层管理会议上指出公司要顺应市场发展的需要，由信息技术部门和商务部门合作一起组建微信小组，为公司打造专门的企业公众号，并且开展微信营销，加大公司的对外宣传，扩大营销的市场领域。

微信营销是当前主流的营销模式之一。企业微信公众号在创建、写作和维护中应遵循一定的礼仪规则。

微信已成为人们主要的社交工具。不少企业和组织开通自己的微信账号，进行企业形象和产品服务的微推广。作为企业使用微信，重在利用微信形式新颖、宣传成本低、宣传广度大、形式灵活、反馈及时的优点。因此，在微信等新型沟通平台的使用上也有其自身的礼仪规则需要遵循。

1. 基本礼仪

（1）内容。

微信里的文章应当真实、言之有物，以能激发自己和读者的阅览兴趣，增进读者对自己的认识。只是为了更新而更新的微信是无意义的。

（2）版权与转载。

在没有商业目的的前提下，微信转载尚属于礼仪范畴。转载文章必须写明出处和原作者，并附上原文链接。这是对他人劳动的尊重，也是对知识产权的尊重。原作者有明确注明“不可转载”的，就不要转载了，如果你实在想和他人分享这篇文章，还是加上链接。

（3）回复。

别人的评论是尊重、关注、重视你的表现，许多评论还有助于对议题做进一步的理解。为了表示尊重和感谢应当在他人评论后做简单回复。

（4）流言与谩骂。

写微信和评论别人文章时必须有起码的礼貌和修养。我们应对泄露他人隐私的传闻、花边消息嗤之以鼻。我们坚决反对漫骂、攻击、威胁、中伤他人。

（5）个人信息。

请不要在微信里过多透露自己及他人的个人信息，这可能会被那些居心不良之人利用，进而欺骗、中伤你。此外，指名道姓的描写可能会透露你或他人的隐私，实属不当之举。

（6）肖像权。

未经他人允许不得随意贴出他人照片。

（7）定期管理。

应定期更新自己的微信，及时删除广告性评论等。

2. 发帖礼仪

（1）标题要正确。

在发帖时不要用无意义或表意不明的题目，这是为了方便读者理解，也是为了提高你帖子的回应率。

（2）内容健康。

帖子的内容一定要健康，语言要简洁，还要言之有物。千万别在网上发些污言秽语或毫无意义的东西，既浪费别人的阅读时间，也降低自己的品位。

（3）对问题进行具体的说明。

在提问或答复的时候，要具体详细地书写内容。问题内容越详细，别人的答复也就越有针对性，答复越有针对性，问题就越容易得到解决。

（4）检查发帖的子版是否正确。

提交问题之前请确认问题的子版（分类）是否正确，帖子的正确归类可以让你更快地得到满意的回答。

【案例分析】

职场故事：女秘书 PK 老板事件

1. 下班锁门引起总裁不满

4 月 7 日晚，EMC 大中华区总裁陆纯初回办公室取东西，到门口才发现自己没带钥匙。此时他的私人秘书瑞贝卡已经下班。总裁陆试图联系后者未果。数小时后，陆纯初还是难抑怒火，于是在凌晨 1 时 13 分通过内部电子邮件系统给瑞贝卡发了一封措辞严厉且语气生硬的“谴责信”。

陆纯初在这封用英文写就的邮件中说：“我曾告诉过你，想东西、做事情不要想当然！结果今天晚上你就把我锁在门外，我要取的东西都还在办公室里。问题在于你自以为是地认为我随身带了钥匙。从现在起，无论是午餐时段还是晚上下班后，你要跟你服务的每一名经理都确认无事后才能离开办公室，明白了吗?”（事实上，英文原信的口气比上述译文要激烈得多）陆在发送这封邮件的时候，同时传给了公司几位高管。

2. 秘书回了咄咄逼人的邮件

两天后，瑞贝卡在邮件中回复说：“首先，我做这件事是完全正确的，我锁门是从安全角度考虑的，如果一旦丢了东西，我无法承担这个责任。其次，你有钥匙，你自己忘了带，还要说别人不对。造成这件事的主要原因都是你自己，不要把自己的错误转移到别人的身上。第三，你无权干涉和控制我的私人时间，我一天就 8 小时工作时间，请你记住中午和晚上下班的时间都是我的私人时间。第四，从到 EMC 的第一天到现在为止，我工作尽职尽责，也加过很多次的班，我也没有任何怨言，但是如果你们要求我加班是为了工作以外的事情，我无法做到。第五，虽然咱们是上下级的关系，也请你注重一下你说话的语气，这是做人最基本的礼貌问题。第六，我要在这强调一下，我并没有猜想或者假定什么，因为我没有这个时间也没有这个必要。”

本来，这封咄咄逼人的回信已经够令人吃惊了，但是瑞贝卡选择了更加过火的做法。她回信的对象选择了“EMC（北京）、EMC（成都）、EMC（广州）、EMC（上海）”。这样一来，EMC 中国公司的所有人都收到了这封邮件。

3. 邮件被数千人转发

然而事情并没有就此打住，瑞贝卡的邮件在网上不断地被转发，让数以万计的普通网民都知道了这封邮件。从邮件的转发过程中，可以发现这样一个顺序 EMC-> Microsoft -> MIC->HP-> SAMSUNG-> Honeywell-> Thomson->Motorola-> Nokia->GE……这些大名鼎的外企大多为 IT 或电子类相关企业。

4. 女秘书已离开公司

邮件被转发出 EMC 后不久，陆纯初就更换了秘书，瑞贝卡也离开了公司。EMC 一些参与转发邮件的员工也挨个儿被人事部门找去谈话。无论是邮件附加的个人点评还是论坛上的讨论，力挺瑞贝卡的声音都超过了八成，但外企人力资源部的管理层却并不买账。在此后记者的电话采访中瑞贝卡明白了，“这事儿闹得太厉害，我已经找不到工作了”。她没有料到邮件会被转发出去，也没有料到目前的局面。

分析：如果你是 EMC 的瑞贝卡，你将如何回复 EMC 大中华区总裁陆纯初有关指责你的邮件，并将该邮件转发给大中华区人力资源经理王经理。陆纯初又将如何回应瑞贝卡的邮件，以及作为 EMC 资方代表的大中华区人力资源部王经理又将如何回复瑞贝卡和陆纯初的邮件。

【技能训练 1】电话礼仪

1. 请模拟你作为一名秘书，当一个重要合作企业的经理通过你给你的老板转接电话，而你的老板恰好不在或因故不能接听电话，你应该如何灵活处理？

2. 请模拟一名顾客对在你公司购买的一款电子产品不满意，要求立即退货而来电时，你如何接听并处理好这一电话？

【技能训练 2】手机礼仪

一、实训目的和要求：掌握接打手机礼仪，能熟练运用礼貌用语与客户进行交流沟通。

二、实训内容：手机礼仪。

三、实训材料准备：手机。

四、实训方法和步骤

（一）实训方法

1. 设计场景（向辅导员通话请假，求职咨询通话，和久未联系的同学通话问候等），自行分配角色。

2. 手机通信过程中不能吸烟、喝茶、吃零食，即使是用懒散的姿势对方也能够“听”得出来。如果你打电话的时候躺在椅子上，对方听到你的声音就是懒散的、无精打采的。若坐姿端正，发出来的声音也会亲切悦耳、充满活力。因此接打手机时，即使看不见对方，也要当作对方就在眼前，尽可能注意自己的姿势。

3. 手机通信是利用声音在做传达，所以除了迅速、简洁外，务必要求正确。一般说来，不易分辨的词语同时出现的情形并不多见，可是在工作场合上只要听错一个字，就很容易带来极大的损失，这种例子屡见不鲜。因此若遇有不容易懂的词语时，一定要附加说明。为了避免发生类似错误，在手机通信中，对于难懂的、有歧义的词，双方一定要做到重复确认才行。或者，通信结束后以手机短信的形式进行再次确认。

（二）实训步骤

1. 本次实训在情景模拟室或教室进行。

2. 学生 2 个人一组，以小组为单位进行练习。

3. 同学表演，同学互评。

4. 教师点评。

项目四　商务人员的接待礼仪

【学习目标】

1. 了解拜访的相关礼节，了解宴请的种类。

2. 掌握迎客、接引、送客的相关礼仪；掌握几种常见静态、动态情景下的位次礼仪；掌握中、西餐礼仪。

3. 熟悉礼品在商务交往中的重要意义，掌握馈赠的方式方法。

【技能目标】

1. 学会拜访、接待客人及礼物馈赠的技巧；

2. 学会行走、乘车、乘电梯、会谈、宴请等的位次安排；

3. 懂得宴请的相关礼仪，在中、西餐就餐中不失礼。

任务一　访送礼仪

【任务引入】

肖童是一家公司的部门经理，他们公司正在和日升公司洽谈合作事宜，公司委派肖童全权负责这件事。

一天，肖童想要去日升公司亲自登门拜访，与他们的负责人商谈一下合作事宜。于是，肖童就打电话与日升公司的负责人张总约定了时间，说好下午三点前去拜访。

下午两点左右，肖童就处理完了手头上的事情。眼见无事可做，为了避免浪费时间，肖童就提前出发到了日升公司。

张总见到肖童颇感诧异，因为离他们约定的时间还早，他根本没料到肖童会提前到来。由于张总目前还有很多事情要处理，所以他就安排秘书带肖童去会客室休息一下。肖童在会客室颇感无聊，就擅自走出会客室，在日升公司内部到处走动。现在的竞争如此激烈，肖童公司与日升公司说起来也算是竞争对手，他这样在日升公司内部随便走动，不免让人起了防备之心。秘书发现这一情况后，很有礼貌地请肖童返回会客室。

张总处理完事情后就到会客室见肖童。两人商谈完合作事宜后，肖童关不住话匣子，又信口扯起了别的。张总刚开始极有耐心地听着，后来发现肖童丝毫没有住口的迹象，于是就委婉地说："对不起，我还有一个会议需准时参加，今天先谈到这儿，有空我们再约时间，好吗?"肖童极不情愿地起身与张总告别。

问题：本案例中，肖童的做法是否妥当，为什么？

【知识链接】

访送是商务交往的重要内容，主要是指拜访、迎访、送礼、送客等交往活动。对于建立联系、交流信息、沟通情感、发展友情，访送有着其他活动不可替代的作用。本任务主要讨论拜访、迎访及接待过程中的待客、送客、赠礼等活动的一般礼仪规范。

一、拜访礼仪

拜访又称拜会或会见，通常是指个人亲自到朋友或有商务往来的客户单位或相应的场所去探望、会晤对方的一种社交活动。日常活动中的拜访归结起来主要分为三种类型：事务性拜访、礼节性拜访和私人拜访。无论哪种形式的拜访都必须要遵守一定的礼节，否则就有可能破坏友情，使交际失败，成为最不受欢迎的客人。

（一）拜访前的准备

在日常交往中，有些人认为拜访无须准备，直接登门即可，其实这是非常错误的。拜访，特别是商务拜访，事前一定要做好充分的准备，做到知己知彼。

1. 确定拜访者和被拜访者

谁拜访谁？一般根据工作需要，要考虑由谁出面比较合适，通常要顾及职务身份及拜访目的，有时也适当考虑私交等因素，如老领导、老同事等。工作性质的拜访不带家眷。礼节性拜访可以带配偶。拜访人一经确定，就不能临时增加或换人。未经同意，临时带上其他人都是一种失礼的表现。

2. 提前预约，确定拜访时间

（1）预约的方式。

预约的方式主要有这样几种：一是当面提出拜访请求；二是电话提出拜访请求；三是以书信形式（包括电子邮件）提出拜访请求。这样既可避免吃闭门羹，又可以让对方做好思想准备或有所安排。预约时语言要准确，语气要肯定，措辞要礼貌、婉转，不可使用命令性或强迫性语言，而应使用征询式的问话方式，如："我们打算在本周六的中午去家中拜访您，您看方便吗?"如果对方答复说另有安排，你应主动表示歉意，并商讨下次相见的时机。这样既有风度又有礼貌，一般情况下，对方在感动之余会尽早考虑你的访问。但是，如果你发现对方并无其他安排，只是托词拒绝，应当对对方的难言之隐表示理解。

（2）拜访时间的确定。

在约定拜访时间时，对主人所提出的具体时间和地点，应予以优先考虑；由客人自己提出方案时，最好给对方多提供几种选择。至于具体的拜访时间，从季节上来说，夏季由于气候炎热，穿戴举止都不太方便，因此不宜频繁拜访；从一周来看，尽量不要选择周一的上午和周五的下午，这是两个工作极为忙碌的时间；从一天来看，不要选择常规的用餐时间和休息时间，每天刚上班的一小时和下班前的一小时也要避免。此外，还要注意避开一些重要节假日。

商务拜访除约定时间外，还必须根据拜访的具体目的选择拜访地点。例如，公务拜访一般选择办公室，私人拜访宜选择家里或娱乐场所。

3. 查询路线、选择交通

很多城市经常性的交通拥堵是不争的事实。所以，就要事先弄清楚所去地点的具体交通路线，并尽可能多准备几种交通方式。另外，还要提前出发，提前到达目的地的熟悉环境。

4. 确定拜访内容

中国有句古话：无事不登三宝殿。拜访都有一定的目的性，如需要商量什么事情、恳请对方做哪些工作等。怎样交谈更为妥当，怎么才能达到拜访的目的，事先要认真地设想和安排，并预想可能出现的意外情况以及对策。这样，拜访时才能胸有成竹、自信沉着、不慌不忙，显得专业而有水准。

5. 资料准备

（1）被访者资料。

假如客户是公司，商务人员应了解公司概况、业务情况、财务状况、与供应商关系、主要客户的个人情况。相关资料越多，客户的图像就越清晰，面谈的切入点就越明确，以便提供个性服务和相关商务的接触。

假如客户是个人，应了解对方的学历、经历、籍贯、年龄、兴趣、收入、专长、个性特点、个人荣誉、健康、个人嗜好、最近的活动、生日、家庭状况等相关资料，以及别人对他的评价等。为了准确把握客户的情况，拜访者必须对收集来的资料进行归类、分析，从大量的资料中寻找到可以与其沟通的突破口。

（2）拜访者资料。

进行商务拜访除了了解被拜访者资料外，拜访者还要根据拜访目的尽量带齐自己所需资料，如公司宣传目录、宣传杂志、产品价目表、产品说明书、其他公司同类产品说明书及数据对比资料、单位介绍信、本人证件、客户名录及客户意见记录本、照片集、样品、赠品、小礼品、订货单等。准备充足的书面资料，能够体现你的诚意，也可以使你在拜访中有条有理，做到主旨明确。另外，备齐资料随时翻阅还可以缓解谈话中断时的尴尬。

6. 形象准备

商务拜访要成功，就要选择符合个性的服装，以体现专业形象。拜访者通过良好的个人形象，向顾客展示品牌形象和企业形象。最好穿公司统一服装，让客户感觉公司很正规，企业文化良好。如果公司没有统一服装，一般情况下，拜访时穿着要端庄、整洁、高雅、庄重。另外，应注意检查头发、指甲等是否整洁、卫生，纽扣、拉链是否处置妥当。要以干净、整齐、端庄、文雅的形象，给对方留下良好的印象。

（二）拜访中的礼节

1. 遵守时间，准时抵达

准时赴约是国际交往的基本要求。宾主双方约定了会面的具体时间，作为拜访者应履约守时如期而至。既不能随意变动时间，打乱主人的安排，也不能迟到早到。如果预计到会因故迟到、失约，应当至少提前 15 分钟告知对方不能准时抵达的原因并对到达时间作出预测。双方见面时还要详细说明原因，郑重致歉。在对外交往中，更应严格遵守时间，有的国外企业安排拜访时间常以分为计算单位，如拜访迟到 10 分钟，对方就会谢绝拜会。

2. 言行合礼

（1）敲门或按门铃。

在进门之前要先按门铃或敲门。礼貌的敲门法讲究用食指敲门，力度要适中，间隔要有序。敲门以三下为宜，声音有节奏但不要过重。敲过三下之后，静待回音。如无应声，可稍加力度再敲三下，如有应声，则侧身立于门框一侧，待门开时再向前迈半步，与主人相对。即使对方办公室的门虚掩着或开着，只要对方没有看见站在门口的你，那么就应当先敲门，得到主人的允许后才能进入。如果对方的门外安装了门铃，那么就应该礼貌地按门铃。先轻轻地按一下，隔一会儿再按一下。

（2）物品的摆放。

有时拜访者可能需要带一些物品，或随身带有外衣和雨具等，这些都应该放到主人指定的地方。如无指定的地方，可在征求主人的意见之后，按主人的安排放置，不可乱扔、乱放。

（3）言谈举止。

与主人见面后，应主动、热情地向对方问好，如果是初次见面，还应清楚、简洁地做自我介绍。如恰巧有其他客人在场，还应在主人的介绍下，行点头致意礼或握手礼，并简单地和对方寒暄几句。

进入房间后要将外套、帽子、手套脱下，放在适当的地方或直接交给主人放置。如果是在主人家中做客，就座时要注意：一是按主人指定方位就座，如果主人没请你就座则不宜随便坐下；二是应由上司坐上座，随行人员坐下座；三是主人没有就座，拜访者便不应先坐，如果主人请你就座，你要说“谢谢”；四是应按标准坐姿就座。

主人递上烟或茶水、饮料时要微微起身双手接过并表示谢意。主人奉上果品，要等年长者、位高者或其他客人动手后，自己再取用。如果主人没有吸烟的习惯而自己有时，要克制自己的烟瘾，尽量不要吸烟，以示对主人习惯的尊重。

跟主人交谈时，要特别注意用语客气、温和，谈话要诚恳、大方，不可自顾自地滔滔不绝地说个没完，要多给周围人留有说话的余地。工作性的拜访，要讲究效率为先，因为双方业务都很繁忙，因此要尽可能快地切入正题，而不要闲话家常，浪费彼此的时间。应清楚直接、开门见山地向对方表明你的来意、要谈的工作事项，不要讲无关紧要的事情。说完后，让对方发表意见，主人在说话时，要注意仔细倾听，先不要忙于辩解或打断对方讲话。有任何不同意见，可在对方发表完见解后再说。

交谈过程中还要善于察言观色，要经常性地观察对方的表情与心态，如果对方流露出不感兴趣的情绪，就要适时更换话题，如果对方显现出不耐烦的样子，就要立即找机会告辞。

（4）遵守相关规定。

到客户公司时，应遵守对方的管理规定。例如，应先到前台请秘书小姐通报要拜访的客户，并做好出入登记记录。绝不可径直闯入，即便与客户熟识也要遵守公司的规定。在会客室等待时要保持安静，不要大声与同行者闲谈，更不能对对方公司品头论足、指指点点。那样不仅会打扰别人的工作，也有失自己的身份。

3. 适时告辞

无论是礼节性拜访还是工作性拜访，时间都不宜过长。如果客人与主人双方对会见的时间长度早已有约在先，则客人务必要谨记在心，认真遵守。假如双方无此约定，通常一般性的拜访应以一小时为限。初次拜会，则不宜长于半小时。当双方已经将核心内容谈完之后，稍微闲聊两句沟通一下情感之后，就应该起身告辞了。

告辞时应相互行握手礼，此时要特别注意，身为客人应主动先伸出右手与主人告别，并诚挚地表达对主人“热情待客”的谢意及自己“多有打扰”的歉意。出门后，应再度回身主动伸手与主人握别，并说：“请留步。”当主人送我们离去时，我们应礼节性地走几步，回首挥手致意，如若“一去不回头”，会让主人非常失望，也会给对方留下不好的印象。

除了拜访中应注意的礼节，在拜访结束后，对于对方的热情接待，应在适当的时间以适当的方式向对方表示感谢。

拓展阅读

拜访客户的7大黄金定律

1. 开门见山，直述来意。
2. 突出自我，赢得注意。
3. 察言观色，投其所好。
4. 明辨身份，找准对象。
5. 宣传优势，诱之以利。
6. 以点带面，各个击破。
7. 端正心态，永不言败。

二、接待礼仪

迎送接待是最常见的商务活动之一，商务人员在日常工作当中，经常需要接待来自四面八方的客人。对外迎送接待工作做得如何，将直接影响组织的形象、声誉以及由此带来的利益。商务接待礼仪就是指在招待那些因有业务合作而前来拜访或参与各类商务活动的客商时所应当遵守的礼仪规范。

案例阅读

时逢圣诞巧接待

某集团公司汪总经理的日程表上清晰地写着：12月23日接待英国的威廉姆斯先生。

22日下午，汪总经理在着手安排具体接待工作时，案头的电话铃响了，打电话正是威廉姆斯先生，他说因在某市的业务遇到了麻烦，要推迟到25日才能抵达贵公司，问汪总经理是否可以，并再三因改期表示歉意。尽管汪总经理25日需到省城参加一个会议，时间已经做了安排，但他还是很干脆地答复对方，25日一定安排专人接待，26日同威廉姆斯会面。因为汪总经理知道，威廉姆斯先生拥有众多的国外客户，同他合作，有望使本公司的商品打入更多的国外市场。于是，总经理把接待威廉姆斯的任务交给了公关部经理焦小姐。

接受任务后，毕业于文秘专业的焦小姐立即着手收集有关资料，并制定了详尽的接待方案。

25日下午4时，威廉姆斯乘坐的班机准时降落，当威廉姆斯走出出口后，焦小姐便热情地迎了上去，并用一口纯熟的英语做了自我介绍，使正在茫然四顾的威廉姆斯先生立即有了一种踏实的感觉。

焦小姐陪同威廉姆斯先生乘轿车离开机场向城市中心的宾馆驶去。一路上，焦小姐不时向威廉姆斯介绍沿途的风光及特色建筑，威廉姆斯对焦小姐的介绍很感兴趣。

天色渐暗，华灯初上，望着窗外的景色，威廉姆斯富有感情地说："在我们国家，今天是个非常快乐的日子，亲人团聚，尽情享受生活的乐趣。"话语中透着几分自傲，又似乎有几分遗憾，焦小姐认真地倾听并不断地点头。

车子抵达宾馆，由服务人员将威廉姆斯先生引入房间稍事整理后，焦小姐请威廉姆斯先生一同共进晚餐。走入餐厅，威廉姆斯先生被眼前的景色惊呆了：圣诞树被五彩缤纷的灯饰装饰得格外绚丽，圣诞老人在异国慈祥地注视着远方的游子。餐桌上放满了丰盛的圣诞食品。威廉姆斯先生非常兴奋。进餐中，服务人员手捧鲜花和生日贺卡走进来呈给他，威廉姆斯先生更是激动不已。原来，这天正是威廉姆斯先生55岁生日。焦小姐举起手中酒杯，对他说："我代表我们公司及汪总经理，祝您圣诞节欢乐、生日快乐！"威廉姆斯兴奋地说道："谢谢你们为我举行这么隆重的圣诞晚宴及生日宴会，你们珍贵的友情和良好的祝愿让我终生难忘。"

26日汪总经理由省城返回，双方有关合作业务洽谈得非常顺利。客人回国时，再三向焦小姐及公司对他的接待表示感谢。

（一）接待前的准备

周密而完善的接待准备是成功进行接待的第一步，也是整个接待工作的重要环节。我们需要在了解客人基本情况的基础上，制定行之有效的接待方案，并事先布置好接待环境、提前到达相约的会面地点，以得体的着装迎接来宾。

1. 了解客人的情况

得到接待通知后，首先必须了解来宾的基本情况，尤其是主宾的个人简况，例如，姓名、性别、年龄、籍贯、民族、单位、职务、职称、学历、学位、专业、专长、偏好、著述、知名度，等等。必要时，还需要了解其婚姻、健康状况，以及政治倾向与宗教信仰。了解来宾的具体人数时，不仅要求准确无误，而且应着重了解对方由何人负责、来宾之中有几对夫妇，等等。来宾此前有无正式来访的记录，如果来宾，尤其是主宾此前前来进行过访问，则在接待规格上要注意前后协调一致。无特殊原因时，一般不宜随意在迎宾时升格或降格。

其次，要掌握来宾的来访目的和要求，例如，来访的目的、来访的行程、来访的要求等。

在力所能及的前提之下，应当在迎宾活动之中兼顾来宾一方的特殊要求，尽可能地对对方多加照顾。

最后，掌握来宾到达和离开的时间。关于时间问题：一要预先由双方约定清楚，二要在来宾启程前后再次予以确认。在准确掌握来宾到达和离开的时间后，需及早通知全体迎送人员和有关单位。如有变化，应及时通知有关人员。迎接人员应提前到达迎接地点，不能太早，更不能太迟，甚至迟到。送行人员则应在客人离开之前到达送行地点。

2. 确定接待规格

（1）接待规格的类型。在迎来送往的接待工作中，确定接待规格是做好接待工作的基础。

①对等接待。接待方的最高职位者与来宾的最高职位者平级，同时双方主管的业务对口。这是接待工作中经常采用的接待规格。

②高规格接待。接待方的最高职位者比来宾的最高职位者职位高。高规格接待表明接待方对来宾的重视与友好，如下情况需要高规格接待：上级领导派工作人员到基层了解情况时；接待方非常重视的组织或来宾来访时。

③低规格接待。接待方的最高职位者比来宾的最高职位者职位低的接待。如下情况需用低规格接待：上级领导或主管部门领导到基层视察时。

（2）如何确定接待规格。

①双方的关系。当对方的来访事关重大或主人一方非常希望发展与对方的关系时，往往用高格接待。

②客观情况对接待规格的影响。如应出面接待的正值出差或生病，只能采用低规格接待。遇到这类情况，应主动向客人解释和道歉。

③接待惯例。对以前接待过的客人，接待规格最好参照上一次的标准。

总之，接待规格必须事先确定，安排好接待人员，否则客人到来后会造成无人照顾的尴尬场面。

3. 制定接待方案

在了解客人情况后，要及时与主管领导汇报，以确定接待规格，通知有关部门及相关人员。接待一般客人，可根据惯例直接接待。接待重要客人和高级团体，就要事先制定接待方案，内容包括：客人的基本情况、接待工作的组织分工、陪同人员和迎送人员名单、食宿地点及房间安排、伙食标准及用餐形式、交通工具、费用支出意见、活动方式及日程安排、汇报内容的准备及参加人员等。接待方案要报送企业领导批准。

案例阅读

长胜公司业务洽谈团的接待方案

经过双方多次交换意见，有关长胜公司一行5人来访的日程安排已得到双方的确认。在此基础上，天地仁和公司特制定接待方案如下。

一、主要日程

时间	日程安排	备注
12. 28	14:15 到达机场 16:00 参观天地人和公司的生产车间，进行技术交流	由技术总监李想副总负责陪同参观、介绍
12. 29	进行正式的商务谈判	注意会议室的布置
12. 30	签约，参加天地仁和公司的年终答谢宴会	注意签约仪式的筹备
12. 31	9:45 飞离	安排好送行人员和礼品

根据和长胜的初步沟通，长胜一行计划停留4天，2015年12月28日—2015年12月31日。

二、接机

确认飞机到达时间后，天地仁和公司拟安排由主管华东区事务的营销副总张伟强、技术副总李想、助理林娟前往机场迎接。考虑到双方人数较多，行李和资料较多，拟安排一辆小轿车和一辆7座商务车前往接机。

三、下榻饭店

下榻饭店为凯越大酒店。

四、商务会谈

具体事宜由办公室负责。12月28日的技术交流在我方会议室进行，12月29日、30日的商务谈判在长胜公司下榻宾馆进行。

五、赠礼(略)

六、送别

由公司总经理张宏、技术副总李想、营销副总张伟强和助理林娟到凯越大酒店与长胜公司一行人话别并赠送礼品。营销副总张伟强和助理林娟代表公司到机场为客人送行。

七、经费预算

经费使用：原则上接待费用控制在计划额度内；在计划额度以内，经费的使用由接待小组支配；经费超支，原则上应向公司领导请示，特殊情况下由在场的最高级别领导或工作人员决定，以不影响商务谈判活动或接待工作的顺利进行为原则。

分析：

在实际接待工作中，并非所有的接待活动都要形成如本案例所示的书面接待计划，接待方应根据具体的情况来决定活动的安排及接待规格和内容。

同时，接待计划具有针对性，不可能对每一次具体活动、每一个人的行为做出规定。为保证接待活动的顺利开展，每一个接待人员在具体执行接待计划时要灵活机动，及时调整活动和行程。

4. 布置接待场所

接待来宾的地点确定之后，接待人员需要对室内进行一些必要的布置，良好的环境反映了接待方对来宾的尊重与礼貌。接待室的环境应该明亮、安静、整洁、幽雅，应配置沙发、茶几、衣架、电话。室内应适当点缀一些花卉盆景、字画，增加雅致的气氛，还可放置几份报刊和有关本单位或公司的宣传材料，供客人翻阅。

欢迎宾客的海报标语一定要事先在显眼的地方张贴好，并且要确保所有标语都已贴牢。来宾的地位愈重要，欢迎标志就要愈大愈显眼。因为欢迎标志是写给贵宾看的。标志张贴的地点要选择来宾必经且清楚明亮的位置，欢迎词要注意恰当得体。

5. 相关文书的准备工作

当贵宾来临前，接待人员应先将各种相关资料准备妥当，如介绍本公司机构、历史、宗旨、服务项目等的资料宣传品，以备随时赠送给客人。

6. 准备名片及茶点

如果有名片，接待时一定要将名片随身携带好。对方给名片的时候，记住回送一张。茶点中茶具包括茶盘、茶杯、杯垫、条匙、糖罐及奶罐，要有茶叶、奶包和咖啡。准备茶点时，也要同时准备一些叉子及纸巾。香烟、烟灰缸、打火机这三项是一体的，准备时缺一不可。烟灰缸要清理干净，打火机也须时常检查燃料是否够用。若是禁烟的场所则不必准备。准备报纸和杂志，提供给早到的贵宾及等候的客人，让他们打发时间，以免呆坐、干等、无聊。报纸最好是当天的，杂志也要是最近几期的，给人以新鲜感，不要摆放破旧且过时的报刊。

（二）接待礼仪

案例阅读

客人走了

一天上午，惠利公司前台接待秘书小张匆匆走进办公室，像往常一样进行上班前的准备工作。她先打开窗户，接着，打开饮水机开关，然后，翻看昨天的工作日志。这时，一位事先有约的客人要求会见销售部李经理。小张一看时间，他提前了30分钟到达。小张立刻通知了销售部李经理，李经理说正在接待一位重要的客人，请对方稍等。小张就如实转告客人说："李经理正在接待一位重要的客人，请您等一会儿。"话音未落，电话铃响了，小张用手指了指一旁的沙发，没顾上对客人说什么，就赶快接电话去了。客人尴尬地坐下……

待小张接完电话后，发现客人已经离开了办公室。

1. 迎客礼仪

迎客，又称迎宾指的是在商务交往中，在有约在先的情况下，由主人一方出动专人，前往来访者知晓的某一处所，恭候对方的到来。除一些情况是在单位门口、办公室门口迎接客人外，迎客礼仪主要指到车站、码头或机场迎候客人的礼仪。

（1）一定要提前 15 分钟赶到车站或机场迎候客人，绝不能让客人在那里等你。有时候考虑到飞机可能提前到达，需要提前半个小时到机场。

（2）如果与客人素未谋面，一定要事先了解一下他的体貌特征，最好举个小牌子来迎接他。小牌子上写上"欢迎 M 先生（女士）光临某公司"或"欢迎（恭迎）M 代表团"或"欢迎 M 先生（女士）"或"M 接待处"等，同时要高举迎客牌，以便客人辨认。

（3）接到客人后，应该说一声"您路上辛苦了"之类的话，然后立即自我介绍。如有名片更好。如果对方不知道怎样称呼为好，可以主动说，"就叫我××好了"。如有车来接，应为他打开车门。

（4）应提前把活动计划安排好，如果可能，客人一来，就应将日程表送到他手上，让他据此安排自己的私人活动。如果没有日程表，一般也要将活动日程安排，简单向客人进行介绍，根据活动安排，客人还将与哪些人会面或合作，也应做简要介绍。

（5）在迎接客人的旅途中，不能一言不发，应找些容易引起共同兴趣的话题来谈。如本次活动的背景资料、筹备情况，当地的风土人情、气候、物产，当地的地名由来和风景名胜，本地知名人士，近来发生在本地的大事及当地物价等。

（6）到达宾馆后，接待人员不宜久留，应让客人及时休息，消除疲劳。分手前应说好下次见面的时间、地点及双方联系的办法，并提醒客人即将举行的第一项活动的时间、地点及活动安排。

2. 待客礼仪

温馨提示：

"待客三声"：来有应声、问有答声、去有送声。

一般而言，在商务活动之中，待客的常规地点有办公室、会客室、接待室等。接待一般的来访者，可在自己的办公室进行。接待重要的客人，可选择专门用来待客的会客室。

接待身份极其尊贵的来宾，有时还可选择档次最高的会客室——贵宾室。至于接待室，则多用于接待就某些因专门问题来访之人。必要时，还须设置指引客人之用的“指向标”。

（1）起身相迎，专门恭候。

为了防止来宾来访时“吃闭门羹”，负责招待对方的有关人员须至少提前10分钟抵达双方约定的地点。必要时，还应专门在约定地点的正门外迎候来宾。最好不要在同一时间同一地点接待来自不同地方的人士。要是遇上这种情况，可按“先来后到”的顺序接待，也可以安排其他人员分别予以接待，对突然的来访者，应起立欢迎，并让座、献茶。

在客人到达时，主人应从办公桌后起身，微笑着问候客人并与客人握手。招待客人入座或与客人一起入座。入座前，应指示或告诉客人衣帽应挂在何处，也可帮助客人将衣帽挂起来，并指引客人该坐于何处。

（2）盛情款待，斟茶敬烟。

一般情况下，来宾是男士，一落座马上敬烟。敬烟忌用手直接取烟、应打开烟盒弹出几支递到客人面前请客人自取，敬烟不能忘了敬火，若主人也会吸，应先客后主。冲泡茶时，首先要清洁茶具，多杯茶具应一字排开来回冲，每杯茶以斟满茶杯的2/3为宜，应双手捧上放在客人的右手上方。先敬尊长者。把茶水送给客人，随之说声“请您用茶”或“请喝茶”。切忌用手指捏住杯口边缘往客人面前送，这样敬茶既不卫生，也不礼貌。

（3）聚精会神，认真专注。

与来宾交谈时，务必要认认真真地听，耐心回答，不要频频看表、打呵欠，那样做必定会得罪人。千万不要在招待来宾时，忙于处理其他事务，如打电话、发传真、批阅文件、寻找材料，或是与其他同事交谈等。万一非得中途暂时离开一下，或是去接一下电话，先要向来宾表示歉意。对来访客人，无论职位高低、是否熟悉，都应一视同仁，热情相迎，亲切招呼。如果客人突然造访，也要尽快整理一下房间、办公室或书桌，并对客人表示歉意。

3. 送别礼仪

送别礼仪是接待礼仪中的最后一个环节，送别活动进行得好就为整个接待环节画上了圆满的句号，给客人留下美好印象。

案例阅读

周总理为什么发火

1972年，周总理到西郊机场为西哈努克亲王和夫人送行。亲王的飞机刚一起飞，我国参加欢送的人群便自行散开，准备返回，而周总理这时却依然笔直地站在原地未动，并要工作人员立即把那些离去的同志请回来。这次总理发了脾气，他严厉起来了，狠狠地批评道：“你们怎么搞的，没有一点礼貌。各国外交使节站在那里，飞机还没有飞远，你们倒先走了。大国这样对小国客人不是搞大国主义吗?”当天下午，周总理就把外交部礼宾司和国务院机关事务管理局的负责同志找去，要他们立即在《礼宾工作条例》上加上一条，即今后到机场为贵宾送行，须等到飞机起飞，绕场一周，双翼摆动三次礼表示谢意后，送行者方可离开。

（1）送别的形式。最为常见的送别形式有道别、话别、饯别、送行等。

①道别，指的是与交往对象分开。按照常规，道别应当由来宾本人先提出来，假如主人首先与来宾道别，难免会给人以厌客、逐客的感觉，所以一般是不应该的。在道别时，来宾往往会说“就此告辞”“后会有期”。而此刻主人则一般会讲“一路顺风”“旅途平安”。有时，宾主双方还会向对方互道“再见”，叮嘱对方“多多保重”，或者委托对方代问其同事、家人安好。

②话别，亦称临行话别。与来宾话别的时间，一要讲究主随客便，二要注意预先相告。最佳的话别地点，是来宾的临时下榻之处。在接待方的会客室、贵宾室里，或是在为来宾饯行而专门举行的宴会上，亦可与来宾话别。参加话别的主要人员，应为宾主双方身份、职位大致相似者，对口部门的工作人员、接待人员等。话别的主要内容有：一是表达惜别之意，二是听取来宾的意见或建议，三是了解来宾有无需要帮忙代劳之事，四是向来宾赠送纪念性礼品。

③饯别，又称饯行，指的是在来宾离别之前，东道主一方专门为对方举行一次宴会，以便郑重其事地为对方送别。为饯别而举行的专门宴会，通常称作饯别宴会。在来宾离别之前，专门为对方举行一次饯别宴会，不仅在形式上显得热烈而隆重，而且往往还会使对方产生备受重视之感，进而加深宾主之间的相互了解。

④送行，在此特指东道主在异地来访的重要客人离开本地之时，在来宾的启程返还之处，与客人亲切告别，并目送对方渐渐离去。

（2）送别礼仪。

①热情挽留。在一般情况之下，不论宾主双方会晤的具体时间的长短，客人的告辞均须由对方首先提出。主人首先提出来送客，或是以自己的动作、表情暗示厌客之意，都是极其不礼貌的。当来宾提出告辞时，主人通常应对其加以热情挽留，可告知对方自己“不忙”，或是请对方“再坐一会儿”。

②起身在后。客人要走，在等客人起身后，再起身相送，不可客人一说要走，主人就站起来。主人通常在对方率先起身后方可起身相送。

③伸手在后。与来宾握手作别时，应由客人首先伸出手来与主人相握，表示“再见”。若主人先伸出手，则有逐客的嫌疑。

④相送一程。为正式远道而来的重要客人送行的常规地点，通常应当是来宾返回时的

启程之处，如机场、码头、火车站、长途汽车站等，待对方走后，自己才能离去。亦可以将来宾的临时下榻之处作为送行的地点，如宾馆、饭店、旅馆、招待所。本市的客人，迎送到单位或公司的大门口即可。

拓展阅读

待客7忌

（1）在客户来访时看表，会给人下“逐客令”的感觉，因此要特别谨慎，如果特别需要了解时间，也应回避客户。

（2）在与客户交谈的过程中，不应将两肘抬起，双手支于椅子的扶手上。从体态学角度讲，这是一种急于结束交谈的身体语言。如果客户呈现出这种体态，就应主动询问客人是否还有别的安排，是否愿意再多坐一会儿。

（3）当客户起身告辞时，应尽快想想还有没有什么要紧事告诉客人，确信没有了再起身相送，并邀请本公司的相关人员或家人热情相送。如果是贵宾、远客，应送至车站、码头或机场。分手时应说一些诸如“慢走”“走好”“再见”“欢迎您下次再来”“以后常来玩”“感谢您给我们带来了新信息”“感谢您为我们全家带来了欢乐”“祝一路顺风”“万事如意”等话语。

（4）为了表达对客户及客户的同事、亲人的友好感情，给他们以一定的精神扶助，临别时别忘了告诉客户代表你向他们问好。你可以这样说：“请向贵公司全体同仁问好”“祝贵公司生意兴隆，财源茂渤”“请代问令尊令堂大人好”“请向您的家人问好”等等，必要时还应向客户或客户的亲友赠送一份土特产或纪念品。

（5）客户离开时，应提醒他们检查一下该带的东西是否已带全，还有没有其他需要商谈、讨论的问题等。

（6）如果是将客户送至门口，应等客户的身影在视线内完全消失后再返回。否则，当客户走完一段路再回头致意时，发现主人已经回屋，心里会很不是滋味。送客返身进屋后，应将房门轻轻关上，不要使劲发出声响。那种在客户刚出门就返身关上大门的做法是极其不礼貌的行为，并且很有可能因此而葬送客户来访时精心培养起来的所有感情。

（7）如果是送客至车站、码头，最好等车子开动并消失在视线以外后再返回；送客至机场，应待客户通过安检处之后再返回，如果你有很特殊的原因不得不提前返回，也应详细向客人说明理由，请客人谅解，否则是很失礼的。到车站、码头或机场送客时，尤其不要表现得心神不宁或频频看表，以免客户误解成你催他快离开。

三、馈赠礼仪

中国是礼仪之邦，互相馈赠礼品是把内心的情感以物质的形式表露出来。馈赠作为商务人士人际交往的主要手段之一，受到了古今中外人士的普遍肯定。

馈赠，即赠送，是人们用物质的形式表达祝贺、敬意、友谊、爱情、感谢、慰问等内心感情的一种方式。它是语言文字表达情意的一种辅助，是社交活动中的一项重要内容。馈赠予有人借收礼物之际进行敲诈、勒索、贿赂有着本质区别，必须正确理解和认识赠礼的意义和价值，妥善处理和安排好各种馈赠活动，以促使人们相互关系的正常健康发展。

馈赠礼仪，就是指在礼品的选择、赠送、接收的过程中所必须遵循的惯例与规范。

（一）选择礼品

礼品的选择是一门艺术，不论是为个人送礼，还是为公司送礼，都要选择恰当的礼品，既要价格适当，又要符合收礼人的口味，还不能让收礼人感到为难。

1. 礼品选择的原则

（1）轻重得当。

通常情况下，礼品的贵贱厚薄，往往是衡量赠礼者诚意和情感的重要标志。但礼物是言情、寄意、表礼的，礼品中包含着赠送者的情感。所以，我们提倡“礼轻情义重”，馈赠礼品时，要突出纪念意义，无须过分强调价值、价格。

（2）注重效用。

尽管礼品的实用性不是其第一属性，但若礼品具有一定的实用性，能够成为人们日常生活、工作中不可或缺的一部分，就会让人们经常记起赠礼人，更具有纪念意义。通过细心观察受礼人的实际需要与心理需要而选送的礼品，往往能收到很好的效果。就礼品本身的实用价值而言，人们经济状况不同、文化程度不同、追求不同，对于礼品的实用性要求也不同。一般来说，在物质生活较为贫乏时，人们多倾向选择实用性的礼品；在生活水平较高时，人们则倾向于选择艺术欣赏价值较高、趣味性较强和具有思想性、纪念性的礼品。因此，应视受礼者的物质生活水平，有针对性地选择恰当礼品。

（3）投其所好。

选择礼品时，一定要考虑周全，有的放矢，投其所好。赠送者可以通过仔细观察或打听了解受礼者的兴趣爱好，然后有针对性地精心挑选合适的礼品，比如年龄、爱好、文化素养、家庭环境等，使礼品具有针对性，让人满意。一般说来：对家贫者，以实惠为佳；对富裕者，以精巧为佳；对朋友，以趣味性为佳；对老人，以实用为佳；对孩子，以启智新颖为佳；对外宾，以民族特色为佳。.

（4）规避禁忌。

送礼前应先了解受礼人的一些地方风俗、民族禁忌和个人禁忌等，免得送礼送出麻烦来。所以，商界人士在馈赠礼品前一定要了解受礼者的禁忌，要注意避其禁忌。例如，中国人普遍有“好事成双”的说法，因而凡是大贺大喜之事，所送之礼，均好双忌单，但广东人则忌讳“4”这个偶数，因为在广东话中，“4”听起来像“死”，不吉利。再如，白色虽有纯洁无瑕之意，但中国人比较忌讳，因为在中国，白色常是悲哀之色和贫穷之色。另外，黑色在中国人传统观念中被视为不吉利，是凶灾之色、哀丧之色；而红色，则是喜庆、祥和、欢快的象征，受到人们的普遍喜爱。另外，我国人民还常常讲究给老人不能送“钟”，给新婚夫妻不能送“梨”、送“伞”，因为“钟”与“终”“梨”与“离”“伞”与“散”谐音，是不吉利的。其他国家民族的讲究更多，因此，在涉外商务交往中馈赠礼品时，更应注意规避对方的禁忌。

2. 礼品选择的要求

在选择作为馈赠的礼品时，每个人都是十分仔细、认真的，将其视为表达感情或敬意的载体。一份太昂贵、太便宜或品位很差的不适当礼物，可能使受礼者困窘和苦恼，而送礼者也很难达到预期所要达到的效果和目的。

商界人士在选择馈赠的礼品时，要针对不同的受礼对象区别对待，最主要是要考虑受礼者的个人特点和礼品的纪念意义。一般说来，有以下几点原则要求：

（1）纪念性。在商务交往中，所使用的礼品要能达到使对方记住自己，记住自己的单位、产品和服务的作用，使双方友善和睦地交往。总之，让对方记住自己是商务交往中礼品的主要功效之一。

（2）独特性。商务交往中礼品应具有独特性。要做到人无我有，人有我优，否则就会给人以敷衍了事的感觉。

（3）宣传性。在商务交往中，首先要注意礼品的宣传性，即在商务交往中所使用的礼品，意在推广宣传企业形象，并非贿赂、拉拢他人。

（4）时尚性。礼品不仅要与众不同，还应特别注意礼品时尚与否。总而言之，在商务交往中选择礼品时，不能太落伍，否则效果会适得其反。

（5）便携性。当客人来自异地他乡时，送给对方的礼品，要不易碎，不笨重，便于对方携带，否则会为对方平添烦恼，因此商务交往的礼品要注意它的便携性。

3. 礼品选择的种类

在商务场合中，商务人士之间最常见的相互馈赠的礼品有鲜花、食品、实用品三类。

（1）鲜花、艺术类礼物。

鲜花，是一种高雅的礼品，通过赠花可以来表达自己的感情和心愿，鲜花是适合每个年龄层的人的礼品。送他人鲜花代表着问候、祝贺、慰问和感谢的含义。一般情况下，除了通常隐含着某种浪漫关系的红玫瑰和寄托哀思的菊花外，其他鲜花大都可以作为礼品赠送。

按照我国民间流传的习俗，凡花色为红、橙、黄、紫的暖色花和花名中含有喜庆吉祥意义的花，可用于喜庆事宜；而白、黑、蓝等冷暗色调的花，大多用于伤感事宜。

艺术类礼物主要是字画或自制工艺品等。例如，对于喜欢文学的人，适合送其一套文学名著；对于喜欢棋牌的人，适合送上一套棋谱；对于爱好美术的人，适合送上一套画册等。

拓展阅读

不同场合的送花礼仪

（1）节日期间，看望亲朋，宜送吉祥草、百合、郁金香，象征“幸福吉祥”。朋友远行，宜送剑兰、红掌，寓意一路顺风、前程似锦。

（2）祝福长辈生辰寿日时，可依老人的爱好选送不同类型的祝寿花。一般人可送长寿花、百合、万年青、龟背竹、报春花、吉祥草等；若举办寿辰庆典可选送生机勃勃、寓意深情、瑰丽色艳的花，如玫瑰花篮，以示隆重、喜庆。

（3）拜访德高望重的老者，宜送兰花。因为兰花品质高洁，有“花中君子”之美称。

（4）庆贺新店开张、公司开业或乔迁之喜，应选择鲜艳夺目、花期较长的花篮、花束或盆花，如大丽花、月季、唐菖蒲、红掌、君子兰、山茶花、四季梅等，寓意事业飞黄腾达，万事如意。

（5）给病人送花，有很多禁忌。探望病人时不要送盆栽的花，以免病人误会为久病成根；香味很浓的花对手术病人不利，易引起咳嗽或过敏；颜色过于浓艳的花，会刺激病人的神经，激发烦躁情绪。看望病人宜送水仙、兰花、百合、马蹄莲、剑兰等，或选用病人平时喜欢的品种，有利病人怡情养性，早日康复。

（6）丧事用花，适合用白玫瑰、白菊花或素花均可，象征惋惜怀念之情。

拓展阅读

花的寓意

玫瑰——爱情真挚、娇羞艳丽。

水仙——清芳幽雅、冰洁秀丽。

牡丹——富贵荣华、繁盛艳丽。

剑兰——高雅、长寿、康宁。

康乃馨——慈祥、温馨、真挚。

勿忘我——友谊万岁、永远思念。

满天星——配角，但不可或缺。

郁金香——爱的告白、繁荣多姿。

马蹄莲——圣洁虔诚、纯洁世美。

洋水仙——美丽、虚伪、自大。

君子兰——丰盛，有君子之风。

桃花——美艳醉人、妩媚烂漫。
梅花——高风亮节、独立创新。
茉莉——朴素自然、洁净纯洁。
万年青——吉祥如意、万古长青。
百合——纯洁美好、百年好合。
莲花——清廉自重、圣洁无瑕。
菊花——甘于清寒、傲骨高洁。
翠竹——高风亮节、谦虚自爱。
杜鹃——思乡、忠诚。
芍药——惜别、难舍难分。
荷包花——荷包鼓胀，财源滚滚。
接瓜兰——锦上添花、鸿运当头。
吉祥草——吉祥如意、鸿运祥瑞。

（2）食品。

商界人士在馈赠礼品时，食品是一种很好的礼物，受礼者可以与家人或同事一起分享。所以，我们在不知道要送什么礼物时应首先想到以食物作礼品，没有人会拒绝可口的食品。

①健康类。健康保健类食品，如虫草、花旗参、燕窝等这些滋补品往往是商界人士送礼的选择之一，因为健康是每个人都想要拥有的。

②洋酒类。如今送礼品洋酒备受青睐，但买洋酒时，不要一味注重包装，还要认清中文标志，看准保质期。

③茶叶类。我国有着历史悠久的茶文化，蕴藏着深厚的文化底蕴。茶的附加值更多地体现在它的文化修养上，送茶伴随着高雅这一含义很容易受人青睐，不落俗套。因此，商界人士常常以茶作为馈赠的礼品，同时还显现着个人的文化修养。

④其他食品类。另外，其他类的食品如糖果、巧克力、蛋糕、面包、甜饼、优质的咖啡、新鲜的水果、冷冻食物、坚果、果酱和果冻等也是可选择的对象。

（3）实用礼品。

实用礼品的选择可以以体现对方的爱好和兴趣为准则，选择适合私人使用的礼品，也可以以有益于对方职业的实用品为选择准则。办公用的礼品也可以作为实用品来馈赠，如袖珍日历、相框、套笔、名片盒、办公文具盒（内装纸夹、橡皮筋、胶带等）、开信的工具、商业杂志或商务书籍等。文具永远是很受欢迎且很合适的礼品，如果上面印有公司名称，最好将字体缩小，并将产品适当改装。

4. 忌送的礼品

有一些礼品是不受欢迎的，要了解这些不宜作为礼品赠送的物品，以免错把这些物品作为礼物赠送出去。根据常识和社交知识，下列物品是受赠者难以接受的。

（1）违法物品。例如，涉及国家和商业秘密、涉黄和涉毒的物品等不能赠送于人。

（2）坏俗和私忌物品，即触及受赠人禁忌的物品，是不宜馈赠的。

（3）大额现金和有价证券。不能送大额现金和有价证券，否则就有收买对方之嫌。与此同时还要注意，金银珠宝也不适合送给别人。

（4）废弃物品，即废弃不要的物品不宜做馈赠礼品。

（5）广告物品。把带有广告标志或广告语的物品送人，不仅达不到馈赠的目的，而且会让对方觉得你是在做免费宣传。

选择一件满意、合适的礼品，只是赠礼的开始环节，如何把礼品合乎礼仪地赠送给客人，才是使整个赠礼行为获得成功的重要环节。

（二）赠送礼品

1. 赠礼的时机

商界往来中赠送礼物，要特别注意选择好赠礼的场合和时机。国内赠送礼品通常选择节假良辰、婚丧喜庆之时，以表达祝贺、感谢、慰问之情；涉外交往中，应根据国际惯例，视具体情况而定。比如，商务会见、会谈时，如果准备向客商赠送礼品，一般适宜安排在起身告辞之时；参加喜庆活动表达祝贺时，最好在与客商见面时赠送礼品。

到他人工作之处或到对方居所向其赠送礼品时，一般应在见面之初把礼物赠予对方；当自己以东道主身份接待来宾时，通常是在对方告辞之前向对方赠送礼品。外方客户参观我方企业时，如果企业准备赠送礼品，可在参观结束外商告别时送出。

总而言之，商务人士要学会巧于把握赠礼时机，以达到最佳的沟通效果。

2. 赠礼的方式

（1）亲自赠送。

由本人赠送是最常见也是最友好的赠礼方式。赠送时，可以当面说些祝福或问候的话语；也可畅叙情意、介绍礼品的寓意等，充分发挥赠礼的作用。

（2）邮寄赠送。

邮寄礼品一般都要附上一份礼笺，写明赠礼缘由和一些祝福的话语并且署名。

（3）托人赠送。

托送礼品是由于本人无法或不宜当面赠送，而委托第三方代替自己将礼品当面赠送给受礼者，并转达赠礼者的问候。托人赠礼时要注意不要在礼物中放名片，那样会显得缺乏诚意。可以亲笔书写表达问候、祝贺或纪念的卡片，与礼品一同送去。另外礼品上最好附一份礼单。

3. 赠礼的礼节

（1）精心包装。

①送给他人的礼品，尤其是在正式场合赠送的礼品，一般都应认真地进行包装。应用专门的纸张包裹礼品，或是把礼品装入特制的盒子、瓶子之内。礼品没有包装会被理解为随意应付受礼人，起不到赠礼的作用。

②包装礼品时尽量选择优质材料。可用彩色花纹纸包装，用彩色缎带捆扎好，并系成好看的结。

③在礼品包装纸的颜色、图案、包装后的形状、缎带的颜色、结法等方面，要注意尊重受礼人的文化背景、风俗习惯，不要犯忌。

（2）举止得体。

商务赠礼中，赠礼人在行为上应做到神态自若，举止大方得体。赠礼时应面带微笑，目视对方，以双手送出。在当面致辞之后，还应主动与客商热情握手。商务社交中，一般不用一只手递交礼品，特别是面对那些有宗教信仰的客商时，用一只手（尤其是用左手）递交礼品是极不礼貌的行为。此外，也不能偷偷摸摸、手足无措或悄悄乱塞、乱放，好像见不得人一般。

（3）赠礼顺序。

若同时向多人赠送礼品，应先长辈后晚辈、先女士后男士、先上司后下属，按此次序有条不紊地进行。

（三）接受礼品

1. 受礼礼仪

受礼和答谢是受礼人对馈赠者深情厚谊的肯定，它可以从另一方面帮助馈赠者完成送礼的任务。接受礼品看起来很简单，但其中也有一些需要注意的方面。

首先，当他人口头宣布有礼相赠时，不管自己在做什么事，都应立即中止，起身站立，面向对方，双手捧接，不要一只手，特别是不要单用左手去接礼品。

其次，在对方取出礼品，预备赠送时，不应伸手去抢、开口相问，或者双眼盯住不放，好像迫不及待想先睹为快。此时此刻，应保持风度。

最后，在接过礼品的同时可赞美礼品的精致优雅或实用，夸奖送礼者的周到和细致，并致感谢词。接受礼品后可视具体情况拆看或只看外包装，还可请送礼人介绍礼品的功能、特性和使用方法，以示对礼品的喜爱和接受。接过来的如果是对方所提供的礼单，则应立即从头到尾细读一遍。除了在口头表达感谢之外，事后还要写封感谢信，表明你确实费了心思来感谢馈赠者。

2. 回礼礼仪

在接受他人所赠的礼品后，受礼人一般要回礼。回礼时，应该有一个恰当的理由和合适的时机，不能毫无理由而不选时间、地点单纯地回送等值的物品。

一般而言，如果是回赠礼品，应注意以下几点：

（1）接受他人的馈赠，应留心记住礼物的内容，回赠时以选择类似的物品为宜的礼品，切忌重复。

（2）选择适当时机。在节日庆典时期，可以在客人走时立即回赠。在生日婚庆、晋级升迁等时候接受的礼品，应在对方有类似的情形或适当时候再回赠。回礼也可以根据自己的情况而定。例如，来客赠送礼品，主人回礼的方式可以有很多种，既可以回赠一定物品，也可以用款待对方的方式来回礼，如以酬谢为目的的馈赠，受礼者可不必回礼。

（3）选择适当的礼物。一般回礼与所收礼品价值相当。礼物的价值一般不应超过对方赠送的礼品太多，否则会给人攀比之感。

（四）拒绝礼品

一般情况下，只要不是贿赂性礼品最好不要拒收，否则会让赠礼人有失面子。但如果礼物价格超过公司规定或是按照纪律不宜收受的礼品，则应婉言谢绝。不过拒收礼品也要讲究礼仪，把握好分寸。

方法一：婉言相告，拒绝对方的礼品。比如，当对方向自己赠送昂贵的手机时，可告之："我已经有一台了。"或可以说："谢谢你的好意，但我不习惯用这个品牌。"

方法二：直言缘由，即直截了当、所言不虚地向赠送者说明自己难以接受礼品的原因。在商务交往中拒绝礼品时，此法尤为适用。例如，拒绝他人所赠的大额现金时，可以讲："我们有规定，接受现金就是受贿。"拒绝他人所赠的贵重礼品时，可以说："按照有关规定，您送我的这件东西，必须登记上缴。"

方法三：事后退还。有时没有当面打开礼品，事后才发现价值不菲；也可能当时人多，不好退还。遇到这种情况，可采用事后退还法加以处理。尽快单独将礼品物归原主，时间一般在 24 小时之内。若收到的是现金、有价证券或极其昂贵的物品时，退还时可请地位相当、可信赖的朋友一同前往，以作见证。如果送礼人是善意的，向他解释一下将礼品退回的原因（如公司政策），并对他表示感谢。如果送礼人不怀好意（隐含附加条件），则只需告诉他礼品不合适。为了自我保护，把退还礼品时写的信复印一份，保存在卷宗里，并注明退还礼品的日期及退还方式或报告上级。

拓展阅读

国际商务交往中的馈赠常识

世界各国，由于文化上的差异，以及受不同历史、民族、社会、宗教的影响，在馈赠问题上的观念、喜好和禁忌有所不同。我们只有把握好这些不同，在交往馈赠活动中才能达到目的。

一、亚洲国家的馈赠

亚洲国家虽然在社会、民族、宗教等方面的情况有很大不同，但却在馈赠方面有很多相似之处。

（1）形式重于内容。对亚洲国家人士的馈赠，名牌商品或具有民族特色的手工艺品是上好的礼品。至于礼品的实用性，则屈居知识性和艺术性之后。尤其是日本人和阿拉伯人，非常重视礼品的牌子和外在形式。对日本人而言，越是形式美观而又无实际用途的礼品，越受欢迎，因为日本人有送礼的嗜好，送他这样的礼品，他好再转送他人。

（2）崇尚礼尚往来，而且更愿意以自己的慷慨大方表示对他人的恭敬。在亚洲，无论何地，人们都认为来而不往是有失尊严的，这涉及自身形象。因此，一般人都倾向于先送礼品给他人。而且，收到礼品，在回礼时则常在礼品的内在价值、外在包装上更下功夫，以呈现自己的慷慨和对他人的恭敬。

（3）讲究馈赠对象的具体指向性。选择和馈赠礼品时，十分注意馈赠对象的具体指向性，这是亚洲人的特点。一般说来，送给老人和孩子礼品常常是令人高兴的，无论送什么，人们都乐于接受。但若是送他人妻子礼品，则需考虑交往双方的关系及对方的忌讳，如阿拉伯人最忌讳向其妻子赠送礼品，这被认为是对其隐私的侵犯和对其人格的侮辱。

（4）忌讳颇多。不同国家对礼品数字、颜色、图案等有诸多忌讳。例如，日本、朝鲜等对“4”字有忌讳，把“4”视为预示厄运的数字，而对 9、7、5、3 等奇数和 108 等数颇为青睐，对“9”及“9”的倍数尤其偏爱（但日本人不喜欢 9）；阿拉伯人忌讳动物图案，特别是猪等图案的物品，而日本人则忌讳狐狸和獾等图案。

二、西方国家的馈赠

西方国家与东方国家不同，在礼品的选择喜好等方面没有太多讲究，其礼品种类丰富多样。

（1）实用的内容加漂亮的形式。西方人对礼品更倾向于实用，一束鲜花、一瓶好酒、一盒巧克力、一块手表，甚至一同游览、参观等，都是上好的礼品。当然，如果再讲究礼品的牌子和包装，就更好了。

（2）赠受双方喜欢的共享礼品带来的欢快。西方人馈赠时，受赠人常常当着赠礼人的面打开包装，并表示赞美后邀请赠礼人一同享受或欣赏礼品。

（3）讲究赠礼的时机。一般情况下，西方人赠礼常在社交活动即将结束时，即在社交已有成果时方才赠礼，以避免行受贿之嫌。

（4）忌讳较少。除忌讳“13”和星期五及一些特殊场合（如葬礼），以及对礼品的种类颜色等有一定讲究外，大多数西方国家在礼品上的忌讳是较少的。

【课堂练习】

判断下列说法正确与否？

1. 商业人员在接待顾客时应该站立起来。

2. 客人什么时候抵达目的地应该由客人自行安排。

3. 商业接待和商业拜访都需要在事前做到“知已”和“知彼”。

4. 在进入被接见方的房间时，应先将书包和其他的随身携带的物品放到桌子上再开始说话。

5. 一定要提前 15 分钟到达车站或机场迎候客人，绝不能让客人在那里等你。如果你迟到了，无论怎样解释，都很难消除客人的不快和对你失职的印象。

6. 接到客人后，应该说一声“您路上辛苦了”之类的话，然后立即自我介绍，如有名片更好。如果对方不知道怎样称呼为好，可以主动说“就叫我小刘好了”。

7. 拜访的时候去得越早越好，体现了对对方的尊重。

【专题讨论】

驼伽的成功案例

骆伽负责山东市场，那是惠康从来没有打开局面的新市场。她听说山东的一家电信运营商要启动一个重要项目，便立即出差去济南。骆伽奔到客户办公室时，主管处长不在，她等很久也没有等到，便给处长打电话。对方说在外面开会不回办公室了。她只好在电话中约处长一起聊聊，处长却推辞说晚上有事。骆伽没有办法约到处长，转眼看见办公室里还有一个姓魏的工程师（以下简称：小魏），他大学毕业不久，平常负责设备维护。驼伽认为此人对采购没有多大影响力，但应该对客户内部情况很了解，便请小魏出来吃饭。两人边吃边聊，将客户情况掌握得清清楚楚。

骆伽这次无功而返，只好第二天飞回北京。她放心不下这个订单，打算再去济南，便事先打电话约处长，他说最近很忙，让骆伽先别来，并表示惠康是世界知名公司，招标的时候欢迎参加。骆伽在琢磨处长是推诿，还是真的认可惠康的实力呢？她立即给小魏打电话，将处长的话复述一遍，问他应该怎么办。小魏在电话中劝骆伽，处长跟每个厂家都那么说，并劝她别做那个订单了，处长有老关系，里面水深着呢。很多销售人员去拜访处长，在办公室坐不到15分钟，处长就下送客令，那个处长不好打交道。

骆伽偏不放弃，心想小魏天天和处长泡在一个办公室，便缠着他出主意，小魏果然帮她想到办法。过了几天，小魏告诉她一个消息，处长要来北京参加一年一度的通信展览会。

骆伽当即为处长订了酒店，然后找来酒店服务员，给了两百元小费，让他做了半个黑板那样大的接机牌，提前半个小时到机场将处长“抢回来”。几天以后，处长下飞机取了行李，在很远的距离就看到骆伽的接机牌，没有多想就将行李交给酒店服务员，上车来到酒店。直到骆伽来到房间交换名片的时候，他才意识到接他的另有其人。处长打电话给本该接他的人，那家伙还举着小小的接机牌在机场到处找处长呢，接到处长电话后才急匆匆打车来到酒店。骆伽在酒店大堂等到他，商量能否让处长就住在这个酒店。骆伽承诺出酒店费用把处长留了下来，并保证不影响对方安排。两家公司互不竞争，对方痛快答应下来，双方皆大欢喜。

当天晚上，骆伽给处长洗尘，然后一起出去活动。她早已掌握了处长的情况，他在家里很怕老婆，6点下班，7点到家，一边看新闻联播一边吃晚饭，8点出去散步，9点上床睡觉，在家养精蓄锐，出差时没人管，每次都玩得尽兴。处长在北京3天，骆伽从公司请来司机专门给他用，骆伽一直全程陪同，陪处长购物、旅游、吃饭，并趁机带处长去惠康公司参观，关系处得很不错了。处长被搞定了，但是这个项目上千万，处长说话不算数，最终拍板的是主管副局长。除了局长和处长，还有其他部门参与，骆伽都不认识这些人，根本谈不上得到他们的支持。怎么办呢？骆伽将处长送到机场，骆伽在处长通过安检的最后时刻，提议去济南做个技术交流，处长当场答应。骆伽又提出顺便拜会局长，处长犹豫一下也答应了。

一周以后，骆伽带着工程师去济南，先见处长将局长的情况了解清楚，特别询问了局长的行程。骆伽第二天拜访局长的时候，局长很不客气，屁股都不抬，示意骆伽坐下，谈了几句就开始接电话。处长看出局长心不在焉，谈一会儿就要带骆伽离开，局长总算给点面子，起身挥手说再见。骆伽趁看这个机会顺势问道：“那什么时候再见呢？”局长没想到骆伽会这么问，愣了一下。骆伽立即说：“您经常去北京出差，我们北京见吧。”局长顺便说道：“好吧，北京见。”骆伽露出笑容说：“局长说话要算数啊。”

骆伽离开局长办公室后，转身就去客户公司的行政部门，认识了负责安排领导行程的办公室主任，并和他保持联系。终于在局长去北京出差的时候将其请到惠康，并请惠康的总经理林振威与局长一起午餐。骆伽知道局长喜欢打网球，便在嘉里中心公寓的健身中心订了场地和教练。后来，局长每次到北京都会和她打一场网球。

此时，骆伽仍然没有掉以轻心，她小心谨慎地做下面操作层客户的工作，从底层工程师，到中层的处长，直到决策层的局长，一个都没落下。项目决策的时候，大家异口同声都推荐惠康。局长后来乐呵呵地说，他是一点忙都没帮上。想说的话让下面的人都说了。

讨论交流：骆伽的成功在何处？

【技能训练】

实训项目：接待方案及接待礼仪模拟。

实训情景：天地仁和的营销副总张伟强、技术副总李想、助理林娟接到长胜一行5名代表后，带客人乘车前往杭州文汇大酒店。

考虑到双方人数较多，行李和资料较多，作为接待方的天地仁和安排了一辆小轿车和一辆9座的商务车。

林娟事前已为长胜一行订好房间。抵达文汇大酒店后，林娟陪同客人办好入住手续。张副总和李副总迎上前之邀请李长青女士等在酒店共进午餐。午餐后李长青女士表示由于有点疲劳希望能回房间休息。张副总表示理解并议定下午2点由林娟来接他们到天地仁和公司的会议室进行技术交流。张副总、李副总与李总等告辞，让林娟陪同客人去房间。

实训要求：

1. 查阅有关资料后制订详细的接待计划。
2. 两两团队合作，选推代表扮演天地仁和公司和长胜公司的代表。
3. 以每一辆车为单位，表演上车的情景。
4. 模拟引导客人行进、陪乘电梯、上下楼梯、出入会议室的情景。
5. 模拟奉茶、宴请、赠礼，与客户告别的情景。

实训提示：

1. 制定出车安排（安排轿车和商务车内的座次），陪同客户上车。
2. 引导上级、客户进入酒店，并陪同客户搭乘电梯到已预订的房间。
3. 引导客户进出会议空，并奉上茶点。
4. 表演赠礼和受礼的过程，主方还需描述礼品的选择理由。
5. 模拟送客至机场、话别的整个过程。

任务二　位次礼仪

【任务引入】

位次风波

某分公司要举办一次重要会议，请来了总公司总经理和董事会的部分董事，并邀请当地政府要员和同行业重要人士出席。由于出席的重要人物多，领导决定用U字形的桌子来布置会议桌。分公司领导坐在位于长U字横头处的下首。其他参加会议者坐在U的两侧。在会议的当天开会时，贵宾们进入了会场，按安排好的座签找到了自己的座位就座。当会议正式开始时，坐在横头桌子上的分公司领导宣布会议开始，这时发现会议气氛有些不对劲，有些贵宾相互低语后借口有事站起来要走，分公司领导人不知道发生什么事或出了什么差错，非常尴尬。

问题：

1. 为什么有贵宾相互低语后借口有事站起来要走？
2. 分公司的领导人为什么非常尴尬？失礼在何处？

【知识链接】

位次排列，有时也称为座次排列。这个问题实际上在日常生活和工作的方方面面中无所不在，比如开会的时候、宴请的时候、乘车的时候等都会遇到。座次是民间的说法，从礼仪上来讲我们将其称为位次排列。本任务主要讨论位次礼仪的基本原则，以及几种常见的动、静态下的位次礼仪。

一、位次礼仪的原则

（一）位次的概念

“位次”的含义是“优先权的次序”。位次的实质是优先权，即谁先谁后的问题。在外交实践中，位次也称礼宾次序，如果安排不当则会引起不必要的争执和交涉，甚至影响国家间的关系。位次的排序实际是礼仪在利益尊重和确认方面的社会功能的一种直接体现。

（二）位次排列原则

商务人员在商务活动，特别是在接待工作中，一定要掌握位次排列的基本原则，具体如下：

第一，内外有别。位次排列适用于正式的商务活动，在商务交往特别是正式场合中使用，在内部交往中，则大可不必。总之，位次排列是对外不对内的。

第二，中外有别。中国和外国的一些排序习俗是不尽相同的。例如，中国人并排就座时，讲究左方为上，尤其主席台上的位次，讲究左高右低，这是中国的习俗。但国际惯例正好相反，国际惯例是以右为上。

第三，外外有别。十里不同风，百里不同俗，不同国家、不同民族，其位次排列有不同的讲究。以右为上，女士优先，就属于国际惯例。

第四，场合有别。不同场合、不同情况下，依次排列的方法又不一样，千万不要以不变应万变。例如，上楼下楼时，通常是地位高的人走在前面，把前面的位置让给客人表示尊重，前排为上。但是让客人走在前面的前提是客人认识路。又如，当一位穿着裙子的女士陪同男性客户或领导上楼梯时，一般情况下，男性客户或领导走前面，女士走后面，因为人上楼习惯于抬头看。

商务人员一定要掌握位次排列的基本原则，此外，还有对于约定俗成的位次排列的最重要的规则也需要谨记在心。

第一句话，面门为上，即面对房间正门的位置是上座。

第二句话，居中为上。若位置分中央、两侧，中央的位置高于两侧。

第三句话，前排为上。位置分前后排时，前排的位置高于后排。

第四句话，以右为上。位置分左右时，国际惯例是以右为上。

第五句话，以远为上。位置离门有远近之分时，离门越远的位置是上位，离门越近反倒是下位。

拓展阅读

“女士优先”原则

在商务活动中有许多特殊的礼仪规范需要注意，如“女士优先”原则。“女士优先”原则如何操作，可参考以下情况。

一是与女士同行时，男士通常应该走在女士的左边，即位于靠外的一侧。这里主要是出于安全、方便的考虑；若同行时，是两男一女，中间的位置应该留给女士。如果两女一男，中间的位置应该留给年长或年幼的女士，如果两位女士年龄相仿，可以让不熟悉的女性位于中间。这里的尊重原则是通过空间位置来体现的。在中间还是在边上，不是简单的左中右问题，而是有被尊重的意义。

二是在不易并行的情况下，应该让女士走在前而，但下列情况例外。

乘小轿车——按照礼仪规则，后右座为上座。男士应把右侧后车门打开，照顾女士先坐进车里。

下车——男士先下车，然后把手递给女士，以便于女士扶手而下。

下楼梯——男士应走在前面。

上楼梯——男士应走在前面，否则视线正好平视前面女士的臀部，有失礼貌，也不够得体；进门、出门——男士都应该先前一步打开门，请女士先进去。礼仪之所以如此规定，是因为它所遵循的原则，是男士应该随时随地准备帮助女士。

三是在门口、电梯口，或者比较窄的通道、楼梯口，与女士相遇，不论认识与否，都应该让女士先行。此外，上车下车，也不应和女士及老人争抢座位。

四是与女士同行时，男士应该主动帮其携拿一般物件，小提包则不必。对路途中刚刚相识的女士，若有太多负重，也应该主动询问是否需要帮助。对完全陌生的女士，如果遇到特殊困难，也应该主动询问关照，征得女士同意后，给予相应的帮助。

五是与女士就餐，男士应该帮助女士拉开座椅，并把菜单先递给女士，由她优先选择，也可向女士推荐。如果女士把菜单的选择权利让给男士，男士则应该爽快地接受。用餐完毕一般由男士付账。在事先已明确了由女士请客的情况下，男士不必争着付钱。而当男士结账的时候，女士不要太专注于算账或站在后边等待，可以先出去在外边等待，这对男士来说是一种理解和关怀。

六是不要和女士争论。如果不是原则问题，男士一定要宽容和大度。在交往中男士如果和女士产生了摩擦，也应该主动请女士谅解。

女士优先的礼貌原则，是社会约定俗成的对女性的照顾和尊重，也是社会留给男性的自尊。

在社交场合中，女士优先是普遍的礼节，但女士绝对不能认为理所当然，更不能受之无愧。女士在得到男士礼让帮助的时候，一定要真诚友好地道谢。面对男士的礼让和帮助，女士也不要过分腼腆，而应该大方有礼地接受。

注意：“女士优先”的原则适用于双方地位平等的基础上（特指无身份与职务高低之分的情况下）和社交场合；如果是正式的商务场合和有上下级关系时，则按照宾客的身份与职务的高低来依次排列。

案例阅读

女士优先

在一个秋高气爽的日子里，迎宾员查理穿着一身剪裁得体的新制服，第一次独立地走上了迎宾员的岗位。一辆黑色高级轿车向饭店驶来，司机熟练而准确地将车停靠在饭店豪华大转门的雨棚下。

当看到后排坐着两位男士、前排副驾驶座上坐着一位身材较高的外国女宾时，查理一步上前，以优雅姿态和职业性动作，先为后排客人打开车门，做好护顶关好车门后，再迅速走向前门，准备以同样的礼仪迎接那位女宾下车。但发现那位女宾满脸不悦，查理茫然不知所措：因为通常后排座为上座，一般凡有身份者皆在此就座。优先为重要客人提供服务是饭店服务程序的常规，这位女宾为什么不悦？查理错在哪里？

分析：在西方国家流行着这样一句俗语：女士优先。在社交场合或公共场所，男子应该经常为女士着想，照顾、帮助女士。

诸如：人们在上车时，总要让妇女先行；下车时，则要为妇女先打开车门，进出车门时，主动帮助她们开门、关门等。

西方人有一种形象的说法："除了拿女士的小手提包外，男士可帮助女士做任何事情。"迎宾员查理未能按照国际上通行的做法先打开女宾的车门，致使那位外国女宾不悦。

总之，商务活动中的位次是有一定讲究的，尽管我们还应该根据具体情况随机应变，但我们有必要掌握一般情况下的排列规范，下面我们就针对常见的动态和静态情境下的位次排列展开学习。

二、几种常见动态情境下的位次排列

（一）行走

行进中的位次排列，指的是人们在步行时位次排列的顺序。常规情况下有两个不同的方向，与客人并排行进时和与客人单行行进时。简单地讲，并排讲究内侧高于外侧，中间高于两侧；单独行进时，讲究前方高于后方。

例如，两人并行，右者为大；两人前后行，前者为尊；三人并行，中者为尊，右边次之左边更次；二人前后行，前者为尊。引路人在走廊引路时，应走在客人左前方的二三步处，与客人的步伐保持一致，并让客人走在路中央。

引路时要注意客人，并适当地做些介绍。

（二）上下楼梯

上下楼梯是在商务交往中经常遇到的情况。上下楼梯时位次排列要注意三点：

首先要单行行进。上下楼梯时因为楼道比较狭窄，并排行走会堵塞交通，是没有教养的标志。没有特殊原因，应靠右侧单行行进。

其次，单行行进时要注意的问题是前方应高于后方，以前方为上。一般情况下，应该让客人走在前面，把选择前进方向的权利让给客人。不过需要强调的是，如果陪同接待的客人是一位女士，而女士又身着短裙，在这种情况下，接待陪同人员要走在女士前面，因为女士穿着短裙高高在上有可能会出现"走光"的问题，这是不允许的。

最后，在楼梯间引路时，让客人走在正方向（右侧），引路人走在左侧。途中要注意引导提醒客人拐弯或有楼梯台阶的地方应使用手势，并提醒客人"这边请"或"注意楼梯"等。

（三）乘坐电梯

案例阅读

我的成功从电梯开始

两年前，我到一家化妆品公司参加面试。刚刚步入社会的我，没有丰富的面试经验，也不具备较好的外在条件。面试在市中心的写字楼里，看着出入大厅的靓丽都市白领，再瞅瞅自己特地从室友那借来的略显肥大的套裙，唉！

下午2时30分面试，我提早15分钟到达，面试在大厦的12层。

电梯来了，大家鱼贯而入，满满当当地挤了十几个，刚要关门，一个西装笔挺的人跑了进来，电梯间里立刻响起了刺耳的警告声，超载了。

大家都把目光投向了那个最后进来的人身上，但他丝毫不为所动。顿时，电梯间陷入了刹那的尴尬之中，虽然还有时间等下一班电梯，但谁也不愿意冒这个险，毕竟大家都想给主考人员留个不错的印象。

我站在靠边的位置，自然地走了出去，转过身，关门的瞬间，不自觉地冲电梯中的人微扬了一下嘴角。

考试进行得紧张而顺利，每个人都回家等通知。第三天，我被这家公司正式聘用了。

上班后，我见到了面试那天那个最后跑上电梯的男人。他是我的同事，进公司已经两年了。当我问他那天面试时的详情，他说，他也只是依照上级老板的意思，在电梯门口等待时机，公司除了要看应聘人与主考人员的交流，还要参考很多因素，比如到会场的时间，与周围人的沟通等。

讨论：

1. 为什么说“面试在你一迈进大楼就已经开始了”？

2. 从本案例中你学到了什么？

1. 电梯无人值守时

目前很多公司的办公楼中都有升降式电梯，它们一般无人值守。出入无人值守的升降式电梯时，一般宜请客人后进、先出，陪同者人员先进、后出，以控制开关钮，不使电梯夹挤客人。具体来讲应注意以下几点。

（1）接待人员应先进入电梯，待客人进入后关闭电梯门。

（2）若对方不止1人，你可先入梯，一手按“开门”按钮，另一手挡住电梯侧门，请客人进梯。

（3）若对方仅1人，你可一手挡住电梯侧门，请客人先进。

（4）如果感觉电梯里可能会超员的时候，要请客人先上。如果自己上电梯后超员的铃声响起，自己应迅速出来。

（5）如果有个别客人迟迟不进入电梯，影响了其他客人，在公共场合也不应该高声喧哗，可以利用电梯的唤铃功能提醒他。

（6）到达时由接待人员按开电梯门，让客人先出电梯。

2. 电梯有人值守时

若电梯配有专人值守，那无论上下，都应客人、上司优先，即陪同者应后进后出，让客人、上司先进先出。把选择方向的权利让给地位高的人或客人，这是走路的一个基本规则。当然，如果客人初次光临，对地形不熟悉，还是应该为他们指引方向。

3. 电梯内的礼仪

（1）走进电梯后，应该给别人让地方。先上的人站在电梯门的两侧，其他人站两侧及后壁，最后上的人站在中间。应该让残疾人站在离电梯门最近的地方，当他们上下电梯时，应为他们扶住电梯门。

（2）电梯内已有很多人时，后进的人应面向电梯门站立，不要往电梯里面挤。如果人很多，你可以等下一趟电梯，不要心存侥幸，非进去不可。

（3）电梯内不可大声喧哗或嬉笑吵闹，在电梯里面不要大声谈论有争议的问题或有关个人的话题。

（4）如果你够不着所在楼层的指示键，可以请人代劳，并向他致以谢意。

（5）永远不要用钥匙等物按电梯按钮，这是极其让人生厌的动作，不但不会让你显得潇洒，反而告诉别人你修养欠缺、素质低下。

（6）不要在电梯里吐痰、排污，不要以为一个人在电梯里就是天知地知自己知。

（四）出入房间

出入房门时，引导者须主动替来宾开门或关门，若无特殊原因，位高者先出入房门。

进门时，若有特殊情况，需要引导，如室内灯光昏暗，男士和女士两人单独出入房门，陪同者宜先入，为客人开灯。

出门时，引导者可先行一步，推开或拉开房门，让来宾首先通过。随之再轻掩房门，赶上客人。

三、几种常见静态情境下的位次排列

（一）乘车

安排客人乘坐交通工具时，需注意两个问题。

第一个问题，陪同客人乘车时，先为谁开车门？这需要我们遵行“尊者优先”原则，即先为客户中的位高者、女士开车门，再为领导开车门。

第二个问题，何为上座？我们奉行“客为上”原则，即客人坐在哪里，哪里就是上

座，主随客变。

当然，按商务礼仪的讲法，上座有三，应根据具体场合分别对待。

第一种：公务交往。一般商务或公务接待场合，由专业司机驾车时，司机对角线位置（后排右坐）为上座，而前排副驾位一般为陪同人员的座位。

第二种：社交应酬。主人或熟识的朋友亲自驾驶汽车时，副驾位置为上座位，表示平起平坐，让上宾坐后座，是不允许的。如果有两位客人，则与主人较熟悉、关系密切的一位坐在前面的副驾位。

第三种：重要客人。由职业司机驾车，接送高级官员、将领、明星等人物时，主要考虑乘坐者的安全性和隐私性，司机后方位置为汽车的上座位，通常也被称作 VIP 位置。

1. 乘坐轿车

在实际工作中，轿车内位次的排序应遵循以下六个规则。

（1）双排轿车。

双排五座轿车由司机开车，按小轿车前进方向，以后排右侧为首位，左侧次之，中间座位再次之，前座右侧最后。司机旁的位置一般是助手、接待或陪同人员坐的。这个礼仪规范在西方非常普及，现在正流行于中国的都市。它的产生可能主要起于安全的原因，因为大多数车祸或遭袭击时，首先受伤害的是处在前排的人（见图 4-1）。

双排五座轿车如果由主人亲自驾驶，以驾驶座右侧为首位，后排右座侧次之，左侧再次之，而后排中间座为末席，前排中间座则不宜再安排客人（见图 4-2）。

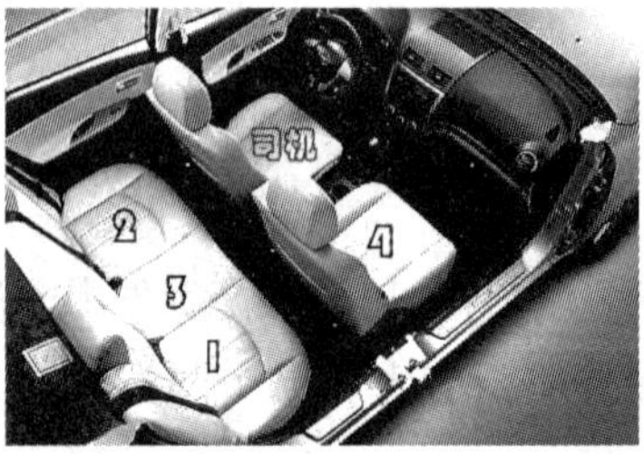

图 4-1　由司机驾驶双排轿车时的座次安排

图 4-2　由主人驾驶双排轿车时的座次安排

（2）3 排轿车。

3 排 7 座轿车上其他的 6 个座位的座次，由尊而卑依次应为：副驾驶座、后排右座、后排左座、后排中座、中排右座、中排左座。

3 排 9 座轿车上其他的 8 个座位的座次，由尊而卑依次应为（假定驾驶座居左）：前排右座、前排中座、中排右座、中排中座、中排左座、后排右座、后排中座、后排左座。

（3）女士上下车。

女士上车时不要一只脚先踏入车内，也不要爬进车里。须先站在座位边上，把身体降低，让臀部坐到位子上，再将双腿一起收进车里，双膝一定保持合并的姿势。

女士下车时，应先将双腿抬出车门放至地上，再起身离开车座位（见图 4-3）。

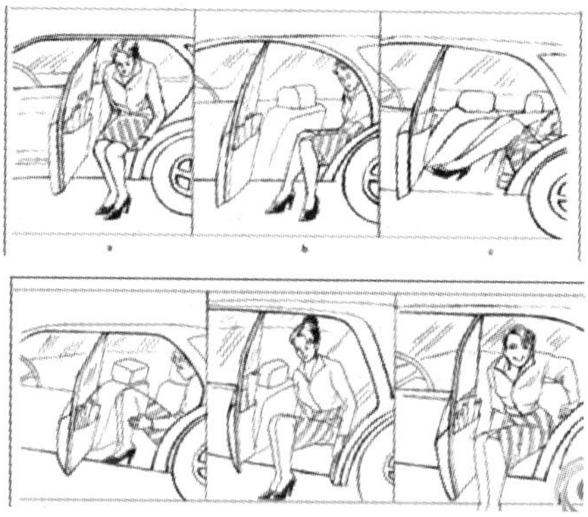

图 4-3 女士上车下车示范

（4）其他情况。

主人夫妇驾车时，则主人夫妇坐前座，客人夫妇坐后座，男士要服务于自己的夫人，宜开车门让夫人先上车，然后自己再上车。

如果主人夫妇开车搭载友人夫妇，则应邀友人坐前座，友人之妇坐后座，或让友人夫妇都坐后座。

主人亲自驾车，若一个人乘车，则必须坐在副驾驶座上，若多人乘车，则必须推荐一个人在副驾驶座上就座，否则就是对主人的失敬。同时，若同坐多人，中途坐前座的客人下车后，在后面坐的客人应改坐前座，此项礼节最易疏忽。

2. 乘坐旅行车

我们在接待团体客人时，通常会采用旅行车接送客人。此时，以司机座后第一排即前排为尊，后排依次为小。其座位的尊卑，依每排右侧往左侧递减。

其中，3 排 7 座车上其他的 6 个座位的座次，由尊而卑依次应为：后排右座、后排左座、后排中座、中排右座、中排左座、副驾驶座。

3 排 9 座车上其他的 8 个座位的应次，由尊而卑依次应为（假定驾驶座居左）中排右座、中排中座、中排左座、后排右座、后排中座、后排左座、前排右座、前排中座。

3. 乘坐吉普车

吉普车无论是主人驾驶还是司机驾驶，都应以前排右坐为尊，后排右侧次之，后排左侧为末席。上车时，后排位低者先上车，前排尊者后上。下车时前排客人先下，后排客人再下车（见图 4-4）。

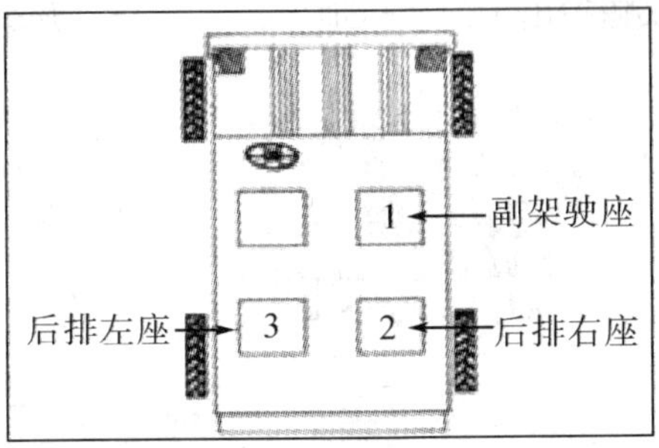

图 4-4 吉普车座次尊卑顺序

（二）会见、会谈、会议

1. 会见

会见是指双方或多方的相见。绝大多数会见活动都是在两方之间进行的。只有少数礼节性的会见，如国家元首同时会见离任或新到任的数国大使，是在多方之间进行的。

在国际交往中，凡身份地位高者会见身份地位低者，或主人会见客人，通常称为接见；凡身份地位低者会见身份地位高者，或是客人会见主人，通常称为拜见或拜会。

会见，通常在专门的会客厅、会议厅、办公室等场所举行。会见客人时，对于让座的问题应予以重视，座次安排得得体会让客人如沐春风。

会见客人时宾主对面而坐，以面门为上；宾主并列而坐，以右为上；当难以排列座次时，可自由择座。双方一般应分边而坐：主方坐左边，客方坐右边。

如需译员和记录人员，应将他们安排坐在主人或主宾的侧后边。

具体而言，在会见客人时，需注意两点：一方面，必须遵守有关惯例；另一方面，必须讲究主随客便。总体上讲，会客时，应当恭请来宾就座于上座。会见时的座次安排，大致有以下五种主要方式。

（1）相对式，具体做法是宾主双方面对面而坐。这种方式显得层次分明，往往易于使宾主双方公事公办，保持距离。这种方式多适用于公务性会客，通常又分为两种情况。

①双方就座后，如果一方面对正门，另一方背对正门。此时讲究“面门为上”，即面对正门之应为上座，应请客人就座；背对正门之座为下座，室内主人就座。

②双方就座于室内两侧，并且面对面地就座。此时讲究进门后“以右为上”，即进门后右侧之座为上座，应请客人就座；左侧之座为下座，宜由主人就座。当宾主双方不止一人时，情况也是如此（见图 4-5）。

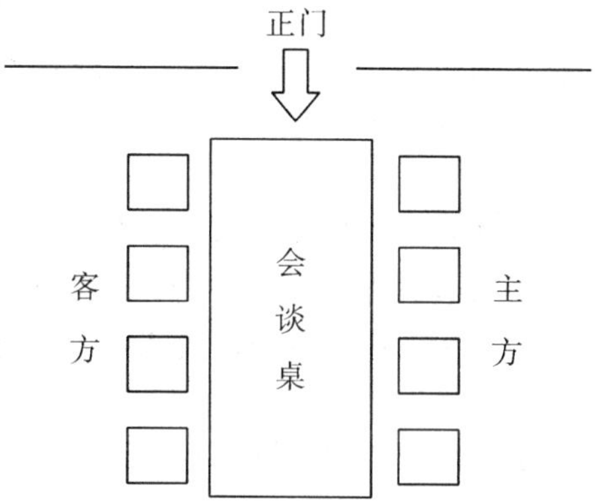

图 4-5　位置在室内两侧时的位次排列

（2）并列式。基本做法是宾主双方并排就座，以暗示双方“平起平坐”、地位相仿、关系密切。具体也分为两类情况。

①双方一同面门而坐。此时讲究“以右为上”，即主人要请客人就座在自己的右侧（见图 4-6）。若双方不止一人时，双方的其他人员可各自分别在主人或主宾的一侧，按身份高低依次就座。

②双方一同在室内的右侧或左侧就座。此时讲究“以远为上”，即距门较远之座为上座，应当让给客人；距门较近之座为下座，应留给主人。

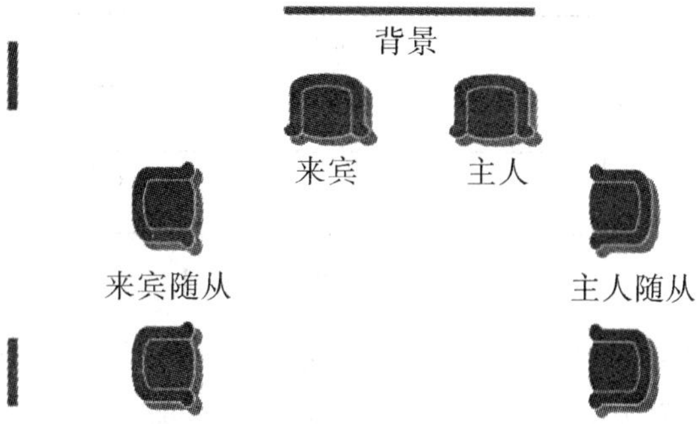

图 4-6　面门而坐时的位次排列

（3）居中式。所谓居中式排位，实为并列式排位的一种特例。它是指当多人并排就座时，讲究“居中为上”，即应以居于中央的位置为上座，请客人就座；以其两侧的位置为下座，由主方人员就座。

（4）主席式，主要适用于正式场合，由主人一方同时会见两方或两方以上的客人。此时，一般应由主人面对正门而坐，其他各方来宾则应在其对面背门而坐。这种安排犹如主人正在主持会议，故称之为主席式。有时，主人亦可坐在长桌或椭圆桌的一端，而请各方客人坐在他的两侧。

（5）自由式。自由式的座次排列，即会见时有关各方均不分主次、不讲位次，而是一律自由择座。自由式通常用在客人较多，座次无法排列，或者大家都是亲朋好友，没有必要排列座次时使用。进行多方会面时，也常常采用此法。

2. 会谈

会谈亦称洽谈，商界人士所进行的洽谈又称商务谈判。

在举行正式的商务洽谈即商务谈判时，东道主应当特别重视礼仪性很强的座次问题。总的说来，商务谈判的形式可以分为两种：双边谈判和多边谈判。

（1）双边谈判。

双边谈判，指的是由两个方面的人士进行的谈判。在一般性的谈判中，双边谈判最为多见。双边谈判应使用长桌或椭圆形桌子，宾主分坐于桌子两侧。双边谈判的座次排列，主要有两种形式可供选择，一种叫横桌式，—种叫竖桌式。横桌式即谈判桌在谈判厅里横着摆放；竖桌式即谈判桌在谈判厅里竖着摆放。二者有相同之处，也有操作上的具体差异。

①横桌式。横桌式座次排列，是指谈判桌在谈判室内横放，宾主应分坐在桌子两侧，以面对正门的一方为上。除双方主谈者居中就座外，各方的其他人士则应依其具体身份的高低，各自先右后左、自高而低地分别在己方一侧就座。双方主谈者的右侧之位，在国内谈判中可坐副手，而在涉外谈判中则应由译员就座（见图 4-7）。

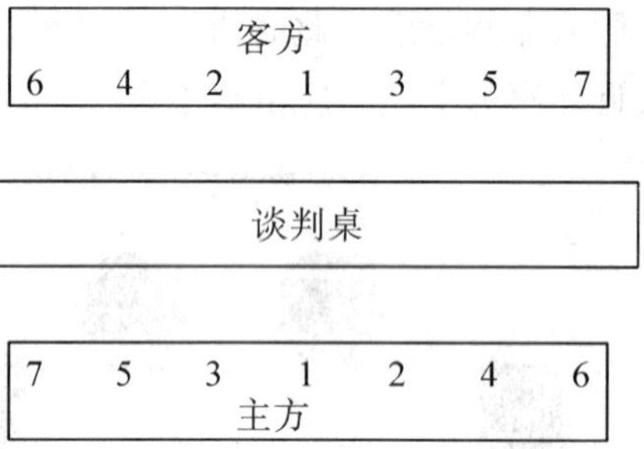

图 4-7　横桌式座次排列

②竖桌式。竖桌式座次排列，是指谈判桌在谈判室内竖放时的座次排列。具体排位时以进门时的方向为准，右侧为上，由客方人士就座，左侧由主方人士就座。在其他方面，则与横桌式排座相仿（见图 4-8）。

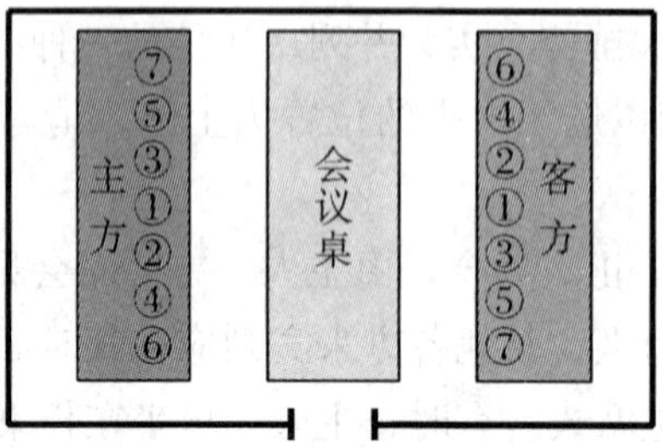

图 4-8　竖桌式座次排列

3. 会议

在商务交往中，会议通常可以分为两种，即大型会议与中小型会议。会场的布局和座次的安排要根据实际情况而定。

（1）中小型会议。

在进行会场的选择和布局时，中小型会议一般采用半月形、圆形、椭圆形、方拱形、长方形和T字形的布局，目的是使与会人员可以坐得比较紧凑，便于讨论和发言。

举行中小型会议时位次排列需要注意以下三点：第一，讲究面门为上，面对房间正门的位置一般被视为上座；第二，商务礼仪的基本要求以右为上，坐在右侧的人为地位高者，在国内的政务交往中采用我国传统做法，以左为尊，而国际惯例则以右为尊，商务礼仪遵守的是国际惯例；第三，中小型会议，通常只考虑主席之位，但同时也强调自由择座。例如主席也可以不坐在右侧，或者面门而坐，也可以坐在前排中央的位置，强调居中为上。

（2）大型会议。

在进行会场的选择和布局时，大型会议一般采用大小方形、半圆形。大型会议应考虑主席台、主持人、发言人位次。

主席台的位次排列遵循以下三点：第一，前排高于后排；第二，中央高于两侧；第三，右侧高于左侧（国内政务会议则为左侧高于右侧）。主持人之位，可在前排正中，亦可居于前排最右侧，也可根据身份排座，但不宜令其就座于后排；发言席一般可设于主席台正前方，或者其右前方。一般来说，主席台的位置要面门设置。判断左右的基准是顺着主席台上就座的视线，而不是观众视线。

①国际主席团每排人数为单数时的排座如图4-9所示。

第二排：	9	7	6	8	10
第一排：	4	2	1尊位	3	5

群众席

图4-9　国际主席团每排人数为单数时的排座

②国际主席团每排人数为双数时排座如图4-10所示。

第二排：	7	5	6	8
第一排：	3	1	2	4

群众席

图4-10　国际主席团每排人数为双数时排座

③国内主席团每排人数为单数时的排座如图 4-11 所示。

第二排：	10	8	6	7	9
第一排：	5	3	1尊位	2	4

群众席

图 4-11　国内主席团每排人数为单数时的排座

④国内主席团每排人数为双数时的排座如图 4-12 所示。

第二排：	7	5	6	8
第一排：	3	1	2	4

群众席

图 4-12　国内主席团每排人数为双数时的排座

拓展阅读

（1）大型会议应事先划好区域，贴上标识牌、指示牌、座位名签，使与会人员顺利入座。

（2）表彰、总结类型大会上，应将被表彰、受奖励对象安排在前几排，最好贴上座位名签。

（3）要注意分清上、下座。

（三）签字仪式

签字仪式，通常是指订立合同、协议的各方在合同、协议正式签署时所正式举行的仪式。

作为签署合同的仪式，签字仪式不仅是对谈判成果的一种公开化、固定化，也是有关各方对自己履行合同、协议所做出的一种正式承诺。时间不长，但程序规范。一般而言，签字仪式可分为双边签字仪式和多边签字仪式。

举行签字仪式时，签字桌一般横放。双方签字者面门而坐，宾右，主左。参加者列队站在签字者之后，中央高于两侧，右侧高于左侧。

具体地讲，签字仪式的座次排列共有三种基本形式，可根据不同的具体情况来选用。

（1）并列式。并列式排座，是举行双边签字仪式时最常见的形式。基本做法是，签字桌在室内面门横放。双方出席仪式的全体人员在签字桌之后并排排列，双方签字人员居中面门而坐，客方居右，主方居左。

（2）相对式。相对式签字仪式的排座，与并列式签字仪式的排座基本相同。二者之间的主要差别，只是相对式排座将双边参加签字仪式的随员席移至签字人的对面。

（3）主席式。主席式排座，主要适用于多边签字仪式。其操作特点是，签字桌仍须在室内横放，签字席设在桌后，面对正门，但只设一个，并且不固定其就座者。举行仪式时，所有各方人员，包括签字人在内，皆应背对正门、面向签字席就座。签字时，各方签字人应以规定的先后顺序依次走上签字席就座签字，然后退回原位就座。

在筹备签字仪式时，除了签字人员的位次要注意排列，还需注意文本、国旗等用品的位置排列（见图 4-13）。

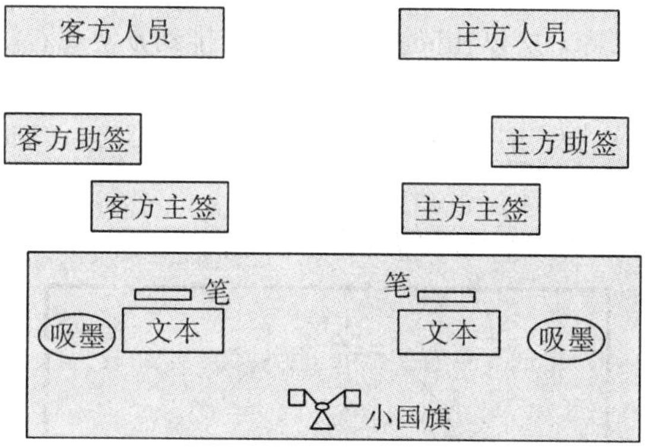

图 4-13　常见签字仪式排法

（四）宴请

宴请的位次安排，是位次礼仪中重要的一部分。宴会的位次排列涉及两个问题：一是桌次，不同餐桌数目的安排；二是位次，每张餐桌具体的上下尊卑位次。

桌次排列的基本要求有三：居中为上、以右为上、以远为上。

座位安排原则一般遵循六个原则：以远为上、面门为上、以右为上、居中为上、观景为上、靠墙为上。面门居中位置为主位，主左宾右分两侧而坐，或主宾双方交错而坐；越靠近首席，位次越高；同等距离，右高左低。

1. 中餐的位次安排

在座次席位安排方面，东西方大致有统一惯例，但也略有不同。

（1）中餐宴请的席位安排通常按照来宾公认的职务高低排列座次。

（2）餐饮文化讲究面对正门为上，所以主人往往在主桌上面门而坐。而在主人的两边则为贵宾上座，通常遵循以右为上的惯例。每张桌上的位次，以距离桌的主人远近为序，近者为上，远者次之。注意不要将主宾安排到背对正门的座位上。

（3）在不规则的场所安排座次，应以背靠主装饰面为原则。

（4）多桌宾客时，每张桌的座次都可以让主人或上座贵宾面门而坐，如果场所不允许每桌主人或上座贵宾都能面门而坐，则可采取另一个变通原则，即让该桌主人或上座贵宾面向主桌的主人而坐。

（5）在席位安排上，通常使男女主客交叉而座为宜，即主宾可在女主人右侧，而主宾夫人则可在男主人右侧。

（6）中座为尊：坐在中间的人应是尊者。我们可以选择主人居中，也可以让主宾居中，尤其当主宾职务高于主人时，更要注意这一点。让你的客人坐在中间，自己选择左侧的座位比较合适，这样可以显示出你对客人的尊敬和谦和。

（7）背墙为尊：在餐厅宴请客人时，为防止餐厅服务人员和其他人士的干扰，一般认为远离通道的靠墙位置为尊位。

（8）观景为尊：以眼界开阔、能够环视整个用餐大厅的位置为上。进餐过程中或许安排乐手弹奏音乐或表演歌舞，所以礼仪讲究将宾客安排到方便观看演出的位置或观看景致的位置。

（9）以右为尊：座次排列讲究以右为尊。在主人身份低于主宾时，可将主宾安排在主人座位。

图 4-14 示意了其中四种中餐座次的安排。

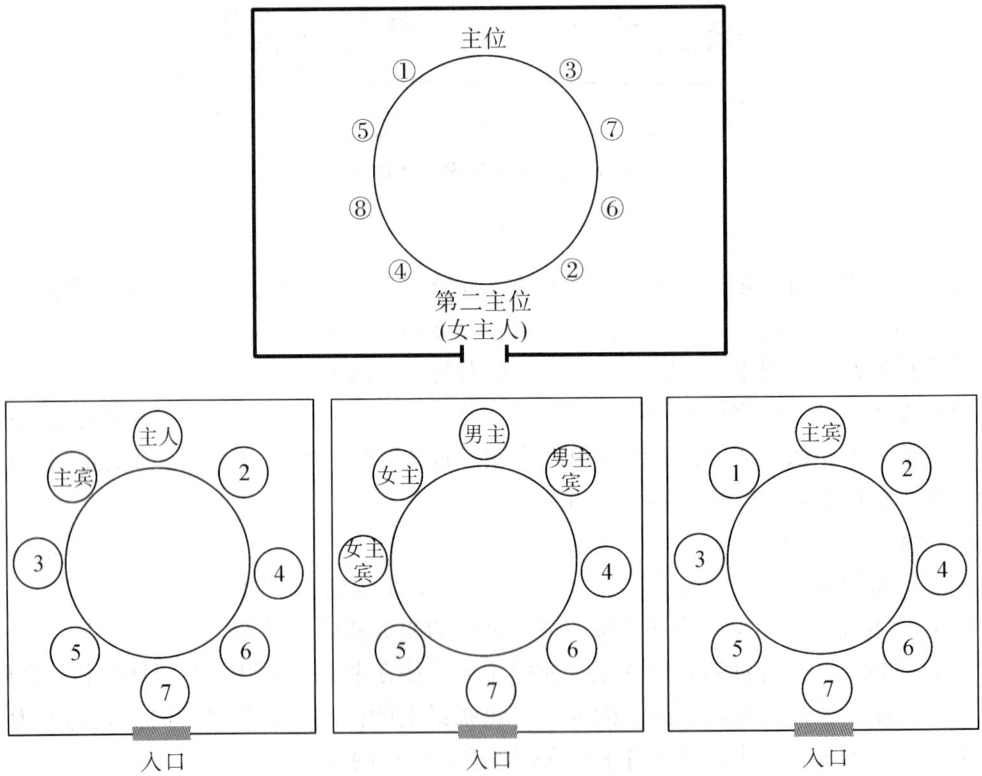

图 4-14　中餐座次安排

2. 西餐座次安排

（1）“女士优先”是一个通用的礼仪规则，这一点在宴会位次排列中表现得十分突出。餐桌上的主位一般由女贵宾为先就座。而且，西方国家习惯以女主人为主。

（2）男女混插排座。在西餐的餐坐上，男士与女士要交叉落座。西方人认为，这种排列方式有利于结识更多的朋友，也有利于男士尊重“女士优先”原则而更好地关照女士。

（3）以右为尊是位次排列中的基本规则。这一点在东西方没有什么不同。右边的座位要高于左边的座位，但西方通常将男女主宾安排在男女主人的右侧。

（4）其他“以近为尊”（离主人或主宾近）、“面门为尊”等讲究和东方餐饮惯例大致相同。

西餐的餐桌有圆桌、长桌、方桌之分，经常被使用的餐桌应该是长桌。对于长桌的座位排列通常有两种方式。

方式一：男女主人在长桌中间对面而坐，餐桌的两端一般可以不坐人，也可以坐人。

方式二：男女主人分坐于长桌两端。

便宴可以不拘束于正规的席位排列，但可以根据主宾关系和便宴规格、场合，参照上面所列的桌次席位安排规则或管理，随意选择是正式或半正式。

图 4-15 示意了西餐宴请时的位次排列。

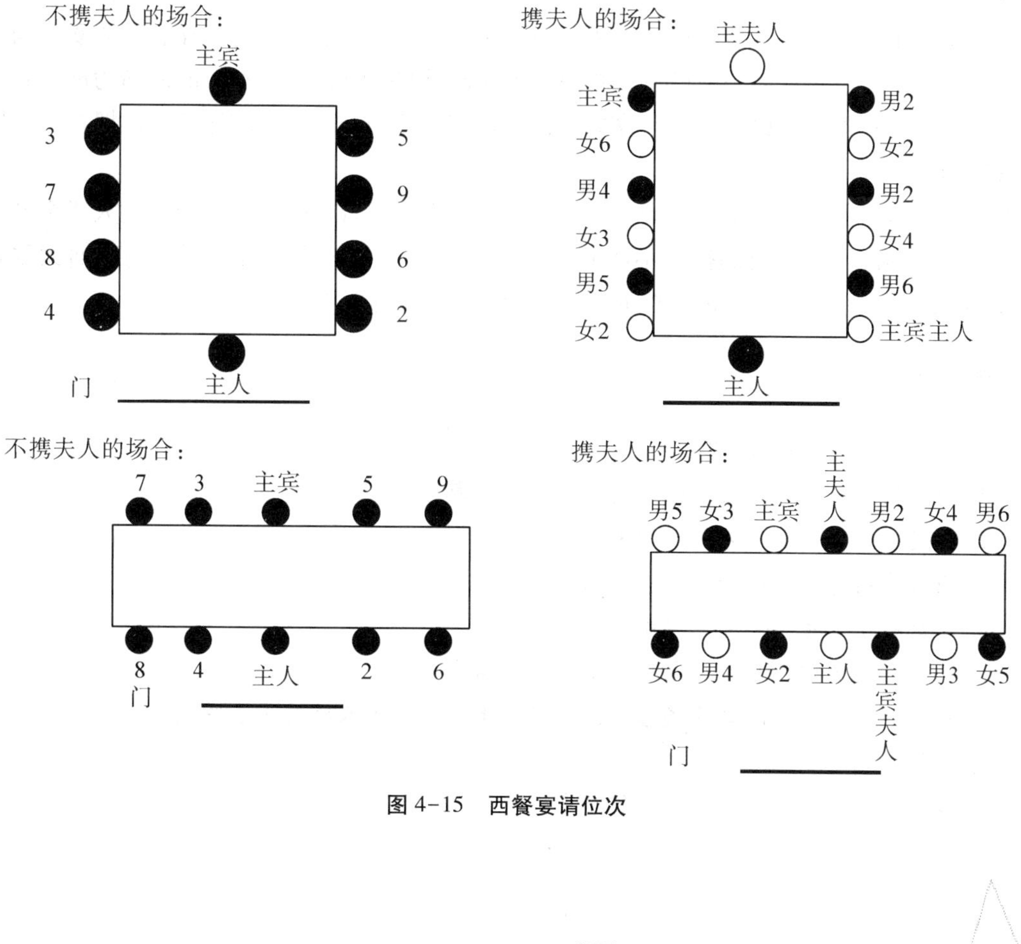

图 4-15　西餐宴请位次

（五）旗帜的位次排列

案例阅读

20 世纪 90 年代中期，国内的一名中学生应邀前往一个拉美国家参加民间外交活动。有一天，当他前去出席在那个国家所举行的一次国际性会议时，发现在会场周围所悬挂的各与会国国旗之中竟然缺少中华人民共和国国旗，便当即向会议的组织者指出了这一问题，并且严正地表示："不悬挂我国国旗，就是缺乏对我国的尊重，假如不马上改正，我将拒绝出席这次会议，并且立即回国。"

经过据理力争，中国国旗终于飘扬在会场的上空。在会议的组织者再三地表示了歉意之后，那位中学生才终于步入会场出席会议。在他入场时，有不少与会者主动起立，向他热烈地鼓掌表示欢迎。当地的报纸事后为此发表评论说："连一名中学生都具有那么强烈的民族自尊心，中国人的确是值得尊重的。"那位中学生之所以受到人们的尊重，主要是因为他能够在涉外交往中表现得不卑不亢。

在重要场合尤其是涉外交往中，旗帜的悬挂特别是国旗的悬挂备受重视，必须认真对待。

涉外签字仪式国旗悬挂与摆放须按照国际惯例，不能随意马虎。悬挂、摆放双方国旗时，以右为上，左为下。一般说来，两国国旗并挂或并摆时，以旗本身的面向为准，右挂客方国旗，左挂本国国旗（部分国家如美国、菲律宾实行"本国国旗优先"，把本国国旗挂在右边。

注意：这里的主、客不应以活动举行所在国为依据，而应以举办活动的主人或主办方的国籍为依据。国旗不能倒摆，不能并排悬挂不同比例的国旗，两个国旗的旗面大致相等。为显示严肃、庄重，团体机构的旗帜不能与国旗并挂并放。

【课堂练习】

判断下列说法正确与否？

1. 商务场合，以右为上，政务场合，以左为尊。
2. 社交应酬中，上座为副驾驶座。
3. 出入房门时由位高者先出入房门。
4. 一男一女下楼，女后，男先。
5. 一女士陪三四位客人乘电梯，女士先入后出。
6. 一男一女在公司门口迎侯客人，一客人至，男女主人将其夹在中间行进。至较狭之处，令客人先行。
7. 多边签字仪式上，可设多个签字桌。

8. 将主谈人员的翻译安排在主谈人员左侧就座。

9. 宴会的桌子不只一张时，应该坚持以远为上或以右为上。

10. 客人较多时，如果无法安排座位，可以自由择座。

【专题讨论】

某公司的王先生年轻肯干，点子又多，很快引起了总经理的注意并拟提拔为营销部经理。为了慎重起见，公司决定再进行一次考查，恰巧总经理要去省城参加一个商品交易会，需要带两名助手，总经理选择了公关部经理和王先生。王先生自然同样看重这次机会，也想寻机好好表现一下。

出发前，由于司机小王乘火车先行到省城安排一些事务，尚未回来，所以，他们临时改为搭乘董事长驾驶的轿车一同前往。上车时，王先生很麻利地打开了前车门，坐在驾车的董事长旁边的位置上，董事长看了他一眼，但王先生并没有在意。

车上路后，董事长驾车很少说话，总经理好像也没有兴致，似在闭目养神。为活跃气氛，王先生寻一个话题："董事长驾车的技术不错，有机会也教教我们，如果都自己会开车，办事效率肯定会更高。"董事长专注地开车，不置可否，其他人均无应和，王先生感到没趣，便也不再说话。一路上，除董事长向总经理询问了几件事，总经理简单地作回答后，车内再也无人说话。到达省城后，王先生悄悄问杜经理：董事长和总经理好像都有点不太高兴？杜经理告诉他原委，他才恍后大悟，"噢，原来如此。"

会后从省城返回，车子改由司机小王驾驶，杜经理由于还有些事要处理，需在省城多住一天，同车返回的还是四人。这次不能再犯类似的错误了，王先生想。于是，他打开前车门，请总经理上车，但总经理坚持要与董事长一起坐在后排，王先生诚恳地说："总经理您如果不坐前面，就是不肯原谅来的时候我的失礼之处。"并坚持让总经理坐在前排才肯上车。

回到公司，同事们知道王先生这次是同董事长、总经理一道出差，猜测着肯定提拔他，都纷纷向他祝贺，然而，提拔之事却一直没有人提及。

请结合所学知识分析，王先生为何错过了晋升的机会？

【技能训练】

实训项目：位次训练模拟。

实训情景：以小组为单位，自制剧情和场景，模拟相关位次礼仪。

实训要求：情景、人物设置合理，包含6种及以上位次礼仪。

任务三　宴请礼仪

【任务引入】

李云在一家著名跨国公司的北京总部做总经理秘书工作，中午要随总经理和市场总监参加一个工作午餐会，主要是研究未来一年市场推广工作的计划。这不是一个很正式的会议，主要是利用午餐时间彼此沟通一下。李云知道晚上公司要正式宴请国内最大的客户张总裁等一行人，答谢他们一年来给予的支持，她已经提前安排好了酒店和菜单。午餐是自助餐的形式，与总经理一起吃饭，李云可不想失分，在取食物时，她选择了一些都是一口能吃下去的食物，放弃了她平时喜爱的大虾等需要用手帮忙才能吃掉的美食。她知道自己可能随时要记录老板的指示，没有时间去补妆，而总经理是法国人，又十分讲究。

下午回到办公室，李云再次落实了酒店的宴会厅和菜单，为晚上的正式宴请做准备。算了算宾主双方共有8位，李云安排了桌卡，因为是熟人，又只有几个客人，所以没有送请柬，可是她还是不放心，就又拿起了电话，找到了对方公关部李经理，详细说明了晚宴的地点和时间，又认真地询问了他们老总的饮食习惯。李经理告诉说他们的老总是山西人，不太喜欢海鲜，非常爱吃面食。李云听后，又给酒店打电话，重新调整了晚宴的菜单。

李云还是决定提前半个小时到酒店，看看晚宴安排的情况并在现场做点准备工作。到酒店后李云找到领班经理，再次讲了重点事项，又和他共同检查了宴会的准备。宴会厅分内外两间，外边是会客室，是主人接待客人小坐的地方，已经准备好了鲜花和茶点，里边是宴会的房间，中餐式宴会的圆桌上已经摆放好各种餐具。

李云知道对着门口桌子上方的位子是主人位，但为了慎重从事，还是征求了领班经理的意见。从带来的桌卡中先挑出写着自己老板名字的桌卡放在主人位上。再将对方老总的桌卡放在主人位子的右边。想到客户公司的第二把手也很重要，就将他放在主人位子的左边。李云又将自己的顶头上司市场总监的桌卡放在桌子的下首正位上，再将客户公司的两位业务主管，分放在他的左右两边。为了便于沟通，李云就将自己的位子与公关部李经理放在了同一方向的位置。

应该说晚宴的一切准备工作就绪了。李云看了看时间还差一刻钟，就来酒店的大堂内等候。提前10分钟看到了总经理一行到了酒店门口，李云就在送他们到宴会厅时简单地汇报了安排。李云随即又返身回到了酒店大堂，等待着张总裁一行人的到来。几乎分秒不差，她迎接的客人准时到达。

晚宴按李云精心安排的情况顺利进行着，宾主双方笑逐颜开，客户不断夸奖菜的味道不错，正合他们的胃口。这时领班经理带领服务员像表演节目一样端上了山西刀削面。客人看到后立即哈哈大笑起来，高兴地说，你们的工作做得真细致。李云的总经理也很高兴地说，这是李云的功劳。

看到宾主满意，李云心里暗自总结着经验，下午根据客人的口味调整菜单，去掉了鲍鱼等名贵菜，不仅省钱，还获得了客人的好感。

问题：李云的功劳具体体现在哪里？

【知识链接】

自古以来，无论是交朋会友，还是会谈庆功，设宴款待都是常用的方法。对于商务人员来讲，商务用餐在所难免，愉悦、放松的用餐状态非常有利于进一步达成共识。但是，在商务餐饮过程中，一动一静关乎礼仪，是否能表现出良好的礼仪、礼貌不仅仅是个人的事情，也关系公司的形象。在商务活动中，宴请是与合作伙伴联络和增进感情的重要途径。熟悉宴请礼仪，加强商务礼仪修养是大有裨益的。

一、宴请的一般礼仪

（一）宴请的种类

各国宴请都有自己国家或民族的特点与习惯。国际上通用的宴请形式有宴会、招待会、茶会、工作餐等。

1. 宴会

宴会是因习俗或社交礼仪需要而举行的宴饮聚会，又称燕会、筵席、酒会，是社交与饮食相结合的一种形式。人们通过宴会，不仅获得饮食艺术的享受，而且可增进人际交往。宴会种类复杂、名目繁多，按照不同的分类标准，宴会可以分为不同的类型：按规格分有国宴、正式宴会、便宴、家宴；按餐型分有中餐宴会、西餐宴会、中西合餐宴会；按用途分有欢迎宴会、答谢宴会、国庆宴会、告别宴会、招待宴会；按时间分有早宴、午宴和晚宴。

（1）国宴。

国宴是国家元首或政府首脑为招待国宾、其他贵宾，或在重要节日为招待各界人士而举行的正式宴会。这种宴会规格最高、形式最盛大，礼仪要求也最严格。举行国宴时，宴会厅内必须悬挂主办国和参加国的国旗；设置大型乐队奏国歌和席间乐；宾主致祝酒词；设菜单和席位卡，并印上国徽；宾、主严格按身份地位就座。

（2）正式宴会。

正式宴会是一种隆重而正规的宴请。西方一般安排在晚上 8 点以后举行，中国一般在晚上 6 点至 7 点开始。正式宴会十分讲究礼仪，一般要排好座次，对到场人数、穿着打扮、音乐演奏、餐具、酒水、菜肴的道数及上菜程序，往往都有十分严谨的要求和讲究。

（3）便宴。

便宴是一种非正式宴会，常见的有午宴、晚宴，有时也有早宴。其最大特点是简便、灵活，可不排席位、不作正式讲话，菜肴也可丰可俭。有时还可以自助餐形式，自由取餐，可以自由行动，更显亲切随和。

（4）家宴。

家宴即在家中设便宴招待客人。西方人士喜欢采取这种形式待客，以示亲切，并且常用自助餐方式。西方家宴的菜肴往往远不及中国餐之丰盛，但由于通常由主妇亲自掌勺，家人共同招待，因而它不失亲切、友好的气氛。

（5）自助餐宴会。

自助餐是近年来借鉴西方的现代用餐方式，可以是早餐、午餐、晚餐，有冷菜也有热菜，连同餐具放在菜桌上，供客人用。它不排席位，也不安排统一的菜单，是把能提供的全部主食、菜肴、酒水陈列在一起，用餐者根据个人爱好，自己选择。采取这种方式，礼仪讲究不多，宾、主都方便，用餐的时候每个人都可以自由选择。

2. 招待会

招待会是指一些不备正餐的宴请形式。一般备有食品和酒水饮料，不排固定席位，宾主活动不拘形式。较为常见的有以下两种。

（1）冷餐会。

此种宴请形式的特点是不排席位，菜肴以冷食为主，也可冷热兼备，连同餐具一起陈设在餐桌上，供客人自取。客人可多次进食，站立进餐，自由活动，边谈边用。冷餐会的地点可在室内，也可在室外花园里。对年老、体弱者，要准备桌椅，并由服务人员招待。这种形式适宜于招待人数众多的宾客。我国举行大型冷餐招待会，往往用大圆桌，设座椅，主桌安排座位，其余各席并不固定座位。食品和饮料均事先放置于桌上，招待会开始后，自行进餐。

（2）酒会。

酒会又称鸡尾酒会。这种招待会形式较活泼，便于参加的人广泛接触交谈。招待品以酒水为主，略备小吃。不设座椅，仅置小桌（或茶几），以便客人随意走动。酒会举行的时间亦较灵活，中午、下午、晚上均可，请柬上往往注明整个活动持续的时间，客人可在期间任何时候到达和退席，来去自由，不受约束。

鸡尾酒是用多种酒配成的混合饮料。酒会上不一定都用鸡尾酒，但通常用的酒类品种较多，并配以各种果汁，不用或少用烈性酒。食品多为三明治、面包托、小香肠、炸春卷等各种小吃，以牙签取食。饮料和食品由招待员用托盘端送，或部分放置在小桌上。

近年国际上举办大型活动采用酒会形式日渐普遍。庆祝各种节日、欢迎代表团访问，以及各种开幕、闭幕典礼，文艺、体育招待演出前后往往举行酒会。自 1980 年起我国国庆招待会也改用酒会形式。

3. 茶会

茶会是一种简便的招待形式。举行的时间一般在下午四时左右（亦有上午十时举行），一般备有茶、点心或地方风味小吃，请客人一边品尝，一边交谈。茶会通常设在客厅，不用餐厅。厅内设茶几、座椅，不排席位，但如是为某贵宾举行的活动，入座时，要有意识地将主宾同主人安排坐到一起，其他人随意就座。茶会顾名思义是请客人品茶。因此，茶会对茶叶的品种、沏茶的用水和水温，以及茶具都颇有讲究。茶叶的选择要照顾到客人的嗜好和习惯，茶具要选用陶瓷器皿，不要用玻璃杯，也不要用热水瓶代替茶壶。欧洲人一般喜欢饮红茶，日本人喜欢乌龙茶，美国人用袋茶。另外，有外国人参加的茶会，还可以准备咖啡和冷饮。

4. 工作餐

工作餐是又一种非正式宴请形式。工作餐按用餐时间分为工作早餐（working breakfast）、工作午餐（working lunch）、工作晚餐（working dinner），是现代国际交往中经常采用的一种非正式宴请形式（有的时候由参加者各自付费），利用进餐时间，边吃边谈问题。在代表团访问中，往往因日程安排不开而采用这种形式。此类活动一般只请与工作有关的人员，不请配偶。双边工作进餐往往排席位，以用长桌为宜，便于谈话。如用长桌，其座位排法与会谈桌席位安排相仿。

（二）宴请的筹备礼仪

1. 明确宴请对象、目的、范围、形式

（1）对象。这是宴请首先要明确的，如主宾的身份、国籍、习俗、爱好等，以便确定宴会的规格、主陪人、餐式等。

（2）目的。宴请的目的是多种多样的，可以是为表示欢迎、欢送、答谢，也可以是为表示庆贺、纪念、节庆聚会、会议闭幕等，还可以是为某一事件、某一个人等。

（3）范围。根据宴请目的，应当事先明确请哪些人参加，请多少人参加。主、客双方的身份要对等，主宾如携夫人，主人一般也应以夫妇名义邀请，作陪人员也应认真考虑。对出席宴会的人员应列出名单，写明职务、称呼等。

（4）形式。宴会形式要根据规格、对象、目的确定，可采用正式宴会、冷餐会、酒会、茶会等形式，要根据具体情况来选择合适的形式。

2. 选择时间、地点

（1）时间：应考虑主、宾双方的具体情况，要使所确定的时间令主、宾双方都能接受，一般不应选择在重大节日、假日，也不应安排在双方的禁忌日。选择宴会时间时，要与主宾进行协商，然后再发邀请。

（2）地点：要考虑到宴请的规格来安排适当的地点，拟选择交通方便、环境幽雅、食品卫生、菜肴精美、服务优良的饭店作为宴请的场所。

3. 邀请

邀请的形式一般有发送请柬、电话邀请及口头邀请。

(1) 请柬。凡是正式宴请，都应该发送请柬或请帖，既礼貌又可起到备忘的作用。请柬需注明邀请人姓名、被邀请人姓名、尊贵的称呼、宴请的方式，以及时间地点、着装要求或提示等。

请柬应提前一至两周发出，以便被邀请人及早安排时间。需要安排座次的宴请必须在请柬上注明要求被邀请人答复能否出席，正式宴会在请柬上注明席次号。

为了表达主人的真诚，也为了减少活动的失误，宴请者在宴请前夕，还要确认被邀请者是否收到请柬，并对是否能够出席宴会予以确认。

(2) 电话邀请。电话邀请可提前 2~3 天，开宴的当天应再与对方进行确认。

(3) 口头邀请。非正式的宴请通常只需口头打个招呼，在得到对方明确首肯后进行。口头邀请时语言表述要清楚，语气要恳切，邀请时间一般要提前一天。

4. 安排席位

正式宴会一般均排席位，也可只排部分客人的席位，其他人只排桌次或自由入座。无论采用哪种做法，都要在入席前通知到每一个出席者，使大家心中有数，现场还要有人引导。大型的宴会，最好是排席位，以免混乱。

座次的具体安排请参见本书位次礼仪。

5. 现场布置

宴会厅和休息厅的布置取决于活动的性质和形式。官方正式活动场所的布置应该严肃、庄重、大方。不要用红绿灯、霓虹灯装饰，可以点缀少量鲜花、刻花等。

宴会可以用圆桌也可以用长桌或方桌。一桌以上的宴会，桌子之间的距离要适当，各个座位之间也要距离相等。如安排有乐队演奏席间乐，不要离得太近，乐声宜轻。宴会休息厅通常放小茶几或小圆桌，与酒会布置类同，如人数少，也可按客厅布置。

冷餐会的菜台用长方桌，通常靠四周陈设，也可根据宴会厅情况，摆在房间的中间。如坐下用餐，可摆四五人一桌的方桌或圆桌。座位要略多于全体宾客人数，以便客人自由就座。

酒会一般摆小圆桌或茶几，以便放花瓶、烟缸、干果、小吃等。也可在四周放些椅子，供妇女和年老体弱者就座。

6. 拟订菜单

拟订菜单和用酒时，应考虑客人的规格身份和宴会范围，要尊重客人饮食习惯和禁忌。拟订的菜单应注意冷热、甜咸、色香味搭配，以使整个宴请菜肴精致可口、赏心悦目、特色突出。

可以优先考虑的菜肴有：一是有当地特色的菜肴。比如，西安的羊肉泡馍，湖南的毛家红烧肉，上海的红烧狮子头，北京的涮羊肉；宴请外宾时，像炸春卷、煮元宵、蒸饺子、狮子头等具有鲜明的中国特色的菜肴也大受欢迎。二是饭店的特色菜。每个饭店都有自己的特色菜，点饭店的特色菜，能使客人感觉到主人对其的重视。三是主人的拿手菜。举办家宴时，主人亲自动手，可以让客人感觉到你的尊重和友好。

同时，在安排菜单时，还必须考虑来宾的饮食禁忌，特别是要高度重视主宾的饮食禁忌。饮食方面的禁忌主要有以下四条：

（1）宗教的饮食禁忌。例如，穆斯林通常不吃猪肉、不喝酒；国内的佛教徒不吃荤腥食品，包括肉食、葱、蒜、韭菜、芥末等气味刺鼻的食物。

（2）出于健康考虑的饮食禁忌。比如有心脏病、高血压和中风后遗症的人，不适合吃狗肉；肝炎病人忌吃羊肉和甲鱼；高血压、高胆固醇患者，要少喝鸡汤，等等。

（3）不同地区饮食禁忌。比如，英美国家的人通常不吃宠物、稀有动物、动物内脏、动物的头部和脚爪。

（4）职业的饮食禁忌。例如，驾驶员工作期间不得喝酒。

7. 宴请的接待

正式宴请的接待分为迎宾、就座、致辞、敬酒、用餐、送别。

（1）迎宾。宴会开始前，主人应站在大厅门口迎接客人。对规格高的贵宾，还应组织相关负责人到门口列队欢迎。客人来到后，主人应主动上前握手问好。

（2）引导入席。主人陪主宾进入宴会厅主桌，接待人员引导其他客人入席后，宴会即可开始。

（3）致辞、祝酒。正式宴会一般都有致辞和祝酒。我国一般是在开宴之前讲话、祝酒、客人致答谢词。致辞时，全场人员要停止一切活动，聆听讲话，并响应致辞人的祝酒，在同桌中间互相碰杯。西方国家致辞、祝酒习惯安排在热菜之后，甜食之前，冷餐会和酒会的致辞则更灵活些。客人入座之后，主人应首先起立，举杯向客人敬酒。碰杯先后以座次顺序为序，依次进行。

（4）用餐。主人应努力使宴会气氛融洽，要不时地找话题与客人进行交谈。还要注意主宾用餐时的喜好，掌握用餐的速度。

（5）送别。宴会结束后，主宾告辞，主人送至门口、热情话别，并与其他客人一一握手话别，表示欢送之意。

拓展阅读

工作人员应提前到现场检查准备工作

事先将座位卡及菜单摆上。座位卡置于酒杯或平摆于餐具上方，勿置于餐盘内。菜单一般放在餐具右侧。

席位的通知、除请柬上注明外，现场还可在宴会厅前陈列宴会简图，图上注明每人的位置；用卡片写上出席者姓名和席次，发给本人；印出全场席位示意图，标出出席者姓名和席次，发予本人；印出全场席位图，包括全体出席者位置，每人发给一张。这些做法各有特点，人多的宴会宜采用后者，便于通知。各种通知卡片，可利用客人在休息厅时分发。有的国家是在客人从衣帽间出来时，服务员用托盘将其卡片递上。如果是口头通知，则由接待工作人员在休息厅通知每位客人。

如有讲话，要落实讲稿。通常双方事先交换讲话稿，举办宴会的一方先提供。代表团访问，欢迎宴会东道国先提供；答谢宴会则由代表国先提供。双方讲话由何人翻译，一般要事先谈妥。

（三）赴宴礼仪

1. 接受邀请

参加宴会是一项重要的社交活动，在接到邀请后，应对能否出席尽快答复对方，以便主人及时安排。接受邀请后，不能随意改动，如果出现特殊情况不能出席时，尤其是作为主宾时，要尽早向主人郑重解释、深表歉意，包括登门致歉，以取得主人的谅解。应在出席之前，核实要宴请的主人、时间地点及其他要求。

2. 适度修饰

赴宴时，个人应适度地进行个人修饰，修饰总的要求是：整洁、优雅、个性化。

一般而言，男士要理发、修面，身着正装，大部分场合穿着西装即可，做到庄重大方、潇洒自然。女士则应穿西服套裙、时装或旗袍，并化淡妆，做到端庄得体、不媚不俗。如果未加任何修饰，甚至邋邋遢遢、着装不雅，则会被视为对这次宴请的不重视，对主人和参加宴会的其他人的不尊重。

3. 掌握到达时间

应邀赴宴，一定要准时抵达宴会地点，抵达过早或过晚，均为失礼。除长者、尊者、女士出席可略晚一点，其他宾客一般均宜提前 5 分钟或正点到达，到达后要先向主人问候致意，再向其他客人问好，无论相识与否都要打招呼。若因特殊情况不能到达或迟到的，应提前通知主人；迟到时，应向主人和众人致歉，并说明原因。

4. 按位入席

客人应遵从主人安排，在服务人员的引导下入席。入座时，要和其他客人礼让，并从椅子左边入座。如邻座是年长者或妇女，应主动协助其先坐下，然后自己从容就座，坐姿自然端正。要主动与周围人打招呼，并进行自我介绍。

5. 文明进餐

就餐的动作要文雅，夹菜动作要轻。送食物进嘴时，要小口进食，两肘向外靠，避免碰到邻座。不要在吃饭、喝饮料、喝汤时发出声响。用餐时，如要用摆在同桌其他客人面前的调味品，先向别人打个招呼再拿；如果太远，要客气地请人代劳。如在用餐时一定要剔牙，需用左手或手帕遮掩，右手用牙签轻轻剔牙。

6. 离席

用餐完毕，要等主人和主宾餐毕先起身离席，客人才能依次离席。离桌时，应把椅子放回原位。男士应帮助身边的女士移开座椅，并帮其放回原处。客人应向主人道谢、告别，并向其他客人告别。如果客人确实有事要提前离席，则应向主人说明情况后离开，或在事先说明届时离席，并要向同席的客人致歉。

二、中餐礼仪

中国的饮食文化闻名世界，中餐宴会是指具有中国传统风格的宴会。中餐礼仪是中华饮食文化的重要组成部分。经过千百年的演进，形成了今天为大家普遍接受的一套进餐礼仪。

（一）桌次和席位的排列

中餐的桌次和席位的排列，关系到来宾的身份和主人给予对方的礼遇，所以是中餐礼仪中非常重要的内容。在席位排列上，为了方便来宾就座，除招待人员和主人要及时加以引导指示外，应在每位来宾所属座次正前方的桌面上，事先放置醒目的个人姓名座位卡。举行涉外宴请时，座位卡应以中、英文两种文书书写。我国的惯例是，中文在上、英文在下。必要时，座位卡的两面都书写用餐者的姓名。具体可参照本书位次礼仪。

（二）中餐餐具的使用

中餐的餐具主要有杯、盘、碗、碟、筷、匙等。在正式宴会上，水杯应放在餐盘上方，酒杯放在右上方，筷子与汤匙放在专用的架子上（见图 4-16）。

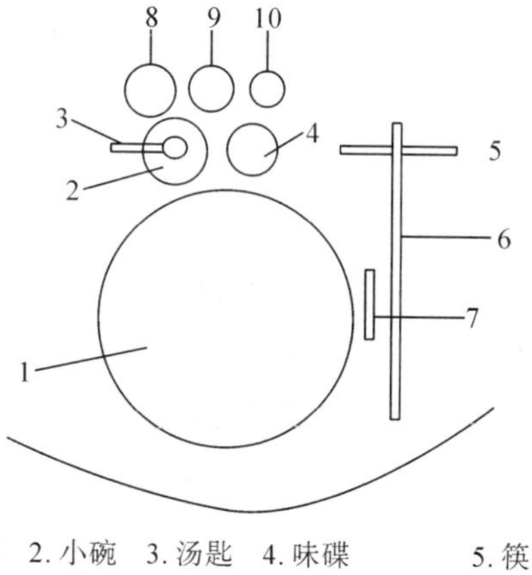

1. 骨碟　2. 小碗　3. 汤匙　4. 味碟　5. 筷子架
6. 筷子　7. 牙签　8. 水杯　9. 红葡萄酒杯　10. 白酒杯

图 4-16　中餐餐具的摆放

示意图说明：（A）1 距桌边缘 2cm；（B）1 距 2、2 距 4、1 距 4 均为 1cm；（C）4 距 5 距离 1cm，6 距桌边缘 2cm，7 距桌边缘为 5cm；（D）9 最突出部分距 2 外切线为 1cm；（E）9 距 10 为 1cm，8 距 9 为 2cm。

1. 筷子

吃中餐首先要注意筷子的使用。标准的握筷姿势一般以右手持筷，以其拇指、食指、中指三指前部，共同捏住筷子的上部约 1/9 处，握筷时各手指应轻松自然地贴在一起。使用筷子取菜用餐时，要注意下列问题：

一忌敲筷，即在等待就餐时，不能用手拿筷子随意敲打餐具。

二忌掷筷。在餐前发放筷子时，不能乱丢；给你距离较远的人发筷子时可以请人递过去，不能随手扔在桌上。

三忌叉筷。筷子要摆放整齐，不能一横一竖交叉摆放，更不能一根是大头一根是小头。

四忌插筷。在用餐中途因故需暂时离开时，要把筷子轻轻搁在桌子上或餐碟边，不能插在饭碗里。因为这种插法，只在祭奠死者的时候才用。

五忌巡筷。在夹菜时，不能把筷子在菜盘里上下乱翻。遇到别人也来夹菜时，要有意避让，谨防“筷子打架”。

六忌舞筷。不要一边挥舞着筷子，一边与人说话。也不要在请别人用菜时，把筷子戳到别人面前，这样做是失礼的。

七忌舔筷。不要“品尝”筷子，不论筷子上是否残留着食物，都不要去舔它。

八忌迷筷。不要在夹菜时，筷子持在空中，犹豫不定取哪道菜。

九忌粘筷。在就餐过程中，即使很喜欢某道菜，也不要好似筷子粘住了菜盘，不停地夹取。

十忌剔筷。不要将筷子当牙签使用。

此外，为别人夹菜时，要使用公筷，使用完公筷，要放回原来位置。用餐完毕，筷子应整齐地搁在靠碗右边的桌上，并应等众人都放下筷子后，在主人示意散席时方可离座，不可自己用餐完毕，便扔下筷子离席。

2. 汤匙

汤匙的主要作用是舀取菜肴、食物，或在用筷子取食时，可以用汤匙来辅助。

用汤匙取食物时，不要过满，免得溢出来弄脏餐桌或自己的衣服。在舀取食物后，可以在原处停留片刻，等汤汁不会再往下流时再移回来。

用汤匙取食物后，要立即食用或放在自己的碟子里，不要再把它倒回原处。而如果取用的食物太烫，不可用勺子舀来舀去，也不要用嘴对着吹，可以先放到自己的碗里等凉了再吃。

用汤匙喝汤时，不要全部放入口中。不要把汤匙塞到嘴里，或者反复吮吸、舔食。暂时不用汤匙时，应放在自己的碟子上，不要把它直接放在餐桌上，或是放在食物中。

3. 碗、碟

进食时，不要端起碗，不可把碗里的食物往嘴里倒，暂时不用的碗不可放杂物。

骨碟的主要作用，是用来盛放从公用的菜盘里取来享用的菜肴的。使用骨碟时，一次不要取放过多的菜肴，不要把多种菜肴堆放在一起，防止不同食物间相互“窜味”。

不吃的残渣、骨、刺不要吐在地上，而应轻轻取放在骨碟里，如果骨碟放满了，可以示意服务员更换。

4. 水杯

水杯主要用来盛放清水、汽水、果汁、可乐等软饮料。不要用水杯来盛酒，也不要倒扣水杯。另外，喝进嘴里的东西不能再吐回水杯。

5. 湿巾

中餐用餐前，主人会为每位用餐者上一块湿毛巾，它只能用来擦手，擦手后，应该放回盘子里，由服务员拿走。有时候，在正式宴会结束前，会再上一块湿毛巾，这块湿巾只能用来擦嘴，不能擦脸、抹汗。

6. 餐巾

应铺放在并拢的大腿上，不能围在脖子上，或衣领里、腰带上，可用于擦嘴和手，不能擦餐具或汗。

7. 牙签

尽量不要当众剔牙。如实在需要时，应用一只手掩住口部，剔出来的东西，不要当众观赏，不要长时间用嘴叼着牙签。

（三）中餐的上菜顺序

中餐和西餐的菜序存在很大的差异，中餐不论是何种风味，上菜的顺序通常是先上冷盘，接下来是热菜，随后是主菜、点心和汤，最后是果盘。一般上咸点心时，上咸汤；上甜点心的话，则上甜汤。

一般当冷盘已经吃了 2/3 时，开始上第一道热菜。菜的数量根据宴会规格和人数确定。宴会上桌数再多，各桌也要同时上菜。

出于卫生的考虑，正式中餐宴会通常实行分餐制。餐桌服务顺序通常是逆时针方向，服务生走到你的左边是为你上菜或上干净的盘子，走到你的右边则是为你斟酒。

（四）用餐的礼仪

俗话说，站有站相，坐有坐相，吃有吃相。这里说的进餐礼仪就是指要吃相文雅，符合礼仪要求。用餐礼仪主要有：

进餐时，先请客人、长者动筷子，尽量夹取离自己较近的菜肴，对不方便夹取或离自己较远的菜肴可少吃或不吃，或请人帮助，不要起身甚至离座去取。

取菜的时候，夹菜要每次少一些，不要左顾右盼、翻来覆去，在公用的菜盘内挑挑拣拣，更不能夹起来又放回去。多人一桌用餐，取菜要注意相互礼让，依次而行。

进餐时，不要发出声音，喝汤最好用汤匙一小口一小口地喝，不宜把碗端到嘴边喝，不能用嘴使劲吹出声音来。

要用公筷给客人或长辈夹菜。每当上来新菜时，应请客人或长辈先动筷子，以表示尊敬和重视，也可以把离客人或长辈远的菜肴送到他们跟前。

进餐时，不要光低着头吃饭，要适时地和自己左右两侧就餐的人进行交谈以调和气氛，交谈应注意选择愉快的话题。

进餐时，不要打嗝，也不要出现其他声音。如果出现打喷嚏、肠鸣等不受控制的声音时，应向同桌客人表示歉意；如果需要有清嗓子、擤鼻涕、吐痰等举动，尽早去洗手间解决。

（五）饮酒的礼仪

吃中餐时，可以喝白酒、黄酒、药酒、啤酒。

1. 斟酒

斟酒的基本方式有两种：一种叫桌斟，另一种叫捧斟。桌斟指顾客的酒杯放在餐桌上，服务员持瓶向杯中斟酒。斟一般酒时，瓶口应离杯口 2 厘米左右为宜；斟汽酒或冰镇酒时，二者则应以相距 5 厘米左右为宜。总之，无论斟哪种酒品，瓶口都不可沾贴杯口，以免有碍卫生及发出声响。酒杯总是放在客人的右边，所以倒酒也是从客人右边倒。倒酒应在客人的面前倒。在特别高级的宴会服务中，若客人想要一杯多年陈酿的红葡萄酒，侍者应左手持杯，缓缓倒入杯中，不可让客人把杯或向旁边有碗碟的杯中倒酒。

主人为了表示对来宾的敬重、友好，会亲自为其斟酒。主人斟酒时要注意三点：一要面面俱到、一视同仁，不能有挑有拣，只为个别人斟酒；二要注意顺序，可以从自己所坐之处开始依顺时针方向斟酒，也可以先为尊长、嘉宾斟酒；三斟酒需要适量，白酒啤酒均可以斟满，而其他洋酒则无此讲究。

客人在侍者斟酒时，要向其道谢，但不必拿起酒杯。但在主人亲自来斟酒时，则必须端起酒杯致谢；必要时，还须起身站立，或欠身点头致意。

2. 敬酒

敬酒往往是宴会上必不可少的一项程序。敬酒是指在就餐时，由男主人向来宾提议，为了某种事由而饮酒。

敬酒时，通常要讲一些祝愿、祝福之言，在正式的宴会上，主人与主宾还会发表正式的祝酒词。不管何种形式的祝酒词内容愈短愈好，切勿长篇大论，让他人久等。敬酒可以随时在饮酒的过程中进行，频频举杯祝酒会使现场氛围热烈而欢快。祝酒词适合在宾主入座后，用餐前开始，也可以在吃过主菜后、甜品上桌前进行。

在他人敬酒或致辞时，其他在场者应一律停止用餐或饮酒，坐在自己座位上，面向敬酒者认真倾听，不要小声议论或公开表示反感。

3. 干杯

在饮酒特别是祝酒、敬酒时进行干杯，需要有人率先提议，可以是主人、主宾，也可以是在场的人。提议干杯时，应起身站立，右手端起酒杯，或者用右手拿起酒杯后，再以左手托扶杯底，面带微笑，目视其他特别是自己的祝酒对象，嘴里同时说着祝福的话。有人提议干杯后，要手拿酒杯起身站立。

在中餐里，干杯前，可以象征性地和对方碰一下酒杯；碰杯的时候，应该让自己的酒杯低于对方的酒杯，表示你的尊敬。用酒杯杯底轻碰桌面，也可以表示和对方碰杯。当离对方比较远时，就可以用这种方式代劳。如果主人亲自敬酒干杯后，要求回敬主人，和他再干一杯。回敬时，应右手持杯，左手托底与对方一同将酒饮下。注意，不要交叉碰杯，

4. 依礼拒酒

假如因为生活习惯或健康等原因不能饮酒，可以婉言谢绝他人的劝酒。例如，说明自己不能饮酒的客观原因，或主动以其他饮料代酒，还可以委托亲友、部下或晚辈代为饮酒。

谢绝饮酒时，不能在他人为自己斟酒时又躲又藏、乱推酒瓶、倒扣酒杯，或将自己杯中酒偷偷倒掉，更不能把自己喝了一点的酒倒入别人杯中。

5. 喝酒的注意事项

喝酒时，应注意避免一饮而尽、边喝边透过酒杯看人、拿着酒杯边说话边喝酒，吃东西时喝酒、口红印在酒杯沿上等失礼的行为。

拓展阅读

用餐的注意事项

在用餐时，还要注意以下禁忌：

（1）要自觉做到不吸烟。

（2）不要擅自做主为他人夹菜。不论对方是否喜欢，主动为其夹菜、添饭、会让人为难。

（3）用餐期间，不要梳理头发、化妆补妆、宽衣解带、脱袜脱鞋等。

（4）用餐的时候不要离开座位、四处走动。如果有事要离开，也要先和旁边的人打声招呼。

（5）喝酒的时候不酗酒、不灌酒。一味地给别人劝酒、灌酒，吆五喝六，特别是给不胜酒力的人劝酒、灌酒，都是失礼的表现。

三、西餐礼仪

案例阅读

用餐者的修养

郭晓凡是一位外贸公司的业务经理，有一次，郭先生因为工作上的需要，而在国内设宴招待一位来自英国的生意伙伴。有意思的是，那一顿饭吃下来，令对方最为欣赏的，倒不是郭先生专门为其所准备的丰盛菜肴，而是郭先生在陪同对方用餐时的一处细小的举止表现。用那位英国客人当时的原话来讲就是："郭先生，你在用餐时一点儿响声都没有，使我感到你的确具有良好的教养。"

西餐因选材用料、烹饪方式和进餐方式，决定了在各方面都要求有一定的基本规则和礼节。为了在西餐桌上显得文明、优雅，为了使宾客都能愉快顺利地享用西餐，就必须了解其中的规范和道理，了解有关文化知识。

（一）西餐的类型

西餐是饮食形式的一种类型，是我国人们对欧美地区菜点的统称。

(1) 以英、法、德、意等国为代表的"西欧式"西餐，其特点是选料精纯、口味清淡，以款式多、制作精细而享有盛誉。

(2) 以苏联为代表的"东欧式"西餐，其特点是味道浓、油重，以咸、酸、甜、辣皆具而著称。

(3) 在英国菜基础上发展起来的"美式"西餐。

若进一步细分，西餐还可分为英国菜、法国菜、俄国菜、美国菜、意大利菜，以及德国菜等。

拓展阅读

几种常见的西餐

1. 法国菜

法式菜肴的特点是：选料范围广（如蜗牛、鹅肝都是其中美味），加工精细，烹调考究，滋味有浓有淡，花色品种多；比较讲究吃半熟或生食，如牛排、羊腿以半熟鲜嫩为特点，可生吃蚝；调味品种类多样，用酒来调味。菜和酒的搭配有着严格的规定，如清汤用葡萄酒、海味品用白兰地酒、甜品用各式甜酒或白兰地等，品种多样。

法式菜肴的名菜有：马赛鱼羹、鹅肝排、巴黎龙虾、红酒山鸡、沙福罗鸡、鸡肝牛排等。

2. 英国菜

英式菜肴的特点是：油少、清淡，调味时较少用酒，调味品大都放在餐台上由客人自己选用。烹调讲究鲜嫩、口味清淡，选料注重海鲜及各式蔬菜，菜量要求少而精。英式菜肴的烹调方法多以蒸、煮、烧、熏见长。

英式菜肴的名菜有：鸡丁沙拉、烤大虾苏夫力、薯烩羊肉、烤羊马鞍、冬至布丁、明治排等。

3. 意大利菜

就西餐烹饪来讲，意大利是始祖。意式菜肴的特点是：原汁原味，以味浓著称。烹调注重炸、熏等，以炒、煎、炸、烩等方法见长。意大利人喜爱面食，其制作面条有独到之处，各种形状、颜色、味道的面条至少有几十种，如字母形、贝壳形、实心面条、通心面条等。

意式菜肴的名菜有：通心粉蔬菜汤、焗混沌、奶酪焗通心粉、肉末通心粉、披萨饼等。

4. 美国菜

美国菜是在英国菜的基础上发展起来的，继承了英式菜简单、清淡的特点，口味咸中带甜，一般不喜欢辣味，喜欢铁扒类的菜肴，常用水果作为配料与菜肴一起烹制，如菠萝焗火腿、菜果烤鸭。喜欢吃各种新鲜蔬菜和各式水果。

美式菜肴的名菜有：烤火鸡、橘子烧野鸭、美式牛扒、苹果沙拉、糖酱煎饼等。

（二）桌次和席位的排列

西餐的位置排列与中餐有相当大的区别，中餐多使用圆桌，而西餐一般都使用长桌。具体查看本书位次礼仪。

（三）西餐餐具的使用

1. 西餐餐具的种类

西餐餐具主要有刀、叉、匙、盘等，何种食物使用何种餐具已经约定俗成。刀在西餐中是分割食物的主要餐具。叉在西餐中是取食、进食的主要餐具。餐盘有 13 英寸的用于摆设的大盘，10 英寸、11 英寸主菜用餐盘，8 英寸点心盘、6 英寸面包盘等。“酒杯”则分为葡萄酒杯、香槟酒杯、烈性酒杯、啤酒杯等。

广义的西餐餐具包括刀、叉、匙、盘、杯、餐巾等。其中，盘又包括菜盘、布丁盘、奶盘、白脱盘等；酒杯种类也比较多，正式宴会上每一种酒都有专用的玻璃酒杯。

狭义的餐具专指刀、叉、匙三大件。其中，刀分为肉刀（刀口有锯齿，用以切牛排、猪排等）、鱼刀、甜点刀、水果刀和牛油刀；叉分为肉叉、鱼叉、点心叉、水果叉和色拉叉；匙则有汤匙、甜食匙、茶匙。

2. 西餐餐具的摆放

西餐的餐具种类和数量较多，初次接触给人眼花缭乱的感觉，吃不同的菜，要用不同的刀叉，饮不同的酒，要用不同的酒杯。每个座位前餐具的摆法一般是：垫盘放在餐席的正中心，盘的左侧放叉，叉齿向上；右侧放刀，刀刃朝向垫盘；刀的右边是汤匙，匙心向上；刀、叉、匙排成整齐的平行线（见图 4-17）。

垫盘的上方放甜食匙，左上方放面包盘（上面放一把牛油刀，刀刃一面向着自己，供抹奶油、果酱用），右上方放各类酒杯和水杯。右起依次为，香槟酒杯、葡萄酒杯、啤酒杯（水杯）等。餐巾叠好放在垫盘上或插在水杯里。

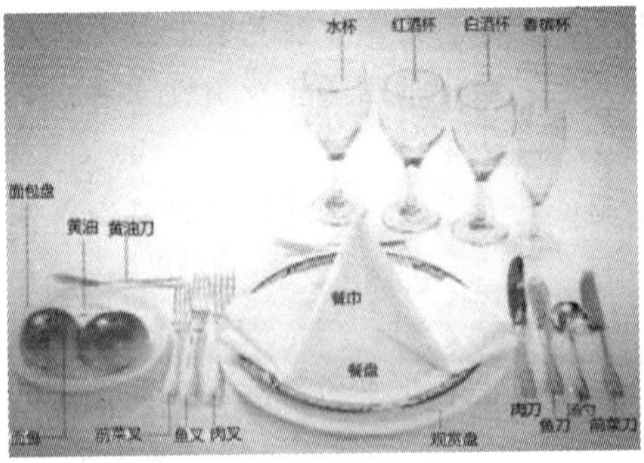

图 4-17　西餐餐具的摆放

3. 西餐餐具的使用

（1）餐巾的使用。

餐巾是为了在用餐时，防止衣服弄脏而准备的。在餐厅，通常是在点完主菜后才将餐巾打开。将餐巾对角线叠成三角形状，或平行叠成长方形状，折后放置于膝上，并将开口朝外。

对折的目的在于防止错拉到餐巾，而开口朝外则是方便拿起擦拭嘴巴。

擦拭嘴巴时，拿起餐巾的末端顺着嘴唇轻轻压一下，弄脏的部分为了不让人看见，可往内侧卷起。污渍应全部擦在里面，外表看上去一直是整洁的。

使用餐巾除了用来擦拭嘴、手、手指以外，也可在吐出鱼骨头或水果的种子时，可利用餐巾遮住嘴后，用手指拿出来或吐在叉子上后再放在餐盘上。

离开席位时，即使是暂时离开，也应该取下餐巾，并随意叠成方块或三角形放在盘侧或桌角，最好放在自己的座位上，但不要把餐巾挂在椅背或是揉成一团放在桌子上。

用餐完毕，可把餐巾放在右前方的餐桌桌面上，就表示用餐结束了。

拓展阅读

餐巾使用的注意事项

用餐巾过程中，千万要注意不要有如下失礼之举：

（1）离席时，将餐巾掉落在地上。

（2）餐巾用得污迹斑斑，或者是皱皱巴巴。

(3) 用餐巾来擦汗或是擦鼻涕。

(4) 用餐巾擦桌子。

(5) 将口红整个印在餐巾上。

(2) 刀、叉、勺的使用。

吃西餐时，必须注意餐桌上餐具的排列和放置位置。正规宴会上，每一道食物、菜肴即配一套相应的餐具（刀、叉、匙），并按上菜的先后顺序由外向内排列。一般是从外侧往内侧取用刀叉，左手拿叉，右手拿刀，切东西时左手拿叉按住，右手拿刀切成小块，用叉子往嘴里送。西餐用的刀、叉、勺各有其用，不能替代或混用。

拿刀的姿势：手食指压在刀背上以用力，其余手指拿住刀把，刀刃不可以朝外。

拿叉的姿势：用左手拇指、食指、中指拿住叉。叉起食物往嘴里送时动作要轻，叉起适量食物一次性放入口中，不要拖拖拉拉一大块，更不要咬一口再放下。叉子叉起食物入嘴时，牙齿只碰到食物，不要咬叉，也不要让刀叉在齿上或盘中发出声响。

在正式场合下，勺有多种。小的是用于咖啡和甜点心的，扁平的用于涂黄油和分食蛋糕，比较大的用来喝汤或盛碎小食物，切忌搞错。

此外，在使用杯具时应注意，不要把杯沿弄脏，嘴上有油渍应擦干净再喝饮料。

拓展阅读

刀叉使用的注意事项

(1) 用刀的时候，进餐中途需要休息时，可以放下刀叉并摆成“八”字形状放在盘子中央，表示没吃完，还要继续吃。

(2) 每吃完一道菜，将刀叉并排放在盘中，表示已经吃完了，可以将这道菜或盘子拿走。汤勺横放在汤盘内，匙心向上，也表示用汤餐具可以收走。

(3) 谈话时，可以拿着刀叉，不用放下来，但不要挥舞。

常见的刀叉摆放不同的含义见图 4-18。

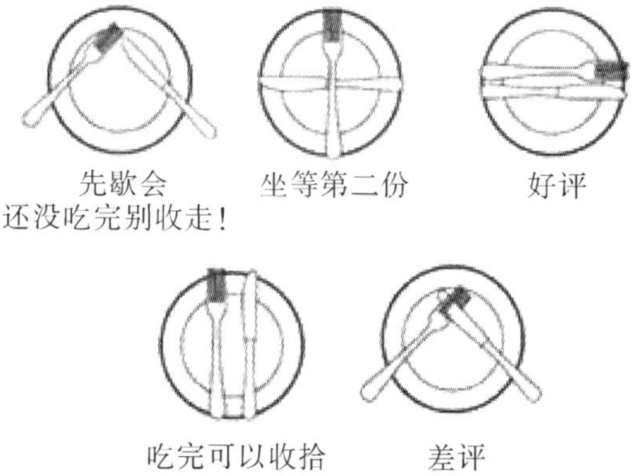

图 4-18　刀叉摆放不同的含义

(四) 西餐菜序的安排

西餐有正餐和便餐的菜序之分，两者之间存在很大差异。

1. 正餐的菜序

西餐的正餐，尤其是在正式场合所用的正餐，菜序既复杂多样，又讲究极多。一顿内容完整的正餐一般要吃上一两个小时。在大多数情况下，西餐正餐的菜序由下列几道程序构成。

(1) 头盘。

头盘也称为开胃菜，开胃菜的内容一般有冷头盘和热头盘，以色拉类为主，也包括鹅肝酱、冻子、泥子等，多数情况下是由蔬菜、水果、海鲜、肉食等组成的拼盘。其特点是爽口清淡，主要是激发进餐者的食欲，属于西餐的前奏。

(2) 汤。

汤是西餐的“开路先锋”，具有良好的开胃作用。按照传统说法，常见的汤类有白汤、红汤、清汤等。红汤，如俄式罗宋汤；白汤，如各式奶油汤、蘑菇汤等；清汤，如牛尾清汤等。

(3) 副菜。

通常水产类菜肴与蛋类、面包类、酥盒菜肴品都称为副菜。品种包括各种淡水鱼类、海水鱼类、贝类及软体动物类。因为鱼类等菜肴的肉质鲜嫩，比较容易消化，所以放在肉类菜肴的前面。西餐吃鱼菜肴讲究使用专用的调味汁，品种有鞑靼汁、荷兰汁、酒店汁、白奶油汁、大主教汁、美国汁和水手鱼汁等。

(4) 主菜。

肉、禽类菜肴是西餐的第四道菜，也称为主菜。肉类菜肴的原料取自牛、羊、猪、小牛仔等各个部位的肉，其中最有代表性的是牛排。牛排按其部位又可分为沙朗牛排、菲力牛排、“T”骨型牛排、薄牛排等，烹调方法常用烤、煎、铁扒等。肉类菜肴配用的调味汁，主要有西班牙汁、浓烧汁精、蘑菇汁、白尼斯汁等。

禽类菜肴的原料取自鸡、鸭、鹅，通常将兔肉和鹿肉等野味也归入禽类菜肴。禽类菜肴品种最多的是鸡，有山鸡、火鸡、竹鸡，可煮、炸、烤、焖，主要的调味汁有黄肉汁、咖喱汁、奶油汁等。

(5) 甜品。

西餐的甜品是在吃过主菜后食用的，包括蛋糕、饼干、吐司、馅饼、三明治之类的小点心，布丁、冰激凌，以及草莓、菠萝、苹果、香蕉、橘子、葡萄、核桃、榛子、腰果、杏仁、开心果等干、鲜果品。

(6) 热饮。

用餐结束之前主人会为用餐者提供热饮，热饮一般是红茶或咖啡，两者选择其一。它们的作用，主要是帮助消化。喝咖啡最好是什么都不加的黑咖啡，也可以加糖和淡奶油。

2. 便餐的菜序

在普通情况下，由于经济和时间方面的考虑，人们并不是都吃西餐全餐。通常，西餐便餐的标准菜序因方便、从简而很受欢迎。西餐便餐可以只要开胃菜、汤、主菜和甜品，有的时候可以不要汤或甜品。

一般顺序是：开胃菜作为第一道菜，汤主要分清汤和奶油浓汤两种，主菜有鱼、猪肉、牛肉、鸡等，甜品常有冰激凌、布丁等，水果可上可不上。

（五）西餐饮食礼仪

因为西餐主要是在餐具、菜肴、酒水等方面有别于中餐，因此，参加西餐宴会时，还应该掌握西餐饮食礼仪知识。

参加西式宴会，要衣着整齐，往往还要求穿着礼服；坐姿要端庄，而且动作要规范、放松、自然。肘部不能放在餐桌上，两臂要尽量收紧。

（1）吃面包时，应将面包撕成小块，撕一片吃一口，切不可直接用嘴咬着吃或用刀叉切割。

（2）喝汤时，绝对不能用嘴直接接触盘沿，应用汤匙由内向外朝餐桌中心方向舀取，汤匙应纵向放入口中1/3，以免喝汤时发出声响。如果汤太热，不要用嘴去吹，待凉些再喝。喝完汤后应将汤匙放在盘中，注意匙心向上。

（3）喝咖啡时，要注意握杯、端杯的方法。喝时用右手拿杯把，左手端小碟；如在餐桌上，也可不端小碟。不要把小匙留在杯中，用它搅拌完后可放在小碟上。

拓展阅读

咖啡礼仪

一、咖啡相关器具使用

饮用咖啡，有专用的器具，了解相关器具的使用，可以更好地遵守咖啡礼仪。

（一）咖啡杯

在餐后饮用的咖啡，一般都是用袖珍型的咖啡杯盛出，这种杯子的杯耳较小，手指无法穿出去。但即使用较大的杯子，也不要用手指穿过杯耳再端杯子。

咖啡杯的正确拿法，应是拇指和食指捏住杯把儿再将杯子端起。应该以右手拇指和食指捏住杯耳，将杯子端起送至嘴边，不可以手指穿杯环去拿。站立时，则应该以左手将杯、碟一起端至胸高，再以右手端起杯，送至嘴边饮用，饮用完，立即将杯子置于咖啡碟中。

（二）咖啡匙

咖啡匙是专门用来搅拌咖啡的，饮用咖啡时应当把它取出来。不要用咖啡匙舀着咖啡一匙一匙地慢慢喝，也不要用咖啡匙来捣碎杯中的方糖。

在使用咖啡匙时，应注意以下四点。

第一，给咖啡加糖或冰块是一种常用的饮咖啡习惯，加入后应用小咖啡匙沿杯周边将其搅均匀，将咖啡匙放于碟子左边或横放于靠近身体的一侧。咖啡匙放在杯内就喝是不文明的举动，而用匙子搅得杯子乱响也是失礼的。添加配料后，应以匙轻轻搅动，使其与咖啡迅速融合。但搅动时动作不要过大。

第二，搅拌之后，应把匙立即取出，不要让其立在杯中，否则很易使咖啡杯泼翻。

第三，如果咖啡太烫，应充分发挥匙的作用，轻轻搅动使其降温，切不可用嘴去吹。

第四，饮用时，不能以匙去喝，而应端杯饮用。

（三）杯碟

盛放咖啡的杯都是特制的。它们应当放在饮用者的正面或者右侧，杯耳应指向右方。饮用时，可以用右手拿着咖啡的杯耳，左手轻轻托着咖啡，慢慢地移向嘴边轻吸。不宜满把握杯、大口吞咽，也不宜俯首去就咖啡杯。喝咖啡时，不要发出声响。

咖啡碟与咖啡杯不分开，即使添加咖啡时，也不要将咖啡杯从咖啡碟中拿起。

二、品咖啡的注意事项

（一）步骤

正式开始喝咖啡之前，先喝一口冰水，冰水能帮助咖啡味道鲜明地浮现出来，让舌头上的味蕾充分做好感受咖啡美味的准备。

一杯咖啡端到面前，先不要急着喝，应该像品茶或酒那样，有个循序渐进的过程，以达到放松、提神和享受的目的。

（1）闻香。闻一下咖啡那扑鼻而来的原香。

（2）观色。最好的咖啡呈现深棕色，而不是一片漆黑。

（3）品尝。你所喝的每一杯咖啡的原料都是经过五年生长才开花结果的得来的，咖啡经过了采收、烘焙等复杂程序，再加上煮咖啡的人悉心调制而成。所以，先喝一口黑咖啡，感受一下原味咖啡的滋味，咖啡入口不要急于一口咽下，应暂时含在口中，让咖啡的香气自鼻腔呼出，然后再咽下。

（4）依个人喜好加入适量的糖，并用咖啡匙搅拌，趁着搅拌的咖啡旋涡，缓缓加入奶油球，让油脂浮在咖啡上，保持咖啡的热度，也可蒸发奶香，从而享受到多重口感。

（二）温度和容量

饮品咖啡的最佳温度是80℃左右。因为普通咖啡的质地不太稳定，所以最好趁热品尝。为了不使咖啡的味道变淡，要事先将咖啡杯预热。咖啡的适当温度在冲泡的刹那为83℃，倒入杯中时为80℃，而到口中的温度为61℃~62℃最为理想。

一般来说，趁热品尝主人为你端上的咖啡，把咖啡尽可能在十分钟内饮尽，也是喝咖啡的基本礼节。

咖啡一般不上满杯，满杯的咖啡，看了会失去喝的兴趣。一般七八分满为适量，分量适中的咖啡不仅会刺激味觉，喝完也不会有腻的感觉，使身体恢复活力，疲劳的头脑也清醒了。

（三）加糖

给咖啡加糖时，可用咖啡匙舀砂糖，直接加入杯内；也可先用糖夹子把方糖夹在咖啡碟的近身一侧，再用咖啡匙把方糖加在杯子里。如果直接用糖夹子或手把方糖放入杯内，有时可能会使咖啡溅出，从而弄脏衣服或台布。

（四）取食甜点

接受邀请去他人住所饮用咖啡，或去咖啡厅饮咖啡，一般会同时食用各式甜点，以免空腹饮用咖啡伤及肠胃。吃甜点与喝咖啡搭配进行，应注意以下两点。

第一，取食甜点适量。毕竟这种场合中，应以咖啡为主，食用点心次之。

第二，甜点与咖啡不能同时享用，即不能一手拿点心一手拿杯，边吃边喝。正确做法是，吃点心时，先放下咖啡杯后，再继续饮用。

（五）正确交谈

社交场合中喝咖啡只是社交的媒介和手段，饮用时双方进行交谈、增进了解。在饮用咖啡时，切不可只顾品尝咖啡，忘了“主要任务”。交谈时，不要高谈阔论，宜柔声细语；不要乱开玩笑，大声喧哗，宜含蓄有度，礼让谦恭。注意不要在他人饮用咖啡时忽然提问，以免对方仓促应对。

（4）在西餐礼仪中，饮酒的基本原则是：宾主双方量力而行（适量）；酒倒八分满，应先闻一闻酒的香味，然后轻吸一口，慢斟细酌；祝酒干杯应由男主人提议，客人不可以提议干杯；顺时针敬酒先尊长，先近后远；祝酒干杯只用香槟酒，并不能越过身边的人而和其他人祝酒干杯，即使不喝，也应该将杯口在唇上碰一碰，以示敬意；碰杯时，应目视对方；人多时，可以同时举杯示意，不一定碰杯，交叉碰杯必须避免；当别人为你斟酒时，如果不需要，可以手稍盖酒杯，表示谢绝。

拿杯时，应用手指握杯脚，为避免手的温度使酒温增高，应用大拇指、中指和食指握住杯脚，小指放在杯子的底台固定。喝酒时，绝对不能吸着喝而是倾斜酒杯，像是将酒放在舌头上似的喝，对轻轻摇动酒杯让酒与空气接触以增加酒味的醇香，但不要猛烈摇晃杯子。在西餐里，能越过身边的人而和其他人祝酒干杯。

拓展阅读

品红酒

品酒不是猜酒，更不是比酒。品酒乃是指运用感官及非感官的技巧来分析酒的原始味道及判断酒的可能变化，客观独立的思考技巧，是决定品酒准确与否的关键。

一、时间

最佳的试酒、品酒时间为上午10:00左右。这个时间不但光线充足，而且人的精神及味觉也较能集中。

二、杯子

品尝葡萄酒的杯子也是有讲究的，理想的酒杯应该是杯身薄、无色透明且杯口内缩的郁金香杯，而且一定要有4~5厘米长的杯脚，这样才能避免用手持拿杯身时，手的温度间接影响到酒温，而且也方便观察酒的颜色。

三、次序

若同时品尝多款酒时，应该从口感淡的到口感重的，这样才不会因为前一种酒的浓重口味而破坏了后一种酒的味道，所以，一般的通则是干白酒会在红酒之前，甜型酒会在干型酒之后，新年份在旧年份之前。不过，也应该避免一次品尝太多的酒，一般人品酒超过15种就很难再集中精神了。

四、温度

品尝葡萄酒时，温度是非常重要的一环，若在最适合的温度饮用时，不仅可以让香气完全散发出来，而且在口感的均衡度上，也可以达到最完美的境界。通常红酒的适饮度要比白酒来得高，因为它的口感比白酒来得厚重，所以，需要比较高的温度才能引出它的香气。因此，即使只是单纯的红酒或白酒，也会因为酒龄、甜度等因素，而有不同的适饮温度。

五、品酒步骤

（一）看

摇晃酒杯，观察其域流下的酒脚；再将杯子倾斜45°，观察酒的颜色及液面边缘（以在自然光线的状态下最理想），这个步骤可判断出酒的成熟度。一般而言，白酒在它是新酒时是无色的，但随着陈年时间的增加，颜色会逐渐由浅黄并略带绿色反光到成热的麦秆色、金黄色，最后变成金铜色。若变成金铜色时，则表示已经太老不适合饮用了。红酒则相反，它的颜色会随着时间而逐新变淡，刚开始时是深红带紫，然后会渐渐转为正红或樱桃红，再转为红色偏橙红或砖红色，最后呈红褐色。

（二）闻

将酒摇晃过后，再将鼻子置入杯中深吸至少2秒，重复此动作可分辨多种气味，尽可能从如下三个方面来分析酒的香味。

强度（intensity）：弱、适中、明显、强、特强。

质地（quality）：简单、复杂或愉悦、反感。

特征（character）：果味、植物味、矿物味、香料味。

具体操作分为以下两个步骤：

第一步，在杯中的酒面静止状态下，把鼻子探到杯内，闻到的香气比较幽雅清淡，是葡萄酒中扩散最强的那一部分香气。

第二步，手捏玻璃杯柱，不停地顺时针摇晃品酒杯，使葡萄酒在杯里做圆周旋转，酒液挂在玻璃杯壁上。这时，葡萄酒中的芳香物质，大都能挥发出来。停止摇晃后，第二次闻香，这时闻到的香气更饱满、更充沛、更浓郁，能够比较真实、比较准确地反映葡萄酒的内在质量。

（三）尝

小酌一口，并以半漱口的方式，让酒在嘴中充分与空气混合且接触到口中的所有部位；当你捕捉到红葡萄酒的迷人香气时，酒液在你口腔中是如珍珠般的圆滑紧密，如丝绸般的滑润缠绵，让你不忍弃之。此时可归纳、分析出单宁、甜度、酸度、圆润度、成热度。也可以将酒吞下，以感觉酒的终感及余韵。

（四）吐

好酒是需要知己欣赏的。如果想完美地了解它、欣赏它，有时就不得不舍弃一些，这就是鉴赏过程的最后一步：吐。当酒液在口腔中充分与味蕾接触，舌头感觉到它的酸、甜、苦味后，再将酒液吐出，此时要感受的就是酒在你口腔中的余香和舌根余味。余香绵长、丰富，余味悠长，就说明这是一款不错的红葡萄酒。

（5）饭菜残渣要放在餐盘里，而不能吐在餐桌上，污染餐布。

（6）吃水果时，如果是西瓜等多汁的水果应用匙取食。粒状水果如葡萄等，可直接用手取食，吐籽时，应吐在手掌中再放入餐盘。食用整个的苹果、梨子等时，则应削皮去核，切成小块，用叉取食。

（7）在西餐进餐过程中，不能发出不悦耳的声音。进食要闭口嚼食、吞咽，喝汤不能吸汤；吃面条时要用叉子卷着送入口中，避免吸食面条；餐具要尽量避免磕碰的声音；进餐过程中不能打喷嚏、饱嗝；相互之间交谈要轻言细语，不能高声喧哗；要学会用“谢谢，够了”来拒绝不合口味的食物，切勿显露为难的表情。

拓展阅读

西餐席间礼仪

吃西餐时，坐姿要正、身体要直，脊背不可紧靠椅背，一般坐于坐满椅的 2/3 即可。可伸腿，不能跷起二郎腿，也不要将胳臂肘放到桌面上，身体不可频频晃动。

餐桌上的佐料，通常已经备好，放在桌上。如果距离太远，可以请别人帮忙，不能自己站起来伸手去拿，不能把餐具弄出声响。

吃西餐时，可相互交谈，但不可大声喧哗、放声大笑，也不可抽烟。拿着刀叉做手势在别人面前挥舞，更是失礼和缺乏修养的行为。

另外，在西餐宴会上还要注意交际的等距离，要对在场的人一视同仁，切不可对一些人大献殷勤，对其他来宾不理不睬。

总之，西餐极重视礼仪，只有认真掌握好，才能在就餐时表现得温文尔雅、颇具风度。

四、饮茶礼仪

茶是我们中华民族的国饮，并位居世界三大饮料之首。饮茶礼仪是餐桌礼仪的重要组成部分，也是中餐礼仪的重要组成部分。在正式的宴请场合，饭前餐后是必不可少的。品茶对于中国人而言，更是一种文化底蕴的外露。饮茶在我国不仅是一种生活乐趣，也是一种文化传统，并形成了相应的饮茶礼仪。以茶待客，客来献茶一直是我国各族人民的传统美德和传统习惯，因此掌握一定的饮茶礼仪十分必要。

（一）茶的分类

茶叶品种繁多，其中以我国的最多。目前按照不同的标准有不同的茶叶分类方法，尚未统一。在国外，茶叶分类比较简单。欧洲把茶叶按商品特性分为红茶、乌龙茶、绿茶三大茶类，日本则按茶叶发酵程度不同分为不发酵茶、半发酵茶、全发酵茶、后发酵茶。我国以制法和品质为基础，按茶多酚氧化程度的顺序可以把初制茶叶分为绿茶、黄茶、黑茶、青茶、白茶、红茶六大茶类，这种方法已被业界广泛应用。此外，结合茶叶的商品形态可把茶叶分成绿茶、红茶、乌龙茶、白茶、黄茶、黑茶、再加工茶七类。

1. 绿茶

绿茶又称不发酵茶，以适宜的茶树新梢为原料，经杀青、揉捻、干燥等典型工艺制成。按其干燥和杀青方法不同，一般分为炒青、烘青、晒青和蒸青绿茶，绿茶形成了“清汤绿叶，滋味收敛性强”等特点。绿茶是出现最早的茶类，距今三千多年，也是我国产量最大的茶类，产区主要分布于浙江、安徽、江西等省。绿茶的代表茶有以下六种。

（1）西湖龙井：简称龙井，产于浙江省杭州市西湖西南龙井村四周的山区，每年春季分四次采摘鲜叶。清明前采头茶称为“明前茶”，产量很少、珍贵，其形似莲心，故称“莲心”；谷雨前采摘的称“雨前茶”，又称二春茶，其形似旗如枪，故称“旗枪”；立夏采的三春茶，形似雀舌，故称“雀舌”；四春茶附带茶梗，故称“梗片”。龙井，既是地名，又是泉名和茶名，龙井茶有“色绿、香郁、味甘、形美”四绝之誉，并有“三名巧合，四绝俱佳”之喻。

（2）信阳毛尖：产于河南省南部大别山的信阳。其外形细、圆、直、多白毫。信阳毛尖风格独特，香气清高，汤色明净，滋味醇厚，叶底嫩绿；饮后回甘生津，冲泡四五次尚保持有长久的熟栗子香。茶圣陆羽在其《茶经》中把光州茶（信阳毛尖）列为茶中上品，宋代大文豪苏东坡文有“淮南茶信阳第一”的千古定论。

（3）碧螺春：产于江苏省苏州洞庭山，又名洞庭碧螺春。每年 3 月下旬至 4 月中旬采摘，而高档极品都在清明前后采制，采摘时间更短，季节性更强。鲜茶越幼嫩，制成干茶后白毫越多，品质越佳。碧螺春茶条索紧结，卷曲成螺，白毫密披，银绿隐翠，号称“三鲜”，即香鲜浓、味鲜醇、色鲜艳，花香果味，沁人心脾，浓郁甘醇，鲜爽生津，回味绵长，别具一番风韵。

（4）黄山毛峰：据史料记载，黄山茶在四百余年前就相当著名。黄山毛峰白毫披身，芽尖似峰，取名“毛峰”，后冠以地名为“黄山毛峰”。黄山毛峰采摘讲究，特级黄山毛峰在清明前后采制，采摘一芽一叶初展芽叶，其他级别采一芽一至两叶或一芽两至三叶芽叶。特级黄山毛峰形似雀舌，白毫显露，色似象牙，鱼叶金黄。冲泡后，清香高长，汤色清澈，滋味鲜浓、醇厚、甘甜，叶底嫩黄，肥壮成朵。其“鱼叶金黄”和“色似象牙”，是特级黄山毛峰外形与其他毛峰不同的两大明显特征。黄山毛峰的品饮，冲泡时水温以 80 摄氏度左右为宜，璃杯或白瓷茶杯均可，冲泡五六次后，仍然香味犹存。

（5）庐山云雾：古称“闻林茶”，从明朝起始称云雾，至少已有三百多年历史。号称“匡庐秀甲天下”的庐山，北临长江，东毗鄱阳湖，平地拔起，峡谷深幽，由于湖水汽蒸腾而成云雾，常年雾海茫茫，年雾日 195 天之多。茶树萌发在 4 月下旬至 5 月初，正值雾日最多之时，受庐山凉爽多雾的气候及日光直射时间短等条件影响，造了云雾茶独特的品质。

庐山云雾茶牙肥、毫显，条索秀丽、香味浓甘、汤色清澈，是绿茶中的精品。以“味醇、色秀、香馨、液清”而久负盛名。若用庐山的山泉沏条焙茗，造就了云雾茶独特的品质。

（6）六安瓜片：著名绿茶，产于皖西大别山茶区，其中以六安、金寨、霍山三县所产茶品最佳，每年春季采摘，成茶呈瓜子形，故名六安瓜片。六安瓜片色翠绿，香清高，味甘鲜，耐冲泡。它最先源于金寨县的齐云山，而且也以齐云山所产瓜片茶品质最佳，故又名“齐云瓜片”。沏茶时雾气蒸腾，清香四溢，所以也有“齐山雾瓜片”之称。

六安瓜片的成品，叶缘向背面卷翻，呈瓜子形，与其他绿茶大不相同，冲泡后，汤色翠绿明亮，香气清高，味甘鲜醇，色香味俱佳，是瓜片茶中的珍贵品种

2. 红茶

红茶又称发酵茶。以适宜制作红茶的茶树新芽为原料，经萎凋、揉捻、发酵、干燥等典型工艺过程精制而成。其色以红色为主调，故得名红茶。红茶可分为小种红茶、工夫红

茶和红碎茶，为我国第二大茶类。红茶的代表茶有以下两种。

（1）祁门红茶。祁门红茶又称祁红，产于安徽省祁门、东至、贵池、石台以及江西的浮梁一带。高档祁红外形条索紧细苗秀、色泽乌润，冲泡后茶汤红浓，香气清新芬芳、馥郁持久，有明显的甜香，有时带有玫瑰花香。祁红的这种特有的香味，被国外不少消费者称为“祁门香”。祁门红茶宜于清饮，也适于加奶、加糖调和饮用。

（2）滇红。滇红是云南红茶的统称，分为红工夫茶和滇红碎茶两种。滇红工夫茶外形条索系结、肥硕雄壮，干茶色泽乌润、金毫显露，汤色艳亮、香气鲜郁绵长，滋味浓厚鲜爽，深受国际市场欢迎。滇红的品饮多以加糖、加奶调和饮用为主，加奶后茶香依然浓烈。高档滇红冲泡后，茶汤与茶杯接触处常显金圈，冷却后立即出现乳凝状的冷后浑现象：冷后浑出现得早是质优的表现。滇红工夫茶中，品质最优的是以一芽一叶为主制造而成的特级茶。

3. 乌龙茶

乌龙茶亦称青茶、半发酵茶，是我国茶类中独具鲜明特色的茶叶品类。乌龙茶综合了绿茶和红茶的制法，其品质介于绿茶和红茶之间，既有红茶的浓鲜味，又有绿茶的清芳香，并有绿叶红镶边的美誉。乌龙茶的药理作用突出表现在分解脂肪、减肥健美等方面，在日本被称为美容茶、健美茶。乌龙茶的代表茶有以下三种。

（1）安溪铁观音：属于乌龙茶之极品，产于福建省安溪县尧阳乡。每年分四次采摘，春茶在立夏，夏茶在夏至后，暑茶在大暑后，秋茶在白露前，以春茶为最好。其成品茶外形条索卷曲，肥壮圆结，沉重匀整，色泽鲜亮，滋味醇厚甘鲜，香气清芳高雅，水色清澈金黄，叶底肥厚软亮，常以天然的兰花香和特殊的“观音韵”而区别于其他乌龙茶。好的铁观音，在制作过程中因咖啡因随水分蒸发还会凝成一层白霜，用小巧的工夫茶具品饮，先闻香，后尝味，顿觉满口生香，回味无穷。近年来，在发现乌龙茶有健身美容的功效后，铁观音更加风靡日本和东南亚。

（2）武夷岩茶：武夷岩茶产于闽北“秀甲东南”的名山武夷，茶树生长在岩峰之中。武夷岩茶具有绿茶之清香，红茶之甘醇，是中国乌龙茶之极品。武夷岩茶可分为岩茶与洲茶。在山者为岩茶，是上品；在麓者为洲茶，次之。从品种上分，它包括洞宾茶、水仙、大红袍、武夷奇种、肉桂、白鸡冠、乌龙等，多随茶树产地、生态、形状或色香味特征取名；其中以“大红袍”最为名贵。出于数量稀少，采摘困难，这种茶在市场上是价格昂贵的珍品。

武夷岩茶属“绿叶红镶边”的半发酵茶，其条形壮实、匀整，色泽绿褐鲜润，冲泡后茶汤呈深橙黄色，清澈艳丽；叶底软亮，叶缘朱红，叶心淡绿带黄；兼有红茶的甘醇、绿茶的清香；茶性和而不寒，久藏不坏，香久益清，味久益醇。泡饮时常用小壶、小杯，因其香味浓郁，冲泡五六次后余韵犹存，这种茶最适宜泡工夫茶，因而十分走俏。

（3）冻顶乌龙茶：产于我国台湾地区南投县凤凰山支脉冻顶山一带，其成品外形呈半球形弯曲状，色泽绿，有天然的清香气，汤呈柳橙黄色，味道醇厚甘润，其品质以春茶最好。

4. 白茶

白茶属轻微发酵茶，是我国茶类中的特殊珍品。因其成品茶多为芽头，满披白毫，如银似雪而得名。白茶的主要产区在福建省（台湾地区也有少量生产）建阳、福鼎、政和、松溪等县。白茶制法的特点是既不破坏酶的活性，又不促进氧化作用，且保持毫香显现，汤味鲜爽。白茶的主要品种有以下两种。

（1）白毫银针：简称银针，又称白毫。其成品多为芽头，满披白毫，色白如银，纤细如针，故得此高雅名称。白毫茶是属于仅有的白茶品种之极品，与君山银针一同齐名于世，为历代皇家的贡品。银针成品茶芽肥壮，满披白色茸毛，色泽鲜白，闪烁如银，条长挺直，如梭如针；汤色清澈晶亮，呈浅杏黄色；入口毫香显露，甘醇清鲜，其性寒，有解毒、退热、降火之功效。

（2）白牡丹：以绿叶夹银白色皂心，形似花朵，冲泡后绿叶托着嫩芽，宛如蓓蕾初放，故名“白牡丹”。成品毫心肥壮，叶张肥嫩，呈皱纹降起，叶缘向叶背卷曲，芽叶连枝，冲面色泽呈深灰绿，叶背遍布白茸毛，香毫显、味鲜醇，汤色杏黄或橙黄清澈，叶底浅灰，叶脉微红，其性清凉，有退热降火之功效。

5. 黄茶

人们从炒青绿茶中发现，由于杀青揉捻后干燥不足或不及时，叶色即变黄，于是产生出新的品类——黄茶。黄茶属发酵茶类，黄茶的制作与绿茶有相似之处，不同点是多一道闷堆工序：这个闷堆过程是黄茶制法的主要特点，也是它同绿茶的基本区别。黄茶按鲜叶的嫩度和芽叶大小分为黄芽茶、黄小茶和黄大茶三类。黄茶的代表茶有以下三种。

（1）君山银针：简称银针，产于湖南省岳阳市洞庭湖君山岛，从古至今，以其色、香、味、奇并称四绝。君山银针成品外形芽头茁壮，坚实挺直，白毫如羽，芽身金黄光亮，素有“金镶玉”之美称；内质毫香鲜嫩，汤色杏黄明净，滋味甘醇甜爽，叶底肥厚匀亮。冲泡时尖尖向水面悬空竖立，继而徐徐下沉，头三次都如此。竖立时，如鲜笋出土；沉落时，像雪花下坠。品饮之时，还具有很高的观赏价值。

（2）蒙顶黄芽：蒙顶黄芽以每年清明节前采下的鳞片外展的圆肥单芽为原料制成，芽条匀整，扁平挺立，色泽黄润，全毫显露。汤色黄中透碧，甜香鲜嫩，甘醇鲜爽，叶底全芽嫩黄。

（3）霍山黄芽：产于安徽省霍山县大化坪金鸡山的金刚台、乌来尖、漫水河与金竹坪等地，而以金刚台所产品质最佳。成品茶芽叶挺直匀齐，色泽黄绿，细嫩多毫，形似雀舌，汤色明亮黄绿，带黄圈，叶底嫩黄，滋味浓厚鲜醇，甜和清爽，有熟板栗香，饮后有清香满口之感。

6. 黑茶

黑茶是我国历史十分悠久的特有茶类，在加工过程中，鲜叶经渥堆发酵变黑，故称黑茶。黑茶既可直接冲泡饮用，也可以压制成紧压茶（如各种砖茶）。黑茶主要产于湖南、湖北、四川、云南和广西等省、自治区。因以销往边疆地区为主，故以黑茶制成的紧压茶又称边销茶。黑茶的代表茶是普洱茶。普洱茶产于云南普洱及西双版纳、思茅等地，历史十分悠久，在唐代就已有与康藏地区的普洱茶贸易了。普洱以云南大叶种茶树鲜叶为原料，加工中有一道泼水堆积发酵的特殊工艺，使成茶有股独特的陈香。普洱茶具有降血脂、减肥、助消化、醒酒、解毒等诸多功效。人们在吃过酒肉后，常泡一杯普洱茶，以助消化和醒酒提神。普洱茶流行于许多国家和我国的港澳地区，被称为美容茶、减肥茶和益寿茶。用普洱茶蒸压后可制成普洱沱茶、七子饼茶、普洱茶砖。

7. 再加工茶

以基本茶类——绿茶、红茶、乌龙茶、白茶、黄茶、黑茶为原料经再加工而成的称为再加工茶。它包括花茶（如茉莉花茶、珠兰花茶）、紧压茶（如沱茶和六堡茶）、萃取茶、果味茶和药用保健茶等，分别具有不同的品味和功效。

（二）茶具的选择

饮茶，讲究茶具，这是我国自古以来的传统，也体现出了对客人的尊重。茶的色、香、味与泡茶使用的茶具关系很大。因而，正确地选择和使用茶具，既能发挥茶的价值，又能陶冶人们的情操。目前，我国常用的茶具主要有以下三种。

1. 陶土茶具

陶土茶具中的佼佼者首推宜兴紫砂茶具，用这种茶具泡茶，能保持茶叶真味，使用年代越久，泡出的茶香味越纯正。只是这类茶器多为褐色，较难欣赏到茶的汤色。

2. 瓷质茶具

瓷质茶具以白为贵，能反映出茶汤色泽，传热慢，且保温适中，加之瓷器造型各异，为饮茶器皿之上品。

3. 玻璃茶具

用玻璃杯泡茶，传热快，不透气，茶香易损失，但透明度高，能增加欣赏的乐趣。

至于搪瓷杯和保温杯，容易将茶叶泡熟，影响茶叶的品质，特别是饮用高级茶时，更不宜使用。

下面是茶具选择的参考：

绿茶：透明玻璃杯，应无色、无花、无盖。或用白瓷、青瓷、青花瓷无盖杯。

花茶：青瓷、青花瓷等盖碗、盖杯。

黄茶：奶白或黄釉瓷及黄橙色壶杯具、盖碗、盖杯。

红茶：内挂白釉紫砂、白瓷、红釉瓷、暖色瓷的壶杯具、盖杯、盖碗或咖啡壶具。

白茶：白瓷或黄泥炻器壶杯及内壁有色黑瓷。

乌龙茶：紫砂壶杯具，或白瓷壶杯具、盖碗、盖杯为佳。

普洱茶：用紫砂或陶瓷茶具泡，同时可以用玻璃茶壶装茶，以便于欣赏汤色。

（三）品茶有礼

品茶有礼包括待客有道和品茶礼仪两个方面。

1. 待客有道

自古以来，中国人待客就有“坐，请坐，请上座；茶，上茶，上好茶”的说法，由此可见，以茶敬客在待客之际是一种绝对不可缺少的重要礼仪。以茶敬客要注意以下四个方面。

（1）客人的嗜好。

如有可能，应多备几种茶叶，使客人可以有多种选择。在上茶之前，应先询问一下客人喜欢哪一种茶，并为其提供几种可能的选择。不要自以为是，强人所难。当然，若只有一种茶叶，则务必实事求是地说清楚，不要客套过了头。若客人点出自己没有的茶叶品种，可就难以下台了。

同时，也应考虑到，有一些人出于各种原因不喜欢饮茶。因此，在上茶前，应征询一下来宾个人的意见：“请问您想喝点什么饮料?”并为之提供自己具备的种类以供选择，如白开水、矿泉水、咖啡、果茶、果珍、可口可乐、雪碧等。

一般认为，饮茶不宜过浓，否则极可能使饮用者“醉茶”，即因摄入过量的咖啡因而令人神经过分兴奋，甚至惊厥、抽搐。所以，若客人没有特殊要求，为之所上的茶水不应过浓。通常，民间以茶待客讲究要上热茶，而且还有“茶满欺人”“七茶八酒”之说。其含义是说斟茶不可过满，而以七分满为佳。这样，热茶便不会从杯中溢出来烫伤人了。

（2）上茶的规矩。

①奉茶之人。以茶待客时，由何人为来宾奉茶，往往涉及对来宾重视的程度问题。在家中待客时，通常可由家中的晚辈或家庭服务员为客人上茶。接待重要的客人时，则应由女主人，甚至由主人亲自奉茶。

在工作单位待客时，一般应由秘书、接待人员、专职人员为来宾上茶。接待重要的客人时则应由本单位在场的职位最高者亲自为之上茶。

②奉茶顺序。若来访的客人较多时，上茶的先后顺序一定要慎重对待，切不可肆意而为。合乎礼仪的做法应当是：

其一，先为客人上茶，后为主人上茶；

其二，先为主宾上茶，后为次宾上茶；

其三，先为女士上茶，后为男士上茶；

其四，先为长辈上茶，后为晚辈上茶。

如果来宾甚多，且其彼此之间差别不大时，可采取下列四种顺序上茶：

其一，以上茶者为参照，由近而远依次上茶；

其二，以进入客厅之门为起点，按顺时针方向依次上茶；

其三，在上茶时以客人到的顺序为先后顺序；

其四，上茶时不讲顺序，或是由饮用者自己取用。

（3）敬茶的方法。

以茶待客时，一般应先将茶沏好，装入茶杯，然后放在茶盘之内端入客厅。如果来宾多时，务必要多备上几杯茶，以防届时“僧多粥少”，供不应求。

上茶时，应双手端着茶盘进入客厅，首先将茶盘放在邻近客人的茶几上或备用桌上，然后右手拿着茶杯的杯托，左手附在杯托附近，从客人的左后侧双手将茶杯递过去。茶杯放置到位后，杯耳应朝向外侧。若使用无杯托的茶杯上茶时，亦应双手捧上茶杯。万一条件不允许时，至少也要从其右侧上茶，而尽量不要从其正前方上茶。

有时，为了提醒客人注意，可在为之上茶的同时，轻声告之“请您用茶”。如果自己的上茶打扰了客人，应对其道一声“对不起”。

为客人敬茶时，一定要注意尽量不用一只手上茶，尤其是不要只用左手上茶。同时，双手奉茶时，切勿将手指搭在茶杯杯口上，或是将其浸入茶水，污染茶水。应将茶杯放在客人右手附近。

（4）续水的时机。

为客人端上头一杯茶时，通常不宜斟得过满，更不允许动辄使其溢出杯外。得体的做法是斟到杯深的2/3处，不然就有厌客或逐客之嫌。

最适当的做法，就是要为客人勤斟茶，勤续水。一般来讲，客人喝过几口茶后，即应为其续上，绝不可以让其杯中茶叶见底。这种做法的寓意是：“茶水不尽，慢慢饮来，慢慢叙。”

当然，为来宾续水让茶一定要讲主随客便，不可再三再四地以茶续水搪塞客人，而始终一言不发。以前，中国人待客有“上茶不过三杯”一说：第一杯叫作敬客茶，第二杯叫作续水茶，第三杯则叫作送客茶。如果一再劝人用茶，而无话可讲，则往往意味着提醒来宾“应该打道回府了”。有鉴于此，在以茶招待较为守旧的老年人或海外华人时，切勿再三为之斟茶。

在为客人续水斟茶时，仍以不妨碍对方为佳，最好不要在其面前进行操作。非得如此不可时，则应一手拿起茶杯，使之远离客人身体、座位，另一只手将水续入。

在续水时，不要续得过满，也不要使自己的手指、茶壶或者水瓶弄脏茶杯。如有可能，应在续水时在茶壶或水瓶的口部附上一块洁净的毛巾，以防止茶水“自由泛滥”。

2. 品茶礼仪

在正式的社交场合、饮茶应当文明、礼貌。具体而言，需要在下述两个方面特别加以注意。

（1）态度谦恭。

既然以茶待客是一种礼仪，所以主人在以茶待客时要处处以礼待人，那么作为接受款待的一方，客人在饮茶之时，也应对主人投桃报李，勿失谦恭与敬意。当主人上茶之前，向自己征求意见，询问“想喝什么”的时候，如果没有什么特别的禁忌，可以在对方提供的几种选择之中任选一种，或告之以“随便”。在一般情况下，向主人提出过高的要求，是很不礼貌的。如果自己不习惯饮茶，应及时向主人说明。若自己尚未说明，而茶已上来了，不喝就是了，千万不要面露不快，直接因此而责怪主人或为自己上茶的人。若主人，特别是女主人或者长辈为自己上茶时，在可能的情况下，应当即身站立，双手捧接，并道“多谢”。不要视若不见，不理不睬。当其为自己续水时，应以礼相还。其他人员为自己上茶、续水时，也应及时以适当的方式向其答谢。

如果对方为自己上茶、续水时，自己难以起身站立，双手捧接或答以“多谢”时，至少应向其面含微笑，点头致意，或者欠身施礼。不喝的凉茶、剩茶，千万不要随手泼洒在地上。

在社交活动中，与交往对象正在交谈时，最好不要饮茶。不论是自己还是交谈对象正在讲话时，自己如果突然转而饮茶，不但会打断谈话，而且也会显得自己用心不专。只有在自己不是主要的交谈对象时，或是与他人的交谈告一段落之后，才可以见机行事，喝上一口茶润润嗓子。

（2）认真品味。

在饮茶时，要懂得悉心品味。这样做，不仅体现着自身的教养，而且也是待人的一种礼貌的做法。在饮茶之时，应当一小口、一小口地细心品尝。每饮一口茶汤后，应使其在口中稍做停留，再慢慢地咽下去，这样品茶才香。无论如何，饮茶时都不要大口吞咽，一饮而尽，更不要喝得“咕咚咕咚”直响，茶水顺着腮帮子直流，以这种方法喝茶，只能解渴，丝毫谈不上对茶的美妙之处的品位。

在端起茶杯时，应以右手手持杯耳；端无杯耳的茶杯，则应以右手手握茶杯的中部。不要双捧杯，以手端起杯底，或是用手握住茶杯杯口，这样做，或是动作粗鲁，或是不够卫生。饮茶的时候，忌连茶汤带茶叶一并吞入口中，更不能下手自在茶杯中取出茶叶，甚至放入口中食之。万一有叶进入口中切勿当众将其吐出，或是嚼而食之。

饮盖碗茶时，可用杯盖轻轻将漂浮于茶水上的茶叶拂去，不要用口去吹。茶太烫的话，也不要去吹，或是用另一只茶杯去倒凉茶水，而最好待茶自然冷却。饮用红茶或奶茶时，不要用茶匙舀茶，也不要将其放在茶杯中。不用时，将其放在杯中即可。

若主人告之所饮的是名茶，则饮用前应仔细观赏一下茶汤，并在饮用后加以赞赏。不要不予理睬，或是随口加以贬低，说什么“没听过这种茶的名字”“喝起来不怎么样”“这茶有些走味”或是“没把好茶泡好”等让主人不快的话。

（四）饮茶中的常见礼节

1. 鞠躬礼

鞠躬礼分为站式、坐式和跪式三种。根据行礼的对象分成“真礼”（用于主客之间）、“行礼”（用于客人之间）与“草礼”（用于说话前后）。站立式鞠躬与坐式鞠躬比较常用，其动作要领是：两手平贴大腿徐徐下滑，上半身平直弯腰，弯腰时吐气，直身时吸气。弯腰到位后略作停顿，再慢慢直起上身。行礼的速度宜与他人保持一致，以免出现不协调感。“真礼”要求行九十度礼，“行礼”与“草礼”弯腰程度较低。在参加茶会时会用到跪式鞠躬礼。“真礼”以跪坐姿势为预备，背颈部保持平直，上半身向前倾斜，同时双手从膝上渐渐滑下，全手掌着地，两手指尖斜对，身体倾至胸部与膝盖间只留一拳空当（切忌低头不弯腰或弯腰不低头）。稍作停顿慢慢直起上身，弯腰时吐气，直身时吸气。“行礼”两手仅前半掌着地，“草礼”仅手指第二指节以上着地即可。

2. 伸掌礼

这是品茗过程中使用频率最高的礼节，表示“请”与“谢谢”，主客双方都可采用。两人面对面时，均伸右掌行礼对答。两人并坐时，右侧一方伸右掌行礼，左侧方伸左掌行礼。伸掌姿势为：将手斜伸在所敬奉的物品旁边，四指自然并拢，虎口稍分开，手掌略向内凹，手心中要有含着一个小气团的感觉，手腕要含蓄用力，不至显得轻浮。行伸掌礼同时应欠身点头微笑，讲究一气呵成。

3. 叩指礼

此礼是从古时中国的叩头礼演化而来的，叩指即代表叩头。早先的叩指礼是比较讲究的，必须屈腕握空拳，叩指关节。随着时间的推移，逐渐演化为将手弯曲，用几个指头轻叩桌面，以示谢忱。

4. 寓意礼

这是寓意美好祝福的礼仪动作，最常见的有：

（1）凤凰三点头。用手提壶把，高冲低斟反复三次，寓意向来宾鞠躬三次，以示欢迎。高冲低斟是指右手提壶靠近茶杯口注水，再提腕使开水壶提升，此时水流如“酿泉泄出于两峰之间”，接着仍压腕将开水壶靠近茶杯口继续注水。如此反复三次，恰好注入所需水量，即提腕断流收水。

（2）双手回旋。在进行回转注水、斟茶、温杯、烫壶等动作时用双手回旋。若用右手则必须按逆时针方向，若用左手则必须按顺时针方向，类似于招呼手势，寓意“来、来、来”表示欢迎。反之则变成暗示挥斥“去、去、去”了。

放置茶壶时壶嘴不能正对他人，否则表示请人赶快离开。

斟茶时只斟七分即可，暗寓“七分茶三分情”之意。俗话说茶满欺客，茶满也不便于握杯啜饮。

（五）茶艺

日本有茶道，其实它起源于中国。茶艺是中国文化的一个组成部分。比如中国的“工夫茶”，便是茶道的一种，有严格的操作程序。

服务员为宾客倒水、续水时，须先敲门，经同意后才能进入客房、会客室或会议室。右手拿暖瓶，暖瓶提手归向把手一边，左手带小毛巾。往高杯中倒水、续水，应用左手的小指和无名指夹住高杯盖上的小圆球，用大拇指、食指和中指握住杯把，从桌上端下茶杯，腿一前一后，侧身把水倒入杯中。

茶的本性是恬淡平和的，因此，品茗礼仪要求着装整洁大方，女性切忌浓妆艳抹，大胆暴露；男性也应避免乖张怪诞，如留长发、穿乞丐装等。除了仪表整洁外，还要求举止庄重得体，落落大方。

客人在主人请自己选茶、赏茶或主人敬茶时，应在座位上略欠身，并说“谢谢”。如人多、环境嘈杂时，也可行叩指礼表示感谢。品茗后，应对主人的茶叶、泡茶技艺和精美的茶具表示赞赏。告辞时要再一次对主人的热情款待表示感谢。

（1）嗅茶：主客坐定以后，主人取出茶叶，主动介绍该品种的特点、风味，客人则依次传递嗅赏。

（2）温壶：先将开水冲入空壶，使壶体温热，然后将水倒入“茶船”——一种紫砂茶盘。

（3）装茶：用茶匙向空壶中装入茶叶，通常装满大半壶。切忌用手抓茶叶，以免手气或杂味混入。

（4）润茶：用沸水冲入壶中，待壶满时，用竹筷刮去壶面条沫；随即将茶水倾入“茶船”。

（5）冲泡：至此，才可正式泡茶。要用开水，但不宜用沸水。

（6）浇壶：盖上壶盖之后，在壶身外浇开水，使壶内、壶外温度一致。

（7）温杯：泡茶的间隙，在茶船中利用原来温壶、润茶的水，浸洗一下小茶盅。

（8）运壶：第一泡茶泡好后，提壶在条船边沿巡行数周，以免壶底的水滴滴入茶盅串味。

（9）倒茶：将小茶盅一字儿排开，提起茶壶来回冲注，俗称“巡河”。切忌一杯倒满后再倒第二杯，以免浓淡不均。

（10）敬茶：双手捧上第一杯茶，敬奉在座的客人；如客人不止一位时，第一杯茶应奉给德高望重的长者。

（11）品茶：客人捏着小茶盅，观茶色，嗅茶味，闻茶香，然后腾挪于鼻唇之间，或嗅或啜，如醉如痴，物我两忘。

拓展阅读

饮茶注意事项

第一，品茗活动前，冲泡者应落落大方又不失礼貌地自报家门，最常用的开场白是"大家好！我叫某某，很高兴能为大家泡茶。有什么需要我服务的，请尽管吩咐。"冲泡开始前，应简要地介绍一下所冲泡的茶叶名称，以及这种茶的文化背景、产地、品质特征、冲泡要点等。但介绍内容不能过多，要语言精练，语意正确，语调亲切，使饮者感到茶道是一种高雅的享受。在冲泡过程中，对每一道程序，要用一两句话加以说明，特别是对一些富有寓意的操作程序，更应及时指明，起到画龙点睛的作用。当冲泡完毕，客人还需要继续品茶，而冲泡者不得不离开时，应征求客人的意见，如"请大家慢用，随时恭候您的吩咐，现在我可以离开吗"？这样显示出对客人的尊重。

第二，主人在泡茶款客前，先拿出一些名优茶放在茶盘中，供客人挑选，以表达主人对客人的尊重，同时让客人仔细欣赏茶的外形、色泽和干香。

第三，将茶筒中的茶叶放入壶或杯中，应使用竹或木制的茶匙摄取，不要用手抓。若没有茶匙，可将茶筒倾斜对准壶或杯轻轻抖动，使适量的茶叶落入壶或杯中，这是讲卫生、讲文明的表现。

第四，将泡好的茶端给客人时，最好使用托盘，若不用托盘，注意不要用手指接触杯沿。端至客人面前，应略躬身，说"请用茶"。也可伸手示意，同时说"请"。

第五，客人在主人请自己选茶、赏茶或主人敬茶时，应在座位上略欠身，并说"谢谢"。如人多、环境嘈杂时，也可行叩指礼表示感谢。品茗后，应对主人的茶叶、泡茶技艺和精美的茶具表示赞赏。告辞时要再一次对主人的热情款待表示感谢。

【课堂练习】

判断下列说法正确与否？

1. 如果有人离席的话，别问他要去哪儿。
2. 吃饭的时候，最好不要谈论健康问题。
3. 食物太热的时候，用嘴吹凉。
4. 吃饭时应该向左方传递食物。
5. 如果你在吃饭的时候要打饱嗝的话，跟大家说"对不起"。
6. 吃饭时最好不要在酒具上留下口红印。
7. 最好不要在嘴里含着食物时说话。
8. 吃饭时谁先饿了谁先吃。

9. 当你不能参加宴会时，一定要打电话或回函告知对方。

10. 在正式的宴会中，只要一落座就应打开餐巾。

【专题讨论】

小张错在哪?

一位刘小姐和一位姓张的男士在一家西餐厅就餐，男士小张点了海鲜大餐，刘小姐则点了烤羊排，主菜上桌，两人的话匣子也打开了，小张边听刘小姐聊起童年往事，一边吃着海鲜，心情愉快极了，正在陶醉的当口，他发现有根鱼骨头塞在牙缝中，让他不舒服。小张心想，用手去掏太不雅了，所以就用舌头舔，舔也舔不出来，还发出啧啧喳喳的声音，好不容易将它舔吐出来，就随手放在餐巾上。之后他在吃虾时又在餐巾上吐了几口虾壳。刘小姐对这些不太计较，可这时男士想打喷嚏，拉起餐巾遮嘴，用力打了一声喷嚏，餐巾上的鱼刺、虾壳随着风势飞出去，其中的一些正好飞落在刘小姐的烤羊排上，这下刘小姐有些不高兴了。接下来，刘小姐话也少了许多，饭也没怎么吃。

请讨论指出本例中姓张的男士的失礼之处。

【技能训练】

实训项目：安排一次主客双方的欢送宴。

实训情景：A 公司到 B 公司参观结束后，B 公司欲在某酒店安排一次欢送宴。要求客方下午 6 点到达。小组两两结合，确定主方和客方，并确定人物身份。

实训提示：除注意宴请相关礼仪外，还要注意形象礼仪、位次礼仪以及语言交谈礼仪等礼仪要求。

项目五 商务人员的公共礼仪

【学习目标】

1. 了解在公共场合中的社交要求，学会在公共场合遵守礼仪规范，掌握其基本标准并能够在实践中熟练运用；
2. 了解旅游观光礼仪的要求，掌握基本旅游观光礼仪规范。

【技能目标】

1. 能够在图书馆、商场、影剧院等公共场所表现出应有的礼仪规范；
2. 学会在观光旅游时应注意的礼仪规范，做一名有素养的游客。

任务一 公共场所礼仪

【任务引入】

肖小在大学时就很是出类拔萃，不仅成绩优秀，为人处世更是让同学敬佩，也正是他的不凡，让他在大学时多了个新的绰号“超人”。大学毕业后，肖小被美国一所大学录取攻读硕士学位，毕业后顺理成章地进入了美国知名企业。通过几年的努力，肖小已成为公司的部门经理，真算得上小有成就。

今年过年，肖小领着妻儿回国探亲，一天，去大剧院看音乐剧，刚要入座，突然发现对面走来的三人中有一位很是面熟，正在此刻，对面的他边走边大声叫：“喂！这不是超人吗？你不是在美国吗？啥时候回的国呀？也不通知老同学一声？”这是，肖小才缓过神来，这位打招呼的正是高中同学李云。李云没考上大学，一个人下海做生意去了，听说混得还不错，今天刚好陪两位香港来的生意伙伴一起来看音乐剧。

很多年不见的两位老同学，在这样的场合偶遇，当然是激动不已。李云大声寒暄后，忽然想起肖小身边的女人，于是主动问起，肖小这才想起向李云介绍自己的妻子。同样，也唤起了李云向老同学介绍身边的两位生意伙伴。大家互相介绍后，又寒暄了一阵，就各自回到自己的座位开始观看音乐剧了。

问题：指出这个案例中的失礼之处。

【知识链接】

公共场合，又叫公关场所，指可供全体社会成员进行各种活动的社会公用的公共活动空间，例如，街头、楼梯、走廊、公园、车站、码头、机场、商厦、卫生间、娱乐场所、邮政设施、交通工具等。公共场合最显著的特点，是公用性和共享性。它为全体社会成员服务，是全体社会成员进行社会活动的场所。

公共场合礼仪具体指的就是人们置身于公共场合时，所应遵守的礼仪规范。它是社交礼仪的重要组成部分，也是人们在交际应酬之中所应具备的基本素养。结合商务人士经常出入的公共场所，以下主要几种常见的公共场所礼仪规范。

小资料：

公共场所应遵循的礼仪

遵守社会公德、不妨碍他人、以右为尊、仪表整洁、讲究卫生、尊老爱幼、礼让女士。

一、图书馆、阅览室

到图书馆、阅览室学习，要衣着整洁，不能穿汗衫和拖鞋入内。进入图书馆应将通信工具关闭或调节至振动，接听手机应悄然走出室外轻声通话。就座时，不要为别人预占位置。阅读时要默读，不能出声或窃窃私语。不能在阅览室内交谈、聊天，更不能大声喧哗。在图书馆、阅览室走路脚步要轻，物品要轻拿轻放，不能发出声响。要爱护图书，有事需要帮助，不能大声呼喊，要走到工作人员身边。图书馆是人类智慧的宝库，也是学习和交流知识、获取信息的场所。因此，要求人们在获取知识的同时，也应遵守图书馆的规章制度。

二、影剧院

（1）着装适宜。衣着整洁，不应穿背心、拖鞋等。如遇有特殊要求的，应自觉遵守。

（2）礼貌入场。到影剧院观看演出，应提前 15 分钟左右进场，尽早入座。如果自己的座位在中间，应当有礼貌地向已就座者示意请其让自己通过。通过让座者时要与之正面相对，切勿让自己的臀部正对别人的脸。如果戴帽子应摘下，以免影响后排观众观看。

（3）保持干净。观看演出时，不戴帽子，不吃带皮和有声响的食物，不笑语喧哗，不把脚踩在前排的座位上；不随便走动；将手机关闭或调成静音状态。

(4) 有序退场。一般不应中途退场。演出结束后要报以掌声，演员谢幕前不能提前退席。演出结束亮灯后再有秩序地离开，不要推搡。

拓展阅读

报告厅礼仪

(1) 衣着整洁，仪表大方。

(2) 准时入场，进出有序。

(3) 依会议安排落座。

(4) 认真听讲，不要私下小声说话或交头接耳。

(5) 发言人发言结束时，应鼓掌致意。

(6) 中途退场应轻手轻脚，不影响他人。

三、医院

(一) 看病

人吃五谷杂粮，免不了生病。去医院看病，要遵守医院规矩，自觉排队挂号。就诊时，应尊重医生，如实回答医生的提问。取药时，也应按先后顺序领取。

(二) 住院

住院治疗的病人要听从医生的安排，积极配合医生治疗疾病。住院期间，应尊重医护人员，遵守病房的作息制度，自觉保持病房的卫生，与其他病友友好相处，互相关照。

(三) 探望病人

去医院探望病人时，要讲究下列礼仪。

1. 选择恰当的时间

探望病人要选好时间，应在医院允许的探视时间进行。注意不要在病人刚住进医院或刚做完手术便去探望，以免影响病人的治疗和休息。通常在下午 4 点左右去医院探望病人比较适宜。

2. 携带合适的礼品

探望病人时，可根据病人所患疾病及其病情，携带合适的礼品。如一束香味淡雅的鲜花、一本优美的小说或一些适合病人食用的水果、营养品等。

3. 讲些安慰的话语

探病者去医院探望病人时，表情宜轻松、自然、乐观，神态不要过于沉重，更不要在病人面前落泪，以免给病人造成精神压力。与病人交谈时应轻声细语，说些宽慰与鼓励的话，使病人增加战胜疾病的勇气。探病者在病房逗留时间不可太长，一般以 10 分钟左右为宜。

四、参观博物馆、纪念馆、展览馆等

博物馆、纪念馆等公共场所是一个环境相对特殊的地方，要特别讲究礼仪，做一个有素质的参观者。

（一）参观博物馆

博物馆是人们享受终身教育的第二课堂，也是高雅的文化殿堂。高雅的学习和参观环境需要参观的观众具备文明、科学的参观素质和习惯，这也与广大观众为提高自身文化素质和道德素养而来参观博物馆的初衷相一致。因此，观众参观博物馆过程中应注意言行，时刻保持文明、有序参观，与博物馆共创优质参观环境。

（1）遵守规定，听从工作人员的指挥。

（2）不随意触碰博物馆内的展品。

部分展品由于体重较大，或博物馆为观众能更直观的观察这些展品，被裸露展出，未加装玻璃罩等防护措施。观众不应随意触摸或攀爬这些展品，以免造成它们的污损，影响其他观众参观。特别应该注意的是，部分文物展品因为存世时间较长，本身已经糟朽，随意触摸和攀爬极易使它们损毁，造成不可估量的损失；一些文物展品如金属类、织绣类、竹木器等文物展品对温湿度有较高要求，触摸展品使汗液滞留在文物展品表面，易使这些文物发生相应变化，不利它们的展出和保存。各馆对观众参观裸露展品都会提出具体要求或采取相应措施，如设置说明牌劝导观众不要随意触摸和攀爬展品，或用隔离带将展区与活动区隔离，请观众理解并给予积极配合。

（3）禁止在博物馆厅内拍照，即便允许拍照也禁止使用闪光灯。

个别展览的展品因版权原因，博物馆不允许观众进行拍照，特别是一些临时展览和引进展览，主办方一般都会明确提出不允许对参展展品进行拍照。

博物馆藏品门类丰富，部分展品因为材料特殊，如书画、古籍善本、织绣品等文物，都很“怕光”，在强光的照射下，会加速它们的“衰老”，甚至形成永久性的损坏；在幽暗、安静的展厅环境里“闪光”，也会影响其他观众的正常欣赏和参观。因此，参观者应该“忍痛割爱”，克制自己拍照的欲望，让更多的后人看到完好无损的这些文物。

（二）参观纪念馆、展览馆

纪念馆、展览馆是一个环境相对特殊的场所，馆内展出的都是具有很高纪念价值的文物和艺术品，因此纪念馆和展览馆对馆内环境的要求非常高，对参观者也有着一定的要求。

（1）参观时别穿得太随意。

到纪念馆参观前，应做好着装的准备，选择相对正式的服装，最好是着西装、打领带、穿皮鞋。

（2）不要大声喧哗。

纪念馆同图书馆一样，是一个讲究安静的场所，这会使参观者能静下心来感受艺术品带来的艺术美感。因此，参观者在馆内应该始终保持安静，尽量不高谈阔论，更不能大声喧哗。这些做法都会导致馆内秩序混乱，影响了他人参观的情绪，分散了他人的注意力。

（3）展品不能乱摸。

纪念馆里展出的艺术品都是十分珍贵的，有的展品甚至在世界上都是独一无二的，具有极高的价值。但少数参观者在参观时总是觉得“不过瘾”，一定要亲手摸摸展品，这种做法对展出的艺术品是一种极大的“伤害”，甚至会起到破坏作用。

拓展阅读

参观注意事项

（1）在参观时，观众应注意查看展品旁的说明，这样做既可以了解展品的基本情况，也会对其价值作出判断。

（2）有些展品的说明文字中会有“禁止触摸”的标志，参观者应留心查看。

此外在体育场观看比赛和在商场购物也需要注意礼仪，具体如下：

观看体育比赛要注意文明观赛事，理智对输赢。主场观众应体现出东道主的风度和公平精神话言文明、着装得体，热情大度。不乱抛物品，爱护公物和环境卫生。

在商场购物时不要大声喧哗，自觉维护公共卫生，爱护公共设施。对男女营业员可统称为“同志”，不要以“喂”代表礼貌称呼。在自选商场购物时，要爱护商品，对挑选过的商品如果不中意，应物归原处。采购完毕离开柜台时，应对营业员的优质服务表示谢意。

【课堂活动】

学生分组练习：请以小组为单位，自选场景，自拟角色，模拟在公共场合的礼仪规范。时间要求，每个小组 5 分钟。

【专题讨论】

不和谐的手机铃声

现代社会，手机成了大家必不可少的通信工具，多样化的手机铃声既能给人带来听觉享受，也能在嘈杂的场所中清楚分辨是不是自己的电话在响。然而，并不是所有的手机铃声都能给人以享受，还要根据具体场合而定，尤其是公共场合。

在奥运会这样一个大型的公共赛场上，大家关注更多的是运动健儿的出色表现和紧张刺激的比赛。尤其是一些室内的比赛，比如乒乓球、射击等，当运动员紧张比赛的时候，再优美的手机铃声都显得特别刺耳。一般情况下，为了保证运动员发挥出最佳水平，各项场馆门前专门竖有明显的标志：请勿吸烟，请关闭手机等。其实，把手机铃声调到“振动”或“静音”并不费事。但总有一些观众或者记者不放在心上，不但不关手机，还不将手机静音。试想一下，一个射击选手在准备进行最关键的射击时，场馆内响起了手机铃声，这会对运动员造成什么样的影响呢？不和谐的手机铃声为什么会引起人们的反感呢？

任务二　观光旅游礼仪

【任务引入】

A 君的失败旅行

A 君是某公司销售人员，乘火车到外省某公司洽谈一笔生意。火车上人很多，A 君很累，就将腿伸到过道上，整个人歪在座位上睡了起来，他的头一会儿歪在了旁边一位小姐的身上，小姐很不好意思地不断移开自己的身体，A 君的头又一会儿歪在另一位女士的身上。看着他熟睡的样子和听着他发出的呼噜声，大家觉得都很好笑。

等他睡醒以后，又开始打开 MP3，旁若无人般地听起音乐来了，嘴里还跟着音乐哼哼，声音很大，很多人皱起了眉头。

问题：你认为 A 君旅行失败的原因在哪里？

【知识链接】

观光旅游是旅游的一项最基本的活动内容。大意为去自己向往的地方进行短暂停留，去观赏当地的风景名胜、人文古迹、城市美景及其风土人情等。观光旅游是一件开心的事情，但在观光旅游过程中还要遵守一些礼仪。

观光旅游时要自觉遵守公共秩序，按顺序购票入馆、入园，不拥挤、堵塞道路和出入口。要树立环保意识，自觉保持环境卫生整洁，遵守铁路、民航规定，不携带危险品、违禁物品乘机乘船。

一、行路

（一）行路禁忌

在国外，步行时既要遵守礼仪，更要避免某些易于惹来麻烦、导致误会的禁忌。在一般情况下，在下述方面尤其应当防微杜渐、谨慎从事。

一忌行走之时与其他人相距过近，尤其要避免与对方发生身体碰撞。如果不小心碰到别人或踩了别人的脚，要主动向对方道声“对不起”，即使对方态度不好，也不要与对方发生口角。别人撞了自己或踩了自己的脚，应大度宽容，对主动道歉者说声“没关系”，不可以出口怨言，斥责对方。如果遇到残疾人，不仅要主动让路，必要时还要主动上前搀扶一把，绝不可与其抢道，更不能以强欺弱，无视公德。行路时要维护马路卫生，不要边走边吃东西，更不要把瓜果皮核往马路上扔，应自觉地扔到马路边上的果皮箱里。

二忌行走之时尾随于其他人身后，甚至对其窥视、围观或指指点点。在不少国家里会被视为“侵犯人权”。

三忌行走之时速度过快或者过慢，以致对周围的人造成一定的不良影响。

（二）熟知并遵守当地交通规则

世界各国与步行有关的交通规则，主要有两类：

（1）具有普遍性的交通规则。它们在世界各国广为通行，并无二致。比如，横穿马路时，必须依照规定，要走人行天桥、地下通道，或是走人行横道。不允许随意横穿马路，或是横越隔离栏。在通过人行横道时，要注意交通指示灯，并且要严格遵守“红灯停，绿灯行”的惯例。在街道上行定时，一定要走人行道，在机动车道上走来走去是违规的行为。

（2）具有特殊性的交通规则。它们往往适用于某些国家，而在另外一些国家则不一定适用。例如，就行进方向而言，目前世界上就存在两种模式。一种称为“英式”，以英国为代表，行进时要求居左而行。另一种则称为“美式”，以美国为代表，行进时要求居右而行。有的国家往往会划出一些道路作为专用通道，如仅供盲人专用的“盲道”。还有一些国家，则对外国人划出了一些禁区，它们都是不可擅闯乱行的。

二、问路

旅行在外，到了一个陌生的地方，无论是参加商务活动，还是去逛街购物，或是到旅游景点游玩，都会遇到道路不熟的问题。这时，最需要的就是求得别人的帮助，找个人问一下。

首先，应选择合适的对象，最好不要去问正在急于行走的人或正在与人交谈的人以及正忙碌的人。如果你询问的对象是警察，在不打扰对方工作的情况下，可以主动上前使用礼貌用语问询。如果对方正在聚精会神地维护社会秩序，你可站在一旁稍候，或另找那些不很忙，或比较悠闲的人打听。如果对方在屋里，要轻轻叩门，待对方应允后，方可入内问，绝不能贸然入室。

其次，在向别人问路时，态度必须谦恭，必须讲究礼貌。要习惯用“您好”“麻烦你”“打扰了”“真不好意思”等谦恭的礼貌用语。问路时要礼貌地称呼对方，可根据对方年龄、性别和当地习惯来称呼，绝不能用“喂”“哎”等一些不礼貌的用词呼叫对方。

最后，当别人给予回答后，要诚恳地表示感谢，绝不能不道而别，一走了之。若对方一时答不上你的提问，你也应该有礼貌地说声感谢，切不可流露出责怪的神情和目光。

拓展阅读

旅游文明行为公约

（1）维护环境卫生。不随地吐痰和口香糖，不乱扔废弃物，不在禁烟场所吸烟。

（2）遵守公共秩序。不喧哗吵闹，排队遵守秩序，不并行挡道，不在公众场所高声交谈。

（3）保护生态环境。不踩踏绿地，不摘折花木和果实，不追捉、投打、乱喂动物。

（4）保护文物古迹。不在文物古迹上涂刻，不攀爬触摸文物，拍照摄像遵守规定。

（5）爱惜公共设施。不污损客房用品，不损坏公用设施，不贪占小便宜，节约用水用电，用餐不浪费。

（6）尊重别人权利。不强行和外宾合影，不对着别人打喷嚏，不长期占用公共设施，尊重服务人员的劳动，尊重各民族宗教习俗。

（7）讲究以礼待人。衣着整洁得体，不在公共场所袒胸赤膊；礼让老幼病残，礼让女士；不讲粗话。

（8）提倡健康娱乐。抵制封建迷信活动，拒绝黄、赌、毒。

三、宾馆住宿

进入酒店的时候，要安静。在酒店大堂里，不要聚成一大群，应该三三两两地站或坐在一起。在大堂里可轻声交谈，但不可大声喊叫，更不应跑来跑去。到了楼层后，仍需保持安静，尤其是在夜间。进了房间以后，把门关好并上锁。酒店的房间通常隔音不是太好，在房间里，无论是打电话还是看电视，声音都要放低，以免干扰其他房客。

国外的酒店一般不提供热水和开水。如果需要热水和开水，可以打电话要求客房服务，但最好先问清楚是否收费，以免到时候因为误解而发生不愉快的事情。在很多地方，尤其是在美国，给小费是一种约定俗成的习惯。接受各项服务后应当给服务员小费，包括酒店的房间服务人员，你可以把小费放在枕头上，以答谢他们为你清理房间。

四、饭店进餐

尊重服务员的劳动，对服务员应谦和有礼，当服务员忙不过来时，应耐心等待，不可敲击桌碗或喊叫。对于服务员工作上的失误，要善意提出，不可冷言冷语，加以讽刺。

五、乘坐交通工具

（一）火车

（1）放置行李应相互礼让，与人方便。

（2）主动帮助老、幼、病、残、孕等特殊旅客。

（3）在车厢里，自觉维护车内环境卫生，垃圾投入垃圾箱内；不随意脱下鞋子，更不可把脚跷放到对面座位上；车厢内禁止吸烟；不可长时间占用卫生间和盥洗间；在车厢内不应大声喧哗，以免影响其他旅客。

（二）公共汽车、地铁

（1）排队候车，先下后上，让妇女、老人和孩子先上车。

（2）听从司乘人员的引导。

（3）主动给老人、小孩、残疾人、孕妇和带小孩的乘客让座。

（4）保持车厢和站点环境卫生；雨雪天，妥善放置所携雨具，以免影响他人。

（5）后下车的乘客应主动给先下车的乘客让道。

（三）飞机

（1）按时登机，对号入座。进入机舱后保持安静。

（2）不将超大行李和有异味的物品带上飞机。尽快放好随身行李，保持通道畅通。

（3）登机后主动关闭手机等无线电设备。

（4）不乱动飞机上的安全用品及设施。需要找乘务员时，可以轻按呼唤铃，不宜大声喊叫。接受乘务员服务应致谢。

（5）在飞机上进餐时，主动将座椅椅背调至正常位置，以免影响后排乘客进餐。

（6）保持舱内整洁卫生，因晕机呕吐时，应使用机上专用呕吐袋。飞行过程中尽量不要脱下鞋子以免异味影响他人；如果是长途飞行，脱下鞋后应在外面再罩上护袜。

（7）机上读物阅后整齐放入面前插袋。

（8）飞机未停稳时不抢先打开行李舱取行李，以免行李摔落伤人。

（9）上下飞机时，对空中乘务员的迎送问候有所回应。

【课堂活动】

仔细思考，结合自身经历，谈谈你对观光旅游礼仪的看法，试举例说明。

【专题讨论】

一天傍晚，巴黎的一家餐馆迎来了一群中国人。于是老板特地派了一名中国侍者去为他们服务。侍者向他们介绍了一些法国菜，他们一下子点了几十道。点完菜，他们开始四处拍照留念，用餐时嘴里还不时发出咀嚼食物的声音，而且还弄得桌子、地毯上到处都是油渍和污渍。邻座的客人实在看不下去了，对他们提出了抗议。

请指出中国客人的失礼之处。

项目六　商务人员的涉外礼仪

【学习目标】

1. 了解国际交往中，对外宾表示尊重、友好的各种通用形式以及基本礼仪规范；
2. 掌握主要交往国家的重要礼节和禁忌。

【技能目标】

能够自觉培养国际交往基本礼仪规范的意识，并能够灵活地加以运用。

任务一　涉外礼仪的基本规范

【任务引入】

焦小姐是一名白领丽人，她机敏漂亮，待人热情，工作出色。有一天，焦小姐所在的公司派她和几名同事一道，前往东南亚某国洽谈业务。可是，平时向来处事稳重、举止大方的焦小姐，在访问那个国家期间，竟然由于行为不慎，而招惹了一场不大不小的麻烦。

事情的经过是这样的：焦小姐和她的同事一抵达目的地，就受到了东道主的热烈欢迎，在随之为他们特意举行的欢迎宴会上，主人亲自为每一位来自中国的嘉宾递上一杯当地特产的饮料，以示敬意。轮到主人向焦小姐递送饮料之时，一直是“左撇子”的焦小姐不假思索，自然而然地抬起自己的左手去接饮料，见此情景，主人神色骤变，重重地将饮料放回桌上，扬长而去。

问题：主人为什么会神色骤变？焦小姐做错了什么？

【知识链接】

涉外礼仪就是人们参与国际交往或从事涉外活动时必须遵守的行为规范的总称。我国在对外交往中除了发扬我国的优良传统，注意礼貌、礼节之外，还应尊重各国家、各民族的风俗习惯，了解他们不同的礼节、礼貌及其规范要求，从而使我们在对外活动中真正做到不卑不亢、以礼相待。

目前世界流行的涉外礼仪通则主要有以下 12 条，不论是公务活动还是出国旅游，都应当遵循：

一、维护形象

在国际交往之中，人们普遍对交往对象的个人形象倍加关注，并且都十分重视遵照规范的、得体的方式塑造、维护自己的个人形象。个人形象在国际交往中之所以深受人们的重视，主要是基于以下五个方面的原则：第一，每一个人的个人形象，都真实地体现着他的个人教养和品味。第二，每一个人的个人形象，都客观地反映了他个人的精神风貌与生活态度。第三，每一个人的个人形象，都如实地展现了他对待交往对象所重视的程度。第四，每一个人的个人形象，都是其所在单位的整体形象的有机组成部分。当人们不知道某一个人的归属时，他个人形象方面所存在的缺陷，顶多会被视为个人方面存在着某些问题。但是，当人们确知它属于某一单位，甚至代表着某一单位时，则往往将其个人形象与所在单位的形象等量齐观。第五，每一个人的个人形象，在国际交往中还往往代表着其所属国家、所属民族的形象。

基于以上原因，在涉外交往中，每个人都必须时时刻刻注意维护自身形象，特别是要注意维护自己在正式场合留给初次见面的外国友人的第一印象。个人形象的塑造，主要体现在仪容、服饰、举止、言谈、表情、为人处事六个方面。按照社交礼仪的要求，进行涉外交往活动时，在这六个方面要做到符合礼仪规范。

二、不卑不亢

不卑不亢，是涉外礼仪的一项基本原则。它的主要要求是：每一个人在参与国际交往时，都必须意识到自己在外国人眼里，是代表着自己的国家，代表着自己的民族，代表着自己所在的单位。因此，其言行应当从容得体，堂堂正正。在外国人面前既不应该表现得畏惧自卑，低三下四，也不应该表现得自大狂傲、放肆嚣张。

三、求同存异

首先，对于中外礼仪与习俗的差异性，是应当予以承认的。在涉外交往的活动中，由于交往双方的文化背景不同，国家地域不同，难免会在交往方式、宗教信仰、民族禁忌等方面有所不同，甚至出现完全对立的局面。这种“十里不同风，百里不同俗”的局面，是不以人的主观意志为转移的，是世间任何人都难以强求统一的。

其次，在涉外交往中，对于类似的差异性，尤其是我国与交往对象所在国之间的礼仪与习俗的差异性，重要的是了解，而不是评判是非，鉴定优劣。在涉外交往中，尊重外国友人所特有的习俗，容易增进中外双方之间的理解和沟通，有助于更好地、恰如其分地向外国友人表达我方的亲善友好之意。

最后，在国际交往中，究竟遵守哪一种礼仪为好呢？一般来说，可采用以下三种方式。

(1)“以我为主”。所谓“以我为主”，即在涉外交往中，依旧基本上采用本国礼仪。

(2)“兼及他方”。所谓“兼及他方”，即在涉外交往中基本采用本国礼仪的同时，适当地采用一些交往对象所在国现行的礼仪。

(3)“求同存异”。所谓“求同存异”，即在涉外交往中为了减少麻烦、避免误会，最为可行的做法是既要对交往对象所在国的礼仪与习俗有所了解并予以尊重，又要对于国际上所通行的礼仪惯例认真地加以遵守。

四、入乡随俗

“入乡随俗”，是涉外礼仪的基本原则之一，其含义主要是：在涉外交往中，要真正做到尊重交往对象，首先就必须尊重对方所独有的风俗习惯。

五、信守约定

“信守约定”是指在一切正式的国际交往之中，都必须认真而严格地遵守自己的所有承诺。也就是说说话务必要算数，许诺一定要兑现，约会必须要如约而至。在一切有关时间方面的正式约定之中，尤其需要恪守不怠。在涉外交往中，要真正做到“信守约定”，必须做到以下三点：第一，在人际交往中，许诺必须谨慎；第二，对于自己已经作出的约定，务必要认真地加以遵守；第三，万一由于难以抗拒的因素，致使自己单方面失约，或是有约难行，需要尽早向有关各方进行通报，如实地解释，并且还要郑重其事向对方致以歉意，并且主动的负担因此而给对方所造成的某些物质方面的损失。

六、热情有度

“热情有度”是指人们在参与国际交往，直接同外国人打交道时，不仅待人要热情而友好，更要把握好待人热情友好的具体分寸，否则就会事与愿违、过犹不及。所以在涉外交往中要遵守好“热情有度”这一基本原则，关键是要掌握好以下四个度：

(1) 关心有度。我们在交往时候倡导“关心他人胜过自己”，而外国人则大多个性独立，享受自由。因此，他们一般不希望外人对其过于关心，否则会被视为多管闲事。

(2) 批评有度。世界各国习俗不同，对同一事物的判断也会大相径庭，所以在涉外活动中不提出对外国人“犯言直谏”，只要对方的所作所为不危及人身安全，不触犯法律，不违背伦理道德，不侮辱我方的国格人格，则可听其自便。

(3) 距离有度。参照本讲义项目三中语言交谈礼仪。

(4) 举止有度。要在涉外交往中真正做到“举止有度”，要注意以下两个方面：一是不要随便采用某些意在显示热情的动作；二是不要采用不文明、不礼貌的动作。

七、不必过谦

“不必过谦”的基本含义是：在国际交往中，虽然不应该自吹自擂、自我标榜，一味地抬高自己，但是也绝对没有必要妄自菲薄、自我贬低、自轻自贱，过度地对外国人进行谦虚、客套。如果有必要，可在实事求是的基础上，对自己所做出的贡献或成绩加以评价和肯定。如果在涉外交往活动中过分地谦虚，会让对方觉得你是一个很虚伪的人，这种印象自然会影响彼此接下来的交往。这一点与我国的传统不同。

八、不宜先为

所谓“不宜先为”，也被有些人称作“不为先”原则。它的基本要求是，在涉外交往中，面对自己一时难以应付、举棋不定，或者不知道到底怎么做才好的情况时，如果有可能，最明智的做法是尽量不要急于采取行动，尤其是不宜急于抢先，冒昧行事。也就是讲，若有可能的话，面对这种情况时，不妨先是按兵不动，然后再静观一下周围之人的所作所为，并与之采取一致的行动。

“不宜先为”原则有双重的含义。一方面，它要求人们在难以确定如何行动才好时，应当尽可能地避免采取任何行动，免得出丑露怯。另一方面，它又要求人们在不知道到底怎么做才好，而又必须采取行动时，最好先是观察一下其他人的正确做法，然后加以模仿，或是同当时的绝大多数在场者的行动上保持一致。

九、尊重隐私

所谓“尊重隐私”，主要是指提倡在国际交往中主动尊重每一位交往对象的个人隐私，不询问其个人秘密，不打探其不愿公开的私人事宜。目前，在国际社会里，尊重隐私与否，已被公认为一个人在待人接物方面有无个人教养的基本标志。要尊重外国友人的个人隐私权，首先就必须自觉地避免在对方交谈时，主动涉及这八个方面的问题，简称为“个人隐私八不问”：一不问收入支出；二不问年龄大小；三不问恋爱婚姻；四不问身体健康状况；五不问家庭住址；六不问个人经历；七不问信仰政见；八不问所忙何事。

十、以右为尊

在正式的国际交往中，依照国际惯例，将多人进行并排排列时，最基本的规则是右高左低，即以右为上，以左为下；以右为尊，以左为卑。无论是政治磋商、文化交流，还是私人接触、社交应酬，但凡有必要确定并排排列时的具体位置的主次尊卑，“以右为尊”都是普遍适用的。

十一、女士优先

所谓“女士优先”，是指国际社会公认的一条重要的礼仪原则，它主要适用于成年的异性进行社交活动之时。“女士优先”的基本含义是：在一切社交场合，每一名成年男子都有义务主动自觉地以自己的实际行动，去尊重女士、照顾女士、体谅女士、保护女士，并且还要想方设法，尽心竭力地去为女士排忧解难。倘若因男士的不慎而使女士陷于尴尬、困难的处境，便意味着男士的失职。

“女士优先”原则还要求，在尊重、照顾、体谅、关心、保护女士方面，男士们对所有的女士都一视同仁。

十二、爱护环境

在当今国际舞台上，爱护环境已成为舆论倍加关注的焦点问题之一。所谓“爱护环境”，是指在日常生活里，每一个人都有义务、有责任对人类所赖以生存的环境自觉地加以爱惜和保护。在涉外交往中，人们把环境意识视为一个人有无教养、讲不讲文明的重要标志。在爱护环境的具体问题上，要严于自律，尤其注意以下八个方面的问题：①不可损毁自然环境；②不可虐待动物；③不可损坏公物；④不可乱堆乱挂私人物品；⑤不可乱扔乱丢废弃物品；⑥不可随地吐痰；⑦不可到处随意吸烟；⑧不可任意制造噪声。

【案例分析】

被拒绝的生日蛋糕

有一位先生为一位外国朋友定做生日蛋糕。他来到一家酒店的餐厅，对服务员小姐说：“小姐，您好，我要为我的一位外国朋友定做一个生日蛋糕，同时打一张贺卡，你看可以吗？”小姐接过订单一看，忙说：“对不起，请问先生，您的朋友是小姐还是太太？”这位先生也不清楚这位外国朋友结婚没有，从来没有打听过，他为难地抓了抓后脑勺想想说：“小姐？太太？一大把岁数了，应该是太太。”生日蛋糕做好后，服务员小姐按地址到酒店客房送生日蛋糕，她敲敲门，一女子开门，服务员小姐有礼貌地说：“请问是怀特太太吗？”女子愣了愣，不高兴地说：“错了！”服务员小姐丈二和尚摸不着头脑，抬头看看门牌号，再回去打个电话问那位先生，没错，房间号码没错。再敲一敲，门打开了，服务员小姐说："没错，怀特太太，这是您的蛋糕。"那女子大声说："告诉你错了，这里只有怀特小姐，没有怀特太太。""啪"的一声，门被大声关上，蛋糕掉地。

1. 怀特小姐为什么如此生气？这位先生错在哪里？
2. 在涉外活动中，应该如何称呼对方才算得当？

【情景讨论】

刘伟是一家大型国有企业的总经理。他获悉有一家著名的英国企业的经理布朗夫人来本地寻求合作伙伴，便想办法取得了与对方面谈的机会。双方会面的那一天，刘总经理对自己的形象刻意地进行了一番修饰，身穿名牌夹克衫、牛仔裤，脚踩旅游鞋，最后还特意挑了一束百合花送给这位女士。然而事与愿违，布朗夫人显得很不高兴。刘总经理的错误在哪里？你若是他，会怎样赴约？

任务二　不同国家的礼俗

【任务引入】

无功而返

某年，一位美国经理于10月中旬去沙特阿拉伯，准备与当地一家公司签订一份提供医疗设备的合同。几个月前他已经与该公司在纽约就各项条款达成初步协议，这次去沙特他准备在两三天内完成合同，然后返回美国。然而，时间过了几天，他与当地公司谈了几次，但对方总是不理睬签约的问题。最后美国公司的总裁来令，要他返回美国，他只能一无所获地返回美国。实际上，这位美国经理根本不懂得穆斯林文化，他达到沙特的时候，正是赖麦单月（伊斯兰教历的9月），这是穆斯林社会最重要的节日之一，在这种时候，该地区一切活动都要让位，尤其是做生意。

问题：为什么这位美国经理会无功而返呢？

【知识链接】

由于不同民族的文化背景对礼仪有很大影响，因此商务人士在从事涉外商务时，要尽可能多地熟悉对方的商务习俗和禁忌。当你代表公司洽谈业务时，如能尊重对方的风俗习惯，使客户心情舒畅，成功的概率就可能增大。为了避免国际商务交往中的失礼行为，事前应阅读一些介绍客户所在国概况的资料，了解问候用语、服饰规范、用餐知识、地理概况、赴约及赠礼习俗等。在异国他乡，尝一尝当地的特色食品，学一学当地的言谈举止，有助于拉近彼此间的距离，对业务的开展将会产生积极影响。

不同的国家，做生意的方式会截然不同，不能因存在这种不同就认为对方不对。如欧美人认为，与人交谈时目光注视对方表示着关注、真诚和尊敬，不愿与人对视是不善相处的人；而亚洲和非洲一些国家的人则认为，视觉会影响听觉的注意力，他们以回避目光的方式来表达对他人的尊重。因此，要时时站在对方的文化角度去观察事物。如果你使主人或客人的处境难堪，即使是一时的疏忽，也往往会给公司带来严重损失。

下面我们主要介绍亚太、欧美及阿拉伯一些国家有代表性的民俗和禁忌。

一、日本礼俗

无论在社会习俗上还是在交往礼仪上，日本人都保留了很多传统的内容，因此也独具日本民族的特色。

鞠躬礼是日本人见面和分别时最常用的礼节。无论是在大街上，还是在室内，遇到熟人朋友都需行鞠躬礼；分别时，也是一边行鞠躬礼一边与对方告别。行鞠躬礼时，两腿并拢，双目注视对方胸部的位置，随着身体的向下弯曲，双手逐渐向下往膝盖方向下垂。男士双手放在身体的两侧，女子把手掌放在大腿上。

鞠躬礼有立礼和跪礼两种，而立礼根据上身不同的下弯程度又可简单地分三种：最敬礼、敬礼和普通礼。最敬礼要求行礼者的身体弯曲到双手盖住膝盖的程度，即 90 度左右，一般用于对神佛的膜拜或在重要的仪式上。敬礼要求行礼者的双手手指接触到膝盖上面，主要用于长辈和上司的行礼。普通礼要求行礼者的双手指尖达膝盖以上 10 厘米左右，用于普通的社交场合。

日本人在与外国人交往时，往往是握手与鞠躬并用。在第一次见面时，日本人通常会按国际礼节向外国人行握手礼。日本人的握手礼通常是既快又轻，他们不喜欢长时间的、非常热烈的握手。但有时也有可能向你行鞠躬礼，如果对方已向你行了鞠躬礼，你就不能再要求与对方握手。如果你能按日本人的习惯主动向对方行鞠躬礼，对方肯定会很高兴。

日本人的姓名是姓前名后，但当他们用英文书写自己姓名时，往往会把姓名的顺序颠倒一下，即名在前、姓在后。日本人称呼对方时，无论是男性还是女性，往往都要在对方的家族姓氏和称谓后加上一个敬语“san”（意思是“先生”），但决不能把这个“san”加在自己名字的后面，因为那变成恭敬自己了。

对于年长者或是地位高的人，不仅不能用对方的名字来称呼，最好连姓也不用，而只用一个合适的称谓来称呼，如“经理”“部长”“父亲”“母亲”“哥哥”“姐姐”等。因为，日本一直以来都有敬避实名的习惯，他们觉得从自己的口中说出尊长者的姓名是对对方的不尊重。

与日本人交谈，最好的话题是日本的文化。他们认为自己的文化是独一无二的，同时也希望外国人认可他们文化的独特性。另外，食品、旅行的印象、高尔夫球都是他们乐意谈的话题，而家庭、个人财产、物品价值、第二次世界大战、贸易摩擦等话题是应该避免的。

与日本人交谈还需注意交谈的方式。日本人说话时态度谦虚、语气委婉。他们在与人交谈时习惯于考虑和观察对方的表情、立场，顾及对方的面子。当他们拒绝别人的要求时，往往不会直接说“不行”，而是会委婉地说“这大概很难”或“让我想想”，这些回答通常就是否定的回答。如果他们说“这太难了”，则意味着毫无希望。他们这样做的目的主要是为了交往的愉快，避免直接的冲突。当他们与外国人交往的时候，也期待对方能这样做。他们不喜欢与那些说话武断、直截了当的人交往。

当在大街上或楼梯上行走时，要走左边。但也有些地铁车站的扶梯和走廊上却写着要靠右走。

当你进入某家旅店或其他建筑物时，要把打湿了的雨伞放在伞架上。

在公共场所，要引起服务员的注意，可以盯着他的眼睛，然后用力点一下头；如果他还是没注意到，就有必要深鞠一躬，或是稍稍欠一下身子，并用期待的目光看着服务员，但千万不要大声叫喊服务员。

当你在椅子上就座时，双脚要踩在地上；当在地板上就座时，一般应跪坐（如果吃不消跪坐，男子可以盘腿坐，女子可以侧跪）。

不能当着别人的面吃东西、擤鼻涕、打哈欠、拥抱接吻，因为这些都是不礼貌的。

所有的商务活动和政府拜会都要事先约好，一般应提前两周预约。

日本人对第一次见面非常重视，会面的地点一般安排在会议室，他们认为在办公室接待第一次来访的客人是失礼的。初次见面时，双方一般不谈工作，宾主双方自我介绍，互相引荐，互换名片，然后坐下来喝茶聊天。在第一次交往中，名片是很重要的，没有名片简直是无法原谅的。在递接名片时，日本人都习惯微微鞠躬，看完名片后，要用对方看得见的吸气声来表示你对对方身份的深刻印象，并说：“见到你很高兴！”

由于日本人很看重个人与个人之间的相互信任，因此，在商务交往中，往往会有一些社会性招待活动来沟通相互的感情。这些招待活动包括：邀请你共进晚餐或午餐，去卡拉OK或酒吧、打高尔夫球等。

商务晚餐应让日本人先发出邀请，在你离开日本之前可以再发出答谢邀请，商务晚餐一般不请配偶参加。

日本人的团队精神以及处事的慎重在谈判中体现得非常明显。参与谈判的人员往往包括来自不同部门的很多成员，因此，与日本人谈判需要有各方成员参加。在谈判的过程中，也不能要求哪位负责人面对你的议案马上做出答复。他们的工作原则是每一项决策都必须由集体做出决定。

与日本人谈判需要准备得很细致，并提供相关的书面材料，因为他们会围绕你的议案一个接一个地提问。由于慎重，日本人在谈判过程中还经常会出现沉默不语和犹豫不决。这时，应该给对方时间思考，而不能表现出烦躁不安，也不要轻易让步来推动谈判的进展。

日本人重视年龄和资历。日本人在考察、评价一个人时，除了考虑他的学历和工作能力外，往往还要考虑他的年龄和阅历。他们一般不会放心把一个大公司的决策权或是某个重要职位交给年纪很轻的人。在日本，无论是政界还是企业界，真正掌握权力的往往是年龄为55~60岁的人，因此，他们在业务交往中，对于那些以日本标准看来还太年轻而又手握决策权的人持谨慎的态度。

日本人最大的忌讳莫过于“死”与“苦”的谐音“4”和“9”。对于他们来说，荷花是不祥之物，十六瓣的菊花则是皇家专用花饰。绿色是不祥的颜色。同日本人合影，不能三人一起，因为中间的人被左右两人夹着，被认为是不祥的预兆。结婚礼品不能送双数，也不能送玻璃、陶制的礼品，这意味着分离和破碎。日本商人普遍忌讳“二月”和“八月”，因为这是营业的淡季。

二、韩国礼俗

韩国人十分重视礼仪道德的培养，无论在什么场合遇见外国朋友，韩国人总是彬彬有礼，热情问候，谈话得体，主动让道，挥手再见。

韩国的姓氏以金、李、朴、崔、郑、张、韩、林为多，姓名多由姓氏及双音节字构成。韩国妇女婚后并不随夫姓，但子女须随父姓。

在韩国，长辈对晚辈可以称呼对方的名字，可不带其姓，在社会交往活动中，相互间可称对方为“先生”“夫人”“太太”“女士”“小姐”等；对有身份的人可称对方为“先生”“阁下”等，也可加上职衔，学衔，军衔等，如“总统先生”“总统阁下”；韩国丈夫介绍自己的妻子时会说“我夫人”或“我太太”。关系亲密的朋友之间，往往在对方名字之后加上“兄弟”“姐姐”“妹妹”等称谓，如“鸿哲兄弟”“在赫兄弟”“美延姐姐”“美延妹妹”等。对男性也可称“君”，但往往同其姓名连称，如“郑溶君”“尹鸿哲君”等。对不相识的男性年长者可以称“大叔”或“大伯”，对不相识的女性年长者可以称为“大婶”“大娘”。

韩国人对语言词汇中有许多忌讳。因他们的语音文字与中国的语言有许多不可分割的联系，故同音字和多义词也很多，如“私”“师”“事”“四”等字同“死”的发音类同，因此，人们对这些都很敏感，许多人还很忌讳，传统上都认为与“死”同音的字语为不吉利的，数字“4”也是个预示厄运的数字。与韩国人相处时，宜少谈当地政治，多谈韩国文化艺术。

他们忌讳有人在面前擤鼻涕、吐痰、掏耳朵或衣裳不整。认为这些都是不礼貌的举止。有的人习惯说一句话就施礼一次，往往在分手之前要敬礼 5~6 次，以示亲切。男人见面打招呼互相鞠躬并握手，或用双手，或用右手。女人一般不与人握手。

无论在什么场会，韩国人都不大声说笑。妇女笑时用手遮掩住嘴。韩国不谈妇女解放，进门时男人走在前面，妇女帮着男人脱大衣。韩国人对日常的礼节相当重视。当几个人在一起，要根据身份和年龄来排定座次，身份、地位、年龄都高的人排在上座，其他的人就在低一层的地方斜着坐下。男女同坐的时候，一定是男士在上，女士在下。要抽烟的时候，他们总是问上座的人："可不可以抽烟?"

按照韩国的商务礼俗，宜穿着保守式样的西装。商务活动、拜访必须预先约定。韩国人和外国人打交道时是非常准时的。商界人士多通晓英语，决策均由最高层做出。他们很重视对交易对象的印象，从事商业谈判的时候，若能遵守他们的生活方式，他们对你的好感倍增。

韩国人也很重视业务交往中的接待，宴请一般在饭馆或酒吧间举行，他们的夫人很少在场。宴请招待甚为频繁，吃饭时所有的菜一次上齐。用餐时，不可边吃边淡。他们认为，吃饭的时候不能随便出声。如不遵守这一进餐的礼节，极可能引起人们的反感，因此务必小心。

到韩国人家里做客，最好带些鲜花或一些小礼物，要双手递给主人。主人也会用双手接礼物，但不会当着客人的面打开礼物。不宜送外国香烟给韩国友人。酒是送韩国男人最好的礼品，但不能送酒给妇女，除非你说清楚这酒是送给她丈夫的。赠送韩国人礼品时还应注意，韩国男性多喜欢名牌纺织品、领带、打火机、电动剃须刀等，女性喜欢化妆品、提包、手套、围巾等物品和厨房里用的调料，孩子则喜欢食品。

韩国人信奉的主要宗教有佛教、基督教、儒教、天道教等。他们崇拜熊，认为熊是本民族的祖先；民间还把虎视为山神；把猪看作地神；把狗视为客鬼；把蟒封为财神等。

韩国人对长者有必须严守的规矩。他们在社会交往、日常生活（在家庭）中，无不对长辈表示敬重，不敢怠慢。如跟长辈同座的时候，他们总是保持一定的姿势，绝不敢掉以轻心；若要抽烟，一定要先得到长辈的允许；用餐时，切不可比年长者先动筷子；小孩决不会吃得比父母快，或比父母早离开座位。韩国人绝不能说长辈的坏话，更不会背地里批评长辈。

韩国政府规定，韩国公民对国旗、国歌、国花必须敬重。不但电台定时播放国歌，而且影剧院放映演出前也放国歌，此时观众须起立。外国人在上述场所如表现过分怠慢，会被认为是对韩国和韩国人的不敬。

三、新加坡礼俗

新加坡是一个集国家、首都、城市、岛屿为一体的城市型岛国。它一年四季鲜花盛开，清洁美丽，故有"花园之国"和"亚洲旅游王国"的美称。在马来语里，"新加"的意思是“狮子”，“坡”的意思是“城市”，所以新加坡又有“狮城”之称。

与新加坡人攀谈时，不仅不能口吐脏字，而且还需要记住多使用谦辞、敬语。与此同时，对于话题的选择务须加以注意。最受新加坡人青睐的话题，主要是运动、旅游、传统文化以及有关经济建设方面的成就。对于新加坡国内的政治、宗教、民族问题，执政党的方针政策，领导人的选拔，以及新加坡与邻国的关系问题，最好不要涉及。特别需要注意的就是新加坡人对“恭喜发财”这句祝颂词极其反感。他们认为，这句话带有教唆别人去发不义之财、损人利己的意思。

在社交场合，新加坡人与他人所行的见面礼节多为握手礼。在待人接物方面，新加坡人特别强调笑脸迎客，彬彬有礼。对新加坡人而言，在人际交往中讲究礼貌、以礼待人，不但是每个人所应具备的基本修养，而且已成为国家和社会对每个人所提出的一项必须遵守的基本行为准则。

在新加坡，人们普遍讲究社会公德。政府通过采用“法”与“罚”这两大法宝，去促使人们提高社会公德意识。在今日的新加坡，讲究社会公德，可以说是有法可依，有法必依，执法必严，违法必究。前往新加坡，对于这方面的情况，必须心中有数。例如，在新加坡，在公共场所人们不准嚼口香糖，过马路时不能闯红灯，“方便”之后必须拉水冲洗，在公共场合不准吸烟、吐痰和随地乱扔废弃物品。不然的话，就必受处罚，需要交纳高额的罚金，有时还会吃官司，甚至被鞭打。

在商务和公务往来中，男士通常要穿白色长袖衬衫和深色西裤；女士要穿套装或深色长裙。在公共场所，穿着也不能过于随便，尤其不能穿露肩、露背、露脐等服装。

新加坡商人磋商重大的实质性问题时，往往要签字立据，在签订合同以后，总是恪守信誉，认真履约，因而新加坡商人一向有勤奋、诚实、谦虚、可靠的美德。与新加坡人谈判，不仅必须以诚相待，更重要的是考虑给对方面子，不妨多说几句“多多指教”“多多关照”等谦言。

在商务洽谈中，一般不能抽烟（这与政府的反吸烟运动有关）。

赠送礼物时，要注意不要赠送可能会构成贿赂嫌疑的礼品，最好的礼品是钢笔及其他办公用品。

新加坡人非常讨厌男子留长发，对蓄胡子者也不喜欢。在一些公共场所，常常竖有一块标语牌：“长发男子不受欢迎。”留着长发，穿着牛仔装，脚穿拖鞋的嬉皮型男子，可能会被禁止入境。尤其是年轻人，出国时必须穿得清清爽爽，不要把头发留得长可及肩。

绝大多数的新加坡人都非常喜欢红色。他们认为，艳丽夺目的红色，是庄严、热烈、喜庆、吉祥的象征，而且还具有激励人们奋发向上的作用。在一般情况下，过多地采用黑色、紫色不为新加坡人所欢迎。在他们的意识里，黑色、紫色代表着不吉利。另外，新加坡人对白色也普遍看好，视之为纯洁与美德的象征。新加坡的国旗，就是由红色和白色两种色彩构成的。

新加坡人对“4”与“7”这两个数目字的看法不太好，在华语中，“4”的发音与“死”相仿，而“7”则被视为一个消极的数。在新加坡华人看来，“3”表示“升”，“6”表示“顺”，“8”表示“发”，“9”则表示“久”，都是吉祥的数字。

四、泰国礼俗

泰国是一个礼仪之邦，被誉为“微笑的国度”。佛教是泰国的国教，90%以上的居民信仰佛教，还有少数信奉基督教新教、天主教、印度教和锡克教。几百年来，泰国的风俗习惯、文学、艺术和建筑等几乎都和佛教有着密切关系。到泰国随处可见身披黄色袈裟的僧侣以及富丽堂皇的寺院。佛教为泰国人塑造了道德标准，使之形成了崇尚忍让、安宁和爱好和平的精神风范。

泰国人见面时要各自在胸前合十相互致意，其法是双掌连合，放在胸额之间，这是见面礼，相当于西方的握手，双掌举得越高，表示尊敬程度越深。平民百姓见国王双手要举过头顶，小辈见长辈要双手举至前额，平辈相见举到鼻子以下。长辈对小辈还礼举到胸前，手部不应高过前胸。地位较低或年纪较轻者应先合十致意。

别人向你合十，你必须还礼，否则就是失礼。双方合十致礼后就不必再握手，男女之间见面时不握手，俗人不能与僧侣握手。

泰人重头轻脚，脚在人们的眼中是最低下的。因为泰国气候常年如夏，古代泰人都习惯光脚行走，所以脚被认为是最脏的。当你与泰国朋友围坐一起时，切勿把鞋底翘起对准任何人。这是一种侮辱性的举动，意即把人踩在脚下。妇女落座，要求更为严格，双腿必须并拢，否则会被认为是不文明，缺乏教养。用脚指东西更是失礼，而用脚踢门，则会受到人们的唾弃。

在递送物品时，要用右手，不要用左手。因为古时，左手是用来干脏活的，用左手递物是一种鄙视人的举动。

在泰国的公众场合，不要做出有损风貌的举动，如拥抱、亲吻或握手，这被认为是不符合当地风俗的。另外，仅在某些海滩允许裸体晒日光浴，在其他地方，泰国人不喜欢这种行为，尽管未构成犯法，但是违背泰国人的佛教理念。泰国男女间讲究授受不亲，即使在公开场合跳舞时，身体也不可接触。

历史上，泰国人经商一般不喜欢冒险，小心谨慎，宁可依靠自己的力量，积少成多地发展，也不愿大刀阔斧，大数额地贷款，大范围地投资。由于过分地谨慎，不轻易相信别人，故很多企业都带有浓重的家族色彩。泰国商人十分注重人际关系，在他们看来，与其你争我夺，费尽心思才获得一些利益，倒不如把这些利益让给那些诚实而富有人性的对手。对于商品，他们重视质量甚至牌子，只要商品货真价实，即使是名不见经传的产品，也能获得认可。此外，泰国人同样很考虑面子，十分重视别人对自己的看法，如能让对方获得心理上的满足，无疑可以使洽谈在十分融洽的气氛中进行。

泰国人着装比较讲究，衣服均要熨烫。正式场合和庄重的场合，男士均穿西装，妇女穿裙装，忌穿长裤。拜访大公司或政府部门必须提前预约时间，并带上用英文、泰文和中文对照的名片。

泰国属于热带季风气候，全年分为热、雨、旱三季，年平均气温24℃～30℃。如果进行商务活动，安排在当年的11月至次年的3月为佳，4～5月份当地商人多半外出度假。

在泰国，信佛的家庭都设有佛坛，家庭主妇早晚必燃烛礼祭。很多泰国人都在颈项用链条挂着一个小佛像作护身符，认为有避邪护身，吉祥如意之效用。泰国各地都有摊贩出卖各种大大小小的佛像，但买佛像不能说“买”，要说“请”。对佛像，不论放在何处，都要表示尊重，而不能有不礼重的言语和行为，因为泰国是以佛教为国教的国家。

在泰国，一个年轻男人做一次僧人是最重要的事情，否则，不算一个成熟的男人，削发为僧可延至20岁或结婚之前。当僧人时间自己可决定长短，两周、半年或更长时间皆可。

泰国人不用红笔签名，因为泰国人死后，要在棺材口写上其姓氏，写时用的是红笔。在人经常走过的地方，如门口、房顶等禁止悬挂衣物，特别是裤衩和袜子之类。在一些农村里，忌赞美别人小孩子长得漂亮。泰国人在泰历的每年12月月圆时要举行水灯节，这是泰国最热闹的一个节日。在观看水灯时一定要注意，无论那水灯多么精致美丽，都绝对不能捡起来，否则就会受到严厉的惩罚。

五、英国

英国全称是“大不列颠及北爱尔兰联合王国”，是欧洲西部的群岛国家，面积25.4万平方千米，人口5 650万，其中英格兰人占83%。主要宗教是新教和罗马天主教。首都伦敦，被称为“世界雾都”。

英国人很保守，对新鲜事物持谨慎态度，具有独特冷静的幽默。他们很少发脾气，能忍耐，不愿意与别人做无所谓的争论。任何情况之下，他们都不轻易面露焦急之色。但是英国人待人彬彬有礼，讲话十分客气，“谢谢”“请”字不离口。对英国人讲话也要客气，不论他们是服务员还是司机，都要以礼相待，请他们办事时说话要委婉，不要使人感到有命令的口吻，否则，可能会遭到冷遇。

英国人忌谈个人私事、家事、婚丧、年龄、职业、收入等问题。

英国商人衣着讲究，按英国商务礼俗，宜穿三件套式西装，打传统保守式领带，但是勿打条纹领带。英国人的时间观念很强，拜会或洽谈生意，访前必须预约，准时很重要，提前几分钟到达为最好。他们的相处之道是严守时间，遵守诺言。

去英国人家里做客，最好带点价值较低的礼品，因为花费不多就不会有行贿之嫌。礼品一般有：高级巧克力、名酒、鲜花，特别是我国具有民族特色的民间工艺美术品，他们格外欣赏，但是对有客人公司标记的纪念品不感兴趣。在英国，服饰、香皂之类的物品因为涉及个人的私生活，一般不用来送人。菊花在任何欧洲国家都只用于万圣节或葬礼，不宜送人，白色的百合花在英国象征着死亡，也不宜送人，其他的花都可送人。盆栽植物一般是宴会后派人送去。在接受礼品方面，英国人和我国的习惯有很大的不同。他们常常当着客人的面打开礼品，无论礼品价值如何，或是否有用，主人都会给予热情的赞扬表示谢意。苏格兰威士忌是很通行的礼品，烈性威士忌则不然。

和英国人谈生意态度须保守、谨慎。初次见面或在特殊场合，或者是表示赞同与祝贺时，才相互握手。在英国，不流行邀对方在早餐时谈生意。一般来说，他们对午餐要求比较简单，对晚餐比较重视，一般把晚餐视为正餐。因此，重大的宴请活动，英国人都放在晚餐时进行。

去英国商务拜访，要避开每年七八月份。

英国人对妇女是比较尊重的，在英国，“女士优先”的社会风气很浓。如走路时，要让女士先行。乘电梯时让妇女先进。乘公共汽车、电车时，要让女子先上。斟酒要给女宾或女主人先斟。在街头行走，男的应走外侧，以免发生危险时，保护妇女不受伤害。丈夫通常要偕同妻子参加各种社交活动，而且总是习惯先将妻子介绍给贵宾认识。

英国人饮茶十分讲究，各阶层的人都喜欢饮茶，尤其是妇女，嗜茶成癖。英国人有饮下午茶的习惯，即在下午 3~4 点钟的时候，放下手中的工作，喝一杯红茶，有时也吃一块点心，休息一刻钟，称为“茶休”。若主人常邀请你共同喝下午茶，遇到这种情况，大可不必退却。在正式的宴会上，一般不准吸烟。进餐时吸烟，被视为失礼。

由于宗教的原因，他们非常忌讳“13”和“星期五”。此外，在英国，不能随便拍打客人，不能从梯子下走过，在屋里不能撑伞，从不把鞋子放在桌上等。上街走路，千万注意交通安全。所有车辆都靠左行驶。商务活动在 2~6 月、9 月中旬至 11 月最为适宜。圣诞节及复活节前后两周最好勿去。

六、美国

美国人一般性情开朗、乐于交际、不拘礼节。第一次见面不一定行握手礼，有时只是笑一笑，说一声“Hi”或“Hello”就算行礼了。握手的时候习惯握得紧，眼要正视对方，微躬身，这样才被认为是礼貌的举止。在告别的时候，也只是向大家挥挥手或者说声“再见”“明天见”。但如果别人向他们致礼，他们也用相应的礼节，比如握手、点头、拥抱、行注目礼等。在美国，如果有客人夜间来访，主人穿着睡衣接待客人被认为是不礼貌的行为；当被邀请去老朋友家做客时，应该预备小礼物；在朋友家做客时，打长途电话要经过主人同意，离开的时候，要留下电话费。

在美国，如果要登门拜访，必须先打电话预约好；名片一般不送给别人，只有在双方想保持联系时才送；当着美国人的面想抽烟时，必须问对方是否介意，不能随心所欲。

美国人一般乐于在自己家里宴请客人，而不习惯在餐馆请客；不喜欢清蒸和红烧菜肴；不喜欢过烫、过热的菜肴；喜欢少盐味，味道忌咸，稍以偏甜为好；喜欢喝可口可乐、啤酒、冰水、矿泉水、威士忌、白兰地等；不喜欢人在自己的餐盘里剩食物，认为这是不礼貌的；喜欢中国的苏菜、川菜、粤菜。美国人溺爱白色，认为是纯洁的象征；偏爱黄色，认为是和谐的象征；喜欢蓝色和红色，认为是吉祥如意的象征。他们喜欢白猫，认为白猫可以给人带来运气。

在美国忌讳向妇女赠送香水、衣物和化妆用品。美国妇女因有化妆的习惯，所以她们不欢迎服务人员送香巾擦脸。

在美国千万不要把黑人称作“Negro”，跟白人交谈如此，跟黑人交谈更该如此。最好用“Black”一词，黑人对这个称呼会坦然接受。否则，黑人会感到其收到蔑视。因为“Negro”主要是指从非洲被贩卖到美国为奴的黑人。

美国人对握手时目视其他地方很反感，认为这是傲慢和不礼貌的表示。忌讳别人冲自己伸舌头，认为这种举止是侮辱人的动作；讨厌蝙蝠，认为它是吸血鬼和凶神的象征；忌讳数字“13”“星期五”等；忌讳问个人收入和财产情况；忌讳问妇女婚否、年龄以及服饰价格等私事；忌讳黑色，认为黑色是肃穆的象征，是丧葬用的色彩；忌讳带有自己公司标志的便宜礼物，因为这有义务做广告的嫌疑。

七、法国

法国是一个讲文明礼貌的国家。对妇女谦恭礼貌是法国人引以为豪的传统。法国人见面打招呼，最常见的方式莫过于握手。一般是女子向男子先伸手，年长者向年幼者先伸手，上级向下级先伸手。

法国是第一个公认以吻表示感情的国家。法国人的吻有严格的界限：他们在见到久别重逢的亲友、同事时，是贴贴脸或颊，长辈对小辈则是亲额头，只有在爱人和情侣之间，才亲嘴或接吻。在法国“吻手礼”也颇为流行，不过施“吻手礼”时，嘴不应该接触到女士的手，也不能吻戴手套的手，不能在公共场合吻手，更不得吻少女的手。

法国人爱好交际，善于交际，对于法国人来说社交是人生的重要内容。他们在人际交往中大都爽朗热情，善于雄辩和高谈阔论，好开玩笑，讨厌不爱讲话的人，对愁眉苦脸者难以接受。受传统文化的影响，法国人不仅爱冒险，而且喜欢浪漫的经历。在世界上法国人是最著名的“自由主义者”。他们虽然讲究法制，但是一般纪律性较差，不大喜欢集体行动。与法国人打交道，约会必须事先约定，并且准时赴约，但是也要对他们可能的姗姗来迟事先有所准备。

法国人在同客人谈话时，总喜欢相互站得近一些。他们认为这样显得更为亲近。他们谈话时习惯用手势来表达自己的意思。但他们的手势和中国人的习惯有所不同。例如，中国人用拇指和食指分开表示“八”，他们则表示“二”；中国人用手指指自己的鼻子，表示“是我”，但他们的手指指自己的胸膛才表示“是我”；他们还把拇指朝下表示“坏”和“差”的意思。

法国人对于衣饰的讲究，在世界上是最为有名的。巴黎服装就是时尚、流行的代名词。在正式场合，法国男士通常要穿西装，女士要穿套裙或连衣裙，颜色多为蓝色、灰色或黑色，质地则多为纯毛。出席庆典仪式时，一般要穿礼服。男士所穿的多为配以蝴蝶结的燕尾服，或是黑色西服套装；女士所穿的则多为连衣裙式的单色大礼服或小礼服。对于穿着打扮，法国人认为重在搭配是否得法。在选择发型、手袋、帽子、鞋子、手表、眼镜时，都十分强调要使之于自己的着装相协调一致。

作为举世皆知的世界三大烹饪王国之一，法国人十分讲究饮食。在法国，早餐主要是面包、咖啡、热巧克力；午餐是法国人最重要的一餐，一般在下午一点左右；晚餐则在九点以后。法国人社交的正餐一般要持续两个小时以上，开始先是开胃菜，再是鱼或意大利面条，然后才是主菜，主菜还附带许多生菜、沙拉、奶酪、水果，有时还有甜点心，餐后咖啡也必不可少。法国人用餐时，两手允许放在餐桌上，但却不许将两肘支在桌子上，在放下刀叉时，他们习惯于将其一半放在碟子上，一半放在餐桌上。

法国人对礼物十分看重，但又有特别的讲究。宜选具有艺术品位和纪念意义的物品，不宜以刀、剑、剪、餐具或是带有明显的广告标志的物品作为礼物。男士向一般关系的女士赠送香水也是不合适的。法国本土出产的奢侈品，如香槟酒、白兰地、香水等，都是好礼品。在法国，一些有艺术性和美感的礼品，如唱片、画或一些传记、历史、评论及名人回忆录类的书籍会很受欢迎。在接受礼品时，若不当着送礼者的面打开包装，则是一种无礼的表现。

法国人喜欢花，生活中离不开花，特别是探亲访友，应约赴会时，总要带上一束美丽的鲜花，人们在拜访或参加晚宴的前夕，总是送鲜花给主人。但切记不要送菊花，因为在法国菊花代表哀伤，只有在葬礼上才送菊花。其他黄色的花，象征夫妻间的不忠贞，千万别送。在法国，康乃馨被视为不祥的花。法国人非常喜欢鸢尾花，认为它是自己民族的骄傲，是权力的象征，国家的标志，并敬其为国花。他们偏爱公鸡，认为它既有观赏价值和经济价值，还有司晨报晓的特殊本领，把它看作“光明”的象征，并视其为国鸟。

八、德国

德国人在待人接物时表现出来的独特风格，往往会给人以深刻的印象。他们纪律严明，法制观念极强，讲究信誉，重视时间观念，非常尊重传统，待人热情，注重感情。

德国人很讲究清洁和整齐，不仅注意保持自己生活的小环境的清洁和整齐，而且也十分重视大环境的清洁和整齐。在德国，无论是公园、街道，还是影剧院或者其他公共场合，到处都收拾得干干净净，整整齐齐。德国人也很重视服装穿戴。工作时就穿工作服，下班回到家里虽可以穿得随便些，但只要有客来访或外出活动，就一定会穿戴得整洁。看戏、听歌剧时，女士要穿长裙，男士要穿礼服，至少要穿深色的服装。参加社会活动或正式宴会更是如此。

德国人非常守时，约定好的时间，无特殊情况，绝不轻易变动。德国人应邀到别人家做客或者是外出拜访朋友，都会按点到达，不会让主人浪费时间干等或者不得不提前招待客人。否则的话，就是不礼貌，如有特殊原因无法准时赴约时，都会向朋友表示歉意，并请求原谅。

德国人多喜欢清静的生活，除特殊场合外，不大喜欢喧闹。比方说，许多人虽在城里上班，但却把家安在乡村或者城市附近的小镇，图的就是一个清静。就是那些住在城里的人，也十分注意住宅周围的无噪音。例如，晚上 8 时至第二天早晨 8 时不可以演奏乐器、大声喧哗。如果晚上要搞聚会活动，事先要向邻居讲明情况，请求他们谅解，并尽可能安排在周末，尽可能不大声喧闹。否则，受干扰的邻居会十分恼怒，可能会当面提出抗议，个别人甚至会请警察出面干预。

通常来讲，同德国人打交道没有太多的麻烦。多数情况下，他们都比较干脆。凡是他们能办的，他们都会马上告诉你“可以办”。凡是他们办不到的，他们也会明确告诉你“不行”，很少摆架子，或者给人以模棱两可的答复。当然，人际关系和努力的程度对办事也绝非没有影响。

和西方许多国家相似，德国人比较注意礼仪。两人相遇时，不管认识不认识，也不管在路上，或者办公室、宾馆、电梯等地方，都相互打招呼，问声“您好”。餐馆吃饭时，也要向已就座的顾客点头问候，真的是“斯文对斯文，礼多人不怪”。朋友见面以握手为礼，告别时亦如此。十分要好的、长时间未见的朋友相见或长期分开时可以相互拥抱。正式场合，仍有男子对女子行吻手礼，但多做个吻手的样子，不必非要吻到手背上。在交往过程中，大多数人往往用“您”以及姓氏之前冠以“先生”或“女士”（“夫人”）作为尊称。只有亲朋好友和年轻人之间互相用“你”以及名字称呼。对女性，不管其婚否或长幼，都可以称“某女士”，但对已婚妇女应以其夫姓称之。

送礼在德国也很受重视。应邀去别人家做客时，一般都带礼物。大部分人带束鲜花，也有一些男性客人带瓶葡萄酒，个别人带一本有意义的书（或者是自己写的书）或者画册之类等。在欢迎客人（如车站、机场等场所）、探望病人时，也多送鲜花。在祝贺他人生日、节日或者婚嫁等时，可寄送贺卡，如送贺礼，则以实用和有意义为原则，而不是以价格高低论轻重。所送之礼物都要事先用礼品纸包好。许多人常在收到礼后会马上打开观看，并向送礼人表示感谢。

在德国和其他西方国家，女士在许多场合下都受到优先照顾，如进门、进电梯、上车等，都是女士优先。男士要帮女士开轿车门、挂衣服、让座位等。女士对此只说声“谢谢”，而不必感到不好意思，或者认为对方不怀好意。在同人交谈时，德国人很注意尊重对方。不询问人家的私事（如不问女性的年龄，不问对方的收入等），不拿在场的人开玩笑，不谈纳粹、宗教及党派之争。就餐谈话时，不隔着餐桌与坐得较远的人交谈，怕影响别人的情绪。

德国人对黑色、灰色比较喜欢。对于“13”与“星期五”极度厌恶。他们对于四个人交叉握手或在交际场合进行交叉谈话也比较反感，因为这两种做法都被他们看作是不礼貌的。

九、俄罗斯

在人际交往中，俄罗斯人素来以热情、豪放、勇敢、耿直而著称于世。在交际场合，俄罗斯人惯于和初次会面的人行握手礼。但对于熟悉的人，尤其是在久别重逢时，他们则大多要与对方热情拥抱。在迎接贵宾之时，俄罗斯人通常会向对方献上“面包和盐”。这是给予对方的一种极高的礼遇，来宾必须对其欣然笑纳。在称呼方面，在正式场合，他们也采用“先生”“小姐”“夫人”之类的称呼。在俄罗斯，人们非常看重人的社会地位。因此对有职务、学衔、军衔的人，最好以其职务、学衔、军衔相称。依照俄罗斯民俗，在用姓名称呼俄罗斯人时，可按彼此之间的不同关系，具体采用不同的方法。只有与初次见面之人打交道时，或是在极为正规的场合，才有必要将俄罗斯人的姓名的三个部分连在一道称呼。

俄罗斯大都讲究仪表，注重服饰。在俄罗斯民间，已婚妇女必须戴头巾，并以白色的为主；未婚姑娘则不戴头巾，但常戴帽子。在城市里，俄罗斯目前多穿西装或套裙，俄罗斯妇女往往还要穿一条连衣裙。前去拜访俄罗斯人时，进门之后务请立即自觉地脱下外套、手套和帽子，并且摘下墨镜，这是一种礼貌。

在饮食习惯上，俄罗斯人讲究量大实惠，油大味厚。他们喜欢酸、辣、咸味，偏爱炸、煎、烤、炒的食物，尤其爱吃冷菜。总的讲起来，他们的食物在制作上较为粗糙一些。一般而论，俄罗斯以面食为主，他们很爱吃用黑麦烤制的黑面包。除黑面包之外，俄罗斯人大名远扬的特色食品还有鱼子酱、酸黄瓜、酸牛奶，等等。吃水果时，他们多不削皮。在饮料方面，俄罗斯人很能喝冷饮。具有该国特色的烈酒伏特加，是他们最爱喝的酒。此外，他们还喜欢喝一种叫“格瓦斯”的饮料。用餐之时，俄罗斯人多用刀叉。他们忌讳用餐发出声响，并且不能用匙直接饮茶，或让其直立于杯中。通常，他们吃饭时只用盘子，而不用碗。参加俄罗斯人的宴请时，宜对其菜肴加以称道，并且尽量多吃一些，俄罗斯人将手放在喉部，一般表示已经吃饱。

在俄罗斯，被视为“光明象征”的向日葵最受人们喜爱，她被称为“太阳花”，并被定为国花，拜访俄罗斯人时，送给女士的鲜花宜为单数。在数目方面，俄罗斯人最偏爱“7”，认为它是成功、美满的预兆。对于“13”与“星期五”，他们则十分忌讳。俄罗斯人非常崇拜盐和马。俄罗斯人主张“左主凶，右主吉”，因此，他们也不允许以左手接触别人，或以之递送物品。俄罗斯人讲究“女士优先”，在公共场合里，男士往往自觉地充当“护花使者”。不尊重妇女，到处都会遭以白眼。

俄罗斯人忌讳的话题有：政治矛盾、经济难题、宗教矛盾、民族纠纷、苏联解体、阿富汗战争，以及大国地位问题。

拓展阅读

西方人为何忌讳数字13和星期五

在西方，13号正逢星期五，被称为“黑色星期五”。

有很多的西方人忌讳“13”，原因是，按照迷信的说法，只要到每月的13日这一天，12个巫婆（witch）都要举行狂欢夜会，第13个魔鬼撒旦就会在夜会高潮时出现，给人们带来灾难。在圣经中也涉及不吉利数字13，背叛耶稣的传道者犹大是最后的晚餐中的第13个客人。因此，西方人不仅忌讳“13日”，也忌讳“13”这个数字。典型的例子就是：西方许多楼房都没有第13层。很多西方人也忌讳“星期五”。圣经说，上帝创造了第一个男人亚当后，从他身上取下一根肋骨又造了一个女人夏娃。据说，亚当是在星期五被造出来的，他和夏娃吃禁果也在星期五，他俩死的日子也是星期五，亚当和夏娃的儿子该隐也是在星期五杀死了他的弟弟亚伯。传说，犹太教以星期五日落到星期六日落为休息日，称为安息日。英国从前常常在星期五处死罪犯，因此星期五有时也叫“绞刑日”。正因为有上述传说，西方人就很是忌讳“13”，同时也忌讳“星期五”，要是“13日”这一天正好赶上“星期五”，则被认为更不吉利，称之为“黑色星期五”。现在“黑色星期五”的含义好像不仅仅指13日与星期五重合的日子，很多人把“最倒霉的日子”称之为“黑色星期五”，不管这一天是不是13日，也不管这一天是不是星期五。分析家认为，问题不在这两个日子有什么魔法，而是忌讳这两个数字的人心理在作怪。以为“13日”再加上“星期五”就是最“险恶”的日子。不仅普通人，名人也惧怕“13日”和“星期五”。每当这时，歌德总是睡大觉；拿破仑绝不用兵，俾斯麦不签署任何条约，即使是不触动任何人根本利益的文件他也不愿签字。美国前总统胡佛·罗斯福也很迷信。有人还记得，每月“13日”罗斯福都不出行，尽管并非每个13日都赶上“星期五”。其实，并非所有“13”都是不祥之兆。有的欧洲人就很喜欢13：以色列曾被分成13部分；救世主恰恰就是13日降临的；欧洲神秘的占卜术中有许多13，比如说，有13眼天泉、13座天门、信奉上帝的人希望得到13种神药。而在古埃及，在玛雅人（印第安民族群）的心目中，13象征着上帝的青睐。有人认为13不仅不晦气，而且会给人带来运气。第一位飞越大西洋的驾驶员林德伯格前12次都以失败告终，却在第13次飞越时获得成功……

长期以来，人们为克服迷信，崇尚科学做了许多工作。例如，1791年，英国一家造船厂准备造一条大船。厂家特意选择“13”号开工，这一天正是“星期五”，而且这条船的名字也叫“星期五”。大船第一次下水航行的日子还是“星期五”。

十、阿拉伯国家

阿拉伯国家是西亚、北非 20 多个国家的总称。阿拉伯商人有别具一格的思维方式、经营方式和生活方式，是全球商业大军中极富个性的一支。阿拉伯人做事规矩繁多，对人爱憎分明，若想和他们谈成生意，一定要十分注重相关的礼仪。

阿拉伯国家规定每周四、周五的双休制。拜访商人最好选在上午九点至中午一点及下午五点到晚上八点的时间段，政府部门则只工作半天。如果择时不慎，就容易吃闭门羹。

阿拉伯人见面时，若关系一般，握手即可。关系较为亲密或者是久别重逢，则相互拥抱。贵宾来访，最隆重的款待方式就是向客人熏香和喷香水。客人告辞时，主人也要用香水喷洒客人的前胸和脖子。

阿拉伯人认为张口便谈生意是不礼貌的，就是再大的商人也忘不了在进入正题之前的寒暄、敬茶。阿拉伯人谈生意通常比较随便，双方均不需要穿非常正式的衣着，而且很多谈判会在有陌生人的情况下进行。

阿拉伯人不爱当场拍板，关键时刻常用一些模棱两可、含糊不清的语句敷衍对方。这是不妨多问几句，以探虚实。但同时，他们又酷爱砍价，最好在报价时留出打折的余地。

阿拉伯人说“是”，可能意味着“或许”“大概”。当他说“或许”时，可能意味着“不行”。通常很难从阿拉伯人口中听到一个直截了当的“不”字，他们觉得这样做不礼貌。当然，任何生意人都不会放弃自己的选择，所以他们经常说“因山安拉”，意为“如蒙上天保佑”“要是老天爷愿意的话”，以此来表示难于实现愿望。但说“是”未必就是表达同意，微微一笑或是轻轻一点头，倒很可能意味着接受。阿拉伯人视拒绝为无礼的表现，他们在这方面总是表现得彬彬有礼。

如有阿拉伯商人在谈判的时候突然起身，匆匆离去，可千万不要见怪，因为虔诚的穆斯林要在每天的晨、晌、埔、昏、宵面向麦加，做五次祷告。

和阿拉伯人见面最好准备一份礼物，对方如有馈赠也应当场笑纳。一定不要单独为对方的夫人准备任何礼品，也不要再谈话中主动提及对方妻室，以免引起不快。

阿拉伯人忌猪肉，不饮酒。根据伊斯兰教义规定，所有面目可憎、性情懒惰的动物均在禁食之列，所以最简单的办法就是只吃牛羊肉。阿拉伯人普遍耐饿，谈判得再晚也不必非要请客吃饭。

在许多阿拉伯国家，妇女外出必须蒙上面纱。外地妇女到此也要入乡随俗，在公众场合要袖长覆腕，裙长及脚，领口严密。有一些阿拉伯国家实行严格的男女分开的礼仪，如男女学生分校分班，公共汽车设有男女分乘的车厢。

阿拉伯人喜欢绿色、白色，崇尚应鹰隼、狮子、骆驼，讨厌猪、狗、驴。

拓展阅读

参观清真寺礼节

国外客人到信仰伊斯兰教的国家时，都可以参观清真寺。但是，有几种礼节必须遵守。第一，要脱鞋；第二，头上必须有一样东西，如帽子或手帕；第三，女性不能穿迷你裙；第四，肩膀到膝盖必须掩盖不得外露；第五，严禁不穿胸罩的女性进入；第六，衣袖不可以短到露肩或露出腋下。

【案例分析】

美国某公司是我国北京某公司在美国出口的总代理商，2003 年 3 月 18 日，该公司的副总到北京考察生产企业，并商谈某项产品向美国出口，扩大市场份额的问题。随同来华的还有市场顾问、技术专家、秘书共 4 人。中方公司为了表示友好，决定给客人送一点小礼物。根据国际礼仪的一般原则，决定送中国的折扇和茶叶，因为夏天即将来临，这两样东西都是消夏用品，而且又都具有中国特色，比较有纪念性。折扇为两把，一把檀香扇给客人的夫人用，一把是中国文人用的白色纸扇上写有中国诗词，两把扇子都用木盒包装。中国文人比较喜欢用黑色的纸扇，但是考虑到西方人认为黑色不吉利，因此不用黑色纸扇，而是用了写有诗词或绘画的白色纸扇。茶叶是每人半斤上等“西湖龙井”，用精美竹盒包装。外面再用包装纸包好。在美国客人回国前，中方公司经理前去话别时把礼物送给客人，同时希望他们有机会再来北京访问、旅游。

分析：你对中方公司的做法有何评价？

如果你是中国公司的代表，让你来选送给他们的礼物，你该如何选择？

【技能训练】

实训项目：涉外接待。

实训情景：小王是某公司市场部李经理的秘书，该公司的新产品畅销海外。今天，李经理通知小王，5 月 10 日将有三名来自阿拉伯国家的客商到访，考察公司的情况。请小王负责接待三位客人。

实训要求：查阅有关资料后制定详细的接待计划。

【专题讨论】

一位英国老妇到中国游览观光，对接待她的导游小姐评价颇高，认为她服务态度好，语言水平也很高，便夸奖导游小姐说："你的英语讲得好极了！"小姐马上回答说："我的英语讲得不好!"英国老妇一听生气了："英语是我的母语，难道我不知道英语该怎么说?"

谦虚是美德，可老妇为什么生气呢？如果是你，你会怎样回答？

参考文献

江建民，丁振宇，2010. 礼仪常识全知道［M］. 北京：北京工业大学出版社.
张勤，蒋红梅，余芳，2013. 社交礼仪［M］. 南京：南京大学出版社.
黄建武，万婷，2013. 现代商务礼仪［M］. 北京：北京邮电大学出版社.
李巍，2009. 商务礼仪［M］. 北京：北京大学出版社，中国农业大学出版社.
赵敏，2014. 现代交际礼仪［M］. 长春：东北师范大学出版社.
简成茹，王淑华，舒燕，2013. 商务礼仪［M］. 北京：教育科学出版社.
金正昆，2013. 商务礼仪［M］. 北京：北京联合出版公司.
李小丽，段晓华，2010. 商务礼仪与职业形象［M］. 北京：北京交通大学出版社.
李逾男，刘爱芳，2014. 商务礼仪［M］. 北京：高等教育出版社.
赵学通，2015. 高职人文综合素养［M］. 北京：高等教育出版社.

附录：推荐书目及视频

1. 书名：《你的形象价值百万》，作者：［加］英格丽·张，出版社：长江文艺出版社。

2. 书名：《礼仪金说》系列，作者：金正昆，出版社：北京联合出版公司。

3. 书名：《礼仪的价值》，作者：［美］杰奎琳·慧特摩尔，唐舒芳译，出版社：机械工业出版社。

4. 书名：《现代商务礼仪》，作者：金正昆，出版社：中国人民大学出版社。

5. 书名：《商务礼仪》，作者：李巍，出版社：北京大学出版社、中国农业大学出版社。

6. 书名：《每天学点礼仪学》，作者：宋海峰，出版社：北京妇女儿童出版社。

7. 书名：《沟通的艺术》，作者：［美］罗纳德，黄素菲译，由世界图书出版公司出版。

8. 书名：《卡耐基口才全书》，作者：［美］戴尔·卡耐基，翟文明译，由万卷出版公司出版。

9. 百家讲坛——金正昆谈礼仪。

10. 百家讲坛——彭林说礼。

11. 周思敏：《你礼仪价值百万》系列视频。